麥　田　人　文

王德威／主編

麥田出版

Edited by David D. W. Wang,
Professor of Chinese Literature, Harvard University.
Published by Rye Field Publications, a division of Cité Publishing Ltd.
5F., No. 141, Sec. 2, Minsheng E. Rd., Zhongshan District, Taipei City 104, Taiwan.

麥田人文 7

後殖民理論與文化認同

Postcolonial Criticism and Cultural Identity

編　　者　張京媛（Jing-yuan Zhong）
主　　編　王德威（David D. W. Wang）
責任編輯　吳莉君、黃秀如、胡金倫

編輯總監　劉麗真
總 經 理　陳逸瑛
發 行 人　凃玉雲
出　　版　麥田出版
城邦文化事業股份有限公司
104台北市中山區民生東路二段141號5樓
電話：02-2500-7696　傳真：02-2500-1966
發　　行　英屬蓋曼群島商家庭傳媒股份有限公司城邦分公司
104台北市中山區民生東路二段141號2樓
客服服務專線：02-2500-7718　02-2500-7719
服務時間：週一至週五上午09:30~12:00；下午13:30~17:00
24小時傳真專線：02-2500-1990　02-2500-1991
讀者服務信箱：service@readingclub.com.tw
劃撥帳號：19863813　戶名：書虫股份有限公司
麥田部落格　http://blog.pixnet.net/ryefield
香港發行所　城邦（香港）出版集團有限公司
香港灣仔駱克道193號東超商業中心1樓
電話：（852）2508-6231　傳真：（852）2578-9337
電郵：hkcite@biznetvigator.com
馬新發行所　城邦（馬新）出版集團Cité（M）Sdn. Bhd.（458372U）
11, Jalan 30D/146, Desa Tasik, Sungai Besi, 57000 Kuala Lumpur, Malaysia
電話：（603）90563833　傳真：（603）90562833
印　　刷　宏玖國際有限公司
初版一刷　1995年7月20日
二版二刷　2010年12月2日

ISBN：978-986-173-307-4
售價：420元

城邦讀書花園
www.cite.com.tw

後殖民理論與文化認同

張京媛 編

Postcolonial Criticism and Cultural Identity

Ed. by Jing-yuan Zhang

目錄

【影像篇】

前言

張京媛

近幾十年來，世界格局發生了很大的變化。我們面臨著一個新的全球空間，如何表述這個空間呢？我們知道，每個時代都有自己的意義系統，人們藉此來理解和詮釋周圍的環境以及自己同世界的聯繫，甚至文學批評也往往體現出批評者對世界的關注和反思。當前，關於「後殖民理論」（亦稱「後殖民批評」）的運用及其所引起的爭議逐漸引起人們的廣泛注意，在香港、臺灣、大陸的學術界亦出現諸多有益的辯論。

一、後殖民理論

1. 何謂「後殖民」？

我們對「殖民主義」這一詞並不陌生，「殖民主義」是帝國主義的產物，並不簡單地指歷史上民族的遷移。在資本主義時期，資本主義強國通過海外移民、海盜式搶劫、奴隸販賣，對不發達的國家或地區進行壓迫、統治、奴役和剝削。宗主國把殖民地當作軍事戰略基地，也當作傾銷商品、掠奪原料、勞動力和資本輸出的場所。殖民地則是指被資本主義國家剝奪了政治和經濟的獨立權力，並受它管轄的地區或國家。後殖民(post-colonial或postcolonial)有兩種含義：一是時間上的完結：從前的殖民控制已經結束，另一個含義是意義的取代，即殖民主義已經被取代，不再存在。但是第二個含義是有爭議的。如果說殖民主義是維持不平等的政治和經濟權力的話，那麼我們所處的時代仍然沒有超越殖民主義。「殖民化」表現爲帝國主義對「不發達的」國家在經濟上進行資本壟斷、在社會和文化上進行「西化」的滲透，移植西方的生活模式和文化習俗，從而弱化和瓦解當地居民的民族意識。跨國資本主義在許多地方有意識地使當地實行現代化，發展當地經濟、技術，訓練土著人成爲文明人。在非洲、亞洲、拉丁美洲建立學校、教堂和醫院，培養當地貴族知識份子羣體。這些順應時潮的行爲軟化了帝國主義統治的強硬一面，在不同程度上縮小了宗主國和邊緣地域之間的差別。

第二次世界大戰以後，民族要獨立、人民要解放成爲勢不可擋的潮流。然而，舊的殖民者的離去，並不等於殖民主義的結束。以跨國公司爲形式的殖民主義並沒有隨著殖民地的解體而消亡，它在今天更爲活躍。由於跨國公司和跨國銀行的興起以及國際交通與資訊交流方式的轉變，使得跨國公司的經濟利益躍居首要地位，跨國公司和銀行參與拉丁美洲、亞洲和歐洲的私有化和再資本化的過程，在國際仲裁和糾紛調解中起著異常重大的作用。許多跡象表明，經濟利益的考慮已經開始超越國家本身的政治信念的考慮，每個國家的經濟命運都越來越超出了它自身能夠控制的範圍。冷戰後／九〇年代的世界發展趨勢更是令人矚目：蘇聯體制的崩潰、東西德的統一和東歐的自由化和市場化，加速導致歐洲的一體化；太平洋盆區的掘起，日本和東亞諸國的經濟力量雄厚已爲衆所周知。世界各地種族主義與民族主義衝突的升級，局部的種族、宗教、領土戰爭時有出現。美國一雄稱霸的局面難以維持，轉而要求建立國際整體經濟和全球貿易系統。

現代性的特徵就是全球化。在今天的世界上，局部或當地的社會形式與遠距離的社會形式和事件的關係越來越密切、越來越延伸鋪展，不同社會語境或各個區域之間聯繫的方式變成布滿整個地球層面的網絡。這種延伸過程便是全球化。所有當地發生的事都受到千里之外的事件的影響，當地居民點所發生的事很可能是爲其他因素而左右的——例如距離當地居民點數萬里以外的國際金融貿易市場。跨時空的社會聯繫的橫向發展也是全球化的一部分。那種「雞犬相聞，老死不相往來」的割據和封閉的生活和生產方式逐漸被鋪天蓋地、無孔不入的「超級信息網」所替代。

正是在這種情況下，後殖民理論始爲學術界所重視。

2.後殖民理論的簡史

對殖民主義的批判有很長的歷史。當帝國主義處於顛峯的時候，列寧和羅森堡等馬克思主義者便寫了一系列的文章批判殖民主義。雖然帝國主義是與殖民擴張緊密聯繫在一起的，但是早期的馬克思主義者在討論「帝國主義」時並不主要指宗主國與殖民地的關係，而更爲側重研究的是帝國主義國家之間的殊死搏鬥和軍事武裝爭奪。這點我們很容易理解：他們所處的時代是第一次世界大戰，即現代西方世界第一次大規模的血腥戰爭，對這場戰爭的反思是早期馬克思主義者的主要關注。他們探討的問題是資本主義工業國家爲什麼要向外擴張，在擴張的過程中各帝國主義之間的關係如何。討論殖民地時只是把它看作是反對帝國主義統治的起義和革命的爆發處。

隨著第二次世界大戰之後的非殖民化，黑人解放運動蓬勃發展，黑人作家和其他第三世界作家開始進行對抗性的批判。旅居西歐的一些非洲知識份子撰寫文章和著作，探討殖民主義給殖民地遺留下的精神負擔和精神洗腦的問題。他們中間的佼佼者之一是一位旅居巴黎的心理分析學專家弗朗茲·法農(Frants Fanon)。他於一九五二年發表的《黑皮膚、白面具》(*Black Skin, White Masks*)和於一九六一年發表的《地球上受苦的人》(*The Wretched of the Earth*)對遭受殖民主義統治的民族及其文化進行了分析。他提出，這些民族的首要之務是要去掉心靈上的殖民狀態，而不只是爭取表面的獨立形式。八〇年代中期後殖民理論興起時，法農被重新評價爲世界性的理論家。薩伊德認爲法農的著作迫使歐洲宗主國在思考自己的歷史的同時也必須思考覺醒了的殖民地的歷史。對法農現象的研究近來成爲顯學。

七〇年代末，當世界上大多數地區不再存在殖民者的行政統治的時候，殖民話語批評才進入西方文學理論和批評。一般公認的是美國哥倫比亞大學教授愛德華·薩伊德首先在其《東方主義》一書（一九七八年）中把「殖民話語」作爲研究的對象，開闢了學術探討的新的領域。薩伊德尖銳和憤怒地批判了西方殖民主義在文化上的表現，分析和描寫了西方等級制度內部的權力結構。薩伊德的著作是英美人文學科中最早對帝國主義、種族主義、殖民地統治進行抨擊的一部力作。它集中分析了殖民話語：各種文本形式、西方對非宗主國的——特別是那些受殖民主義控制的——地區和文化所進行的知識編碼和製造。後殖民理論在近幾年被擴展到其他領域，例如族羣話語(ethnic discourse)，等等。繼薩伊德之後，批評家在分析殖民話語的同時運用了其他理論，例如心理分析學、解構主義、女性主義批評、新馬克思主義批評，使探討的領域更爲拓寬和多元化。

3.後殖民理論的內容

「後殖民主義」這個術語對國際關係學、社會學、經濟學的學者來說含義是不同的。在我們這本論文集裏，後殖民理論主要指的是文化理論和文學批評。後殖民批評與我們慣常熟悉的文學研究十分不同。它的視野已經不再僅僅局限於文學文本中的「文學性」，而是將目光擴展到國際政治和金融、跨國公司、超級大國與其他國家的關係，以及研究這些現象是如何經過文化和文學的轉換而再現出來的。它討論的範圍包括：現代化、新技術、商品物化、金錢的抽象作用和其對符號系統的影響、大衆文化、主體構成的新形式。雖然這些範圍也是後現代主義研究的內容，但是後殖民話語批評更爲側重於分析新形勢下的帝國主義文化侵略、宗主國與殖民地的關係、第三世界菁英知識份子的文化角色和政治參與、關於種族／文化／歷史的「他者」的表述，揭露西方形而上學話語的局限性。後殖民話語批評是對現存政治文化環境的探討，它不是藉批判後殖民主義之名來反對西方文化。這種批評旨在考察殖民主義和西方文化彼此之間的影響已經到了什麼樣的程度，以及這種相互影響又是怎樣被表述的。後殖民理論不是在一種不變的話語秩序中顚倒權力的平衡，而是試圖重新界定文化象徵的過程，使民族、文化或團體成爲話語的「主體」和心理認同的對象。總之，什麼是「現代」，怎樣界定「現代性」以及如何探討現代性所帶來的意識形態動向，是後殖民理論主要試圖解答的問題。

下面我簡單地談一下後殖民理論的一些主要的方面：

a. 批判東方主義

後殖民理論所用的「Orientalism」（東方主義）一詞比「東方學」的涵義要廣泛得多，它不僅包括了西方對東方在學術上帶有傾向的研究，而且包括了西方在客觀世界、政治和社會生活、文學作品中對東方所持的根深柢固的偏見。以薩伊德爲代表的後殖民理論研究的不是東方主義與東方的關係，不是歷史地求證東方主義的觀點是否適用於東方，也不是對東方本身的研究，而是專門研究作爲一種觀念的東方主義。東方主義是基於對「東方」與「西方」的區別之上的一種本體論和認識論的思維方式，它也是一種西方統治、重新建構和支配東方的話語。在東西方之間勢力懸殊的情況下進行關於東方的話語交流往往容易淪爲再次印證文化霸權的存在。東方主義的話語與社會、經濟和政治的機構關係密切，它不是歐洲對東方的空洞幻想，而是有著幾代人投入的一整套理論和實踐。然而，東方和西方並不是兩個清晰可辨的實體。實際上，東西方兩極化的論述仍然是建立在西方中心論之上的，因此對東方主義的批判不能簡單地按照東西方對立的方式去重複東方主義的邏輯。

b. 文化認同

文化認同問題是每一個知識份子都會遇到的問題。如何界定自己？「我」與什麼認同？怎樣看待「我」與他者的關係？身分和認同不是由血統所決定的，而是社會和文化的結果。後殖民主體必須不斷地重新定位，尋找自己的位置。種族、階級、性別、地理位置影響「身分」的形成，具體的歷史過程、特定的社會、文化、政治語境也對「身分」和「認同」起著決定性的作用。殖民話語往往極爲複雜。誰是我們的聽衆？我們在哪裏說話？發言的場所和講話的對象影響我們想要表達的意思。僅舉一例：一位旅居美國的著名印度批評家在美國講演時總是身著傳統的印度服裝，以高度的表演技巧和純熟的理論來道出「不同的聲音」。而同一個批評家在印度的大學講演西方理論時則身著西式服裝，讓聽衆把他看作是「美國男性白人」。這位理論家的用意是要向聽衆講解文化空間移位之後的問題的複雜性，使聽衆意識到在「後殖民」的文化環境中權力結構所起的作用。我們知道，「印度」對於長年僑居國外的印度知識份子來說，並不是使自己形成民族特徵的場所，「印度」同「歐洲」一樣是人造產物。如果一個人在美國談論歐洲特徵，很明顯他是用「歐洲」來反照美國，講「第三世界」或「亞洲」也是有針對性的，不會單純爲敍述而敍述。換句話說，身分可以作爲一種表述的策略，用來拓展新的發言渠道。後殖民理論認爲，沒有理論上的純粹，甚至那些反對本質論的人也不能保持「中立」。知識份子應該意識到自己所處的場所和知識生產的情況，意識到自己也是夾在意識形態的生產運作之中的。

後殖民理論所關注的一個重要問題是族裔散居。族裔散居(diaspora)指某個種族出於外界力量或自我選擇而分散居住在世界各地的情況（用通俗的話講即是移民現象）。散居的族裔身在海外，生活在所居處的社會文化結構中，但是他們對其他時空依然殘存著集體的記憶，在想像中創造出自己隸屬的地方和精神的歸宿，創造出「想像的社羣」(imagined community，讓我借用本尼迪克特・安德森〔Benedict Anderson〕評論民族主義的話）。比如說，所謂「中國性」（Chineseness）的意義並非一成不變或是與生俱來的。「中國」和「中國人」的含義對不同區域、不同階層、不同年齡層的人來說是不同的。這種不同的身分認同又隨著當地的主導意識形態的導向而得到強化或淡化。「從哪裏來」和「身居何處」這兩者之間的矛盾實質上是後殖民的主流文化勢力影響的結果。

c. 對被殖民者的分析

殖民者離去之後，殖民地從種族主義中解放出來的任務卻遠未完成。話語是最為微妙而又是無可逃避的權力形式。早在一九六五年，一位非洲批評家尼克魯馬（Nkrumah）就曾談到美國大眾傳播媒介對非洲的特殊影響：「神奇的好萊塢電影是別有用心的。我們只需要聽一聽非洲觀眾在看到好萊塢英雄們屠殺印第安土著人或亞洲人時爆發的喝采聲便可以理解到這一武器的有效性。」[1]

在殖民主義的權力結構裏，被殖民者本身的文化特性、民族意識受到壓制，導致「文化原質失真」。當地居民和菁英知識份子認同於殖民者的文化，當他們看待自己本土的各種文化現象時往往不自覺地套用殖民者審視和評定事物的標準與理論。然而，殖民者與被殖民者之間的關係是含混矛盾的，殖民話語與被殖民的話語之間並不是斷裂的：殖民地的曖昧性使殖民「位置」（即自我與他者之間的分裂）和殖民地權力的問題（殖民者和被殖民者之間的區分）

變得複雜起來。被殖民者在複製殖民者文化語言時，往往摻入本土異質，有意無意地使殖民者文化變質走樣，因而喪失其正統權威性。被殖民者並非是一個單一的整體，不同的階級和性別使被殖民者持有各具不同的立場。

d. 對民族主義的探討

批判後殖民主義的一個重要方面是要批判狹隘民族主義，提醒人們注意避免重複他們所譴責的那些結構。當前的世界面臨著世紀大移民，成千上萬的人從第三世界湧向西方，這正是後殖民主義造成的後果。西方發達國家開始制定民族保護政策，狹隘民族主義發展的最惡劣的形式是排外的法西斯主義，血的教訓在半個世紀以前的德國就已經展現了。民族主義是帝國主義的產物，民族主義的敘事是帝國主義文化的產物。當然，強調民族主義，強調共同的歷史，培養心理上的獨立感，對於某一集團整體意識的鑄成是有必要的。民族主義喚起具有同一歷史、同一宗教和語言的人民反抗來自異國的殖民者。但是，所有的對抗性政治都帶有一種諷喻，即它是依附在其敵對者身上的。民族主義與帝國主義的關係便是如此。

另外，在印度和非洲的一些國家裏，民族主義的鬥爭是由當地貴族階級領導的，這些貴族階級本身是由殖民地權力所形成的。非殖民化以後，舊的殖民主義被新的民族主義形式所取代，實際上是用新的剝削勢力取代了殖民勢力。對於一些當地知識貴族來說，「跨」文化等於進入宗主國的菁英文化。他們爲了迎合宗主國觀衆和讀者的需要而隨意把本土文化削足適履變成商品出售。

後殖民理論的著作和文章多是「戰場」本身，並不是超文化、超歷史的全球通用的理論，每一篇文章或著作有其特定的關注和試圖解答的問題。根據英國學者霍米．巴峇（他本人是在印度成長的波斯人，英國牛津大學畢業）的解釋，後殖民論述在西方學院機構流行的原因很大一部分是因爲越來越多的從殖民地出來的學者對自身的歷史和身分開始進行嚴肅的理論反省，思考後殖民時代的文化意義❷。需要指出的是，後殖民論述，同諸如第三世界批評、女性主義批評、美國黑人批評一類的「邊緣性」批評之所以可以在西方學院中流行也是因爲這些不同的聲音是受到主導制度的合法化之後才得以存在的。因此，任何認眞的後殖民研究的內容之一就是要調查研究文學機構、文化消費、意識形態之間的複雜關係。

二、中國的處境

作爲中國學者的我們是如何在跨國資本經濟和國際學術的框架裏針對本地的文化政治提出自己的見解的？我們是如何擺放自己的文化位置、如何對自身的文化處境進行反思的？「中國」的含義是什麼？衆所周知，大陸、臺灣、香港這三個區域由於現代歷史和政治的導向而有著不同的文化發展和面臨的問題，但是這三個區域的學者有沒有共同關心的焦點?我們彼此之間可以學習到什麼?後殖民理論對我們有什麼啓發?我們對它有什麼樣的期待?它的局限性又在哪裏?編輯本論文集的目的就是爲了能夠在較廣的範圍中探討這些問題。

這部論文集共分四個部分:(1)評介篇:中國學者對西方後殖民理論的討論;(2)辯證篇:中國學者使用後殖民和文化理論對香港、臺灣、大陸的文化現象進行理論上的梳理和分析;(3)文學篇:三個區域的具體文學文本分析;(4)影像篇:港臺大陸的電影分析。

「評介篇」收錄了評論愛德華・薩伊德《東方主義》、馬丁・波納爾《黑色的雅典娜》、約瑟夫・康拉德《吉姆大公》、克利福特・戈慈的詮釋人類學、沙爾曼・魯西迪的《魔鬼詩篇》。這幾篇評介文章從後殖民理論的角度考察了幾部有影響力的西方著作。值得注意的是，即使是評介西方著作，這些文章的角度也是從普遍性和特殊性的關係、針對中國境遇的考慮而出發的。這些文章的立足基點是:「西方理論和著作可以對我們有什麼借鑒之處?」張京媛指出，薩伊德的《東方主義》提出的知識與權力之間的話語關係是每個從事文化研究的人都必須考慮的，對東方主義的回答不應該是西方主義，要注意分析二元思維本身所具有的邏輯。劉禾在評論《黑色的雅典娜》時說，對西方文化霸權的批判必須要超越苦大仇深的境界，應該把現代性、民族國家、知識生產和歐美的文化霸權都同時納入我們的批評視野，尋找不同於西方人的立場、眼光和歷史角度。張國慶從敍事和殖民話語的角度來分析康拉德的《吉姆大公》，提議如要徹底批判東方主義的意識形態就必須認眞探究西方文化和社會結構，質疑西方認知體系和政治經濟擴張意識。張錦忠評論戈慈的詮釋人類學，揭示他者的局限，詰疑人類學所謂本土知識（即將自己置身他者之間）的可靠性，因爲他者其實是自己本身的潛意識。研究者不僅應該注重象徵符號的視野，也應該考慮歷史生成因素，以及意識形態、民族主義、外國干預等政治問題。張錦忠同時也討論了華族他者對他者的再現時所蘊藏的潛在文本的局限，指出，需要把思考對象擺在範圍較大的外延知識脈絡中才能找到解構複雜問題的切入點。李佩然以魯西迪的《魔鬼詩篇》爲例，分析後殖民主體（羣體）在自我認知和文化意識上所面對的困惑。

「**辯證篇**」的七篇文章分別以香港、臺灣、大陸的文化和文學現狀總體爲分析對象，在論證香港、臺灣、大陸的文化內容時，批評者們沒有生硬地套用理論的框架，而是更爲注重它們的歷史條件與社會文化的現實，進而對後殖民理論提出挑戰、更改和補充。關於香港的文章有葉維廉的〈殖民主義・文化工業與消費欲望〉和梁秉鈞的〈都市文化與香港文學〉。關於臺灣的文章有邱貴芬的〈「發現臺灣」——建構臺灣後殖民論述〉、廖咸浩的〈在解構與解體之間徘徊——臺灣現代小說中「中國身分」的轉變〉、廖炳惠的〈在臺灣談後現代與後殖民論述〉。關於大陸的文章有陳曉明的〈「後東方」視點——穿越後殖民化的歷史表象〉和張頤武的〈「人民記憶」與文化的命運〉。下面分而述之：

香港：一些批評家指出，「後殖民」一詞對香港不適用，因爲香港仍然是英屬殖民地（到一九九七年爲止），而香港的殖民地的特色也與其他殖民地不同，它本身無法爲宗主國提供任何天然資源，同時它與大陸的關係也非同一般，即使九七年以後它也不能獲取獨立的身分，但它又在財經上要比接管者的大陸更爲現代化。香港是國際一流的大都市，位居世界經貿中心，這在現代殖民地經驗上是很獨特的。然而作爲一個殖民地，香港帶有許多由此而產生的後果。

葉維廉在〈殖民主義．文化工業與消費欲望〉一文中批判了殖民策略，指出殖民者用滲透的方式削弱或改變被殖民者殘存的文化認同，淡化原住民的歷史、社團、文化與民族的意識，導致民族文化記憶的喪失。在香港，英語被定爲官方的語言，而原住民的中文卻被視爲次等語言，造成原住民對本源文化和語言的自卑。於高度商業化的氣氛中，消費文學的流行，「是一種淡淡的輕佻，是麻木一天以來疲憊的夢幻，或者可以說是一種精神的『馬殺雞』。」（葉，頁一三〇）軟性的輕鬆的文學出不了亂子，激不起讀者心中的文化憂慮，顯示出殖民地的物化社會所代表的文化和政治的涵義。

梁秉鈞在〈都市文化與香港文學〉中談到，要界定「香港人、香港作家、香港文學」的身分可不是一件容易的事情：

香港人相對於外國人當然是中國人，但相對於來自內地或臺灣的中國人，又好像帶一點外國的影響。他可能是四九年後來港的，對於原來在本地出生的人，他當然是「外來」或「南來」了；但對於七、八〇年代南來的，他又已經是「本地」了。他可能會說英語或普通話，但那到底不是自小熟習的語言，他最熟悉的粵語，卻不方便使用於書寫；他念書時背誦古文，到社會工作卻得熟悉商業信札的格式、廣告文字的諧謔與簡略，這種文字上的混雜不純也是文化身分的一個縮影。（梁，頁一五七）

同樣是評論香港的文化，然而這篇文章所持的立場與葉維廉的文章有所不同，這篇文章是從香港作家的角度來看香港文學：「是香港這特殊的地方限制了也豐富了我們。」（梁，頁一六一）處於國際後殖民大語境中的香港文化工作者應該怎麼辦？梁秉鈞提議：不追隨潮流，更多的參照比較，更多的思辯討論。他反對以一種孤立的、單向的、平面的思維方式來看待複雜的香港殖民文化現象。

臺灣：從最近幾年的報刊雜誌上觀察，臺灣的文化批評進行得熱火朝天，在三個區域中是最爲活躍的。對後殖民理論的介紹、批評和引用亦十分令人注目。一九九二年在《中外文學》雜誌上連續發表的邱貴芬與廖朝陽關於建構臺灣後殖民論述的辯論就很有意思。邱貴芬在〈「發現臺灣」——建構臺灣後殖民論述〉一文中主張臺灣過去幾百年的歷史和文化主要基於外來殖民者與被殖民者之間的文化和語言衝突和交流的互動模式。「跨文化」是臺灣文化的特性，「跨語言」是臺灣語言的特質。她提議，臺灣後殖民論述工作者必須抵制殖民文化霸權，同時也要拒絕「回歸源本」，因爲「純」臺灣本土的文化和語言事實上從未存在過。廖朝陽對邱文中偏向抗爭的模式提出異議。邱廖的幾篇應答文章頗値一讀。本論文集只收集邱貴芬的引起爭議的首篇文章，其餘的討論請詳見一九九二年的《中外文學》。

廖咸浩在〈在解構與解體之間徘徊——臺灣現代小說中「中國身分」的轉變〉中談到「中國身分／認同」的危機是臺灣當代文化的主要課題之一。他認爲，「身分」是由「文化情感」與「現實策略」交織而成。身分的形成是這兩種態度辯證發展的結果。廖咸浩回顧了臺灣歷史上的民衆反抗與身分認同的關係，並且列舉幾部臺灣現代小說中的內容來說明臺灣漢人在考慮身分時所必經的不同的歷史心路歷程。廖咸浩將對歷史的分析、對作家的分析、對作品的分析融合在一起，描述了三代作家（陳映眞、宋澤萊、林燿德）對「中國身分」的處理，勾畫出陳映眞執著於中國身分卻又強調應該尊重地方差異、宋澤萊將臺灣身分置於中國身分之上但同時又產生焦慮和不安、以及當代年輕作家林燿德所代表的對多元文化身分的認同。然而，「由於臺灣住民結構的複雜，及其歷史背景與政治環境與中國其他漢人地區的迥異，使得其身分問題殊爲難解。」（廖，頁二○九）臺灣整體社會身分的選擇最終要靠政治局勢的發展而定。

廖炳惠的〈在臺灣談後現代與後殖民論述〉是一篇對在臺灣使用後殖民理論提出異議的文章，他所提出的問題值得我們認眞考慮。廖炳惠認爲，後殖民理論是在具體歷史經驗中發展起來的，對其他社會不一定適用，「尤其在臺灣或亞太地區去檢視這些論述，難免要覺得這些理論格格不入，或者覺得這些理論只能描述、解釋、預期或預設某些層面而已，並無法深入了解我們社會目前的狀況。」（廖，頁二二二）對於使用雙語或多語的知識份子來說，如何從亞太文化的經驗中開闢出另一條路，這確實是一個挑戰。他列出幾個值得研究的方面：(1)研究非歐美國家迅速實現現代化之後是如何保存或調整傳統生活與意識形態的。(2)研究本地身分認同危機的政治意義。(3)研究翻譯在國際信息交流中的作用。(4)研究當地文化、藝術、批評的形式在國際化過程中的轉型及其涵義。(5)研究跨國文化贊助公司促進當地文化事業交流的意義，及其穿梭於歐美與本地之間的使用雙語的知識份子所起的作用。

大陸：不同於香港和臺灣，二十世紀的中國大陸在領土上從來沒有經歷過殖民地的體驗，雖然曾經遭受過帝國列強的侵略，但是帝國主義勢力從未成爲國家的主宰力量。有人認爲，二十世紀前半葉的中國充其量只是「半封建、半殖民地」的社會。但是僅僅就此便認爲中國與「後殖民話語」毫無關係，這也許是一種實證主義的論點，忽略了東方主義的最主要的一個方面是它在日常生活的文化中的影響。中國（包括大陸）自鴉片戰爭以來，許多行動都是對西方的回應。我們在前面已經說過，當代世界的格局決定了所有「局部」發生的事件都與數千里地以外的宗主國有關係，後殖民主義世界大氣候影響了中國。國際金融、跨國公司對當代大陸產生越來越大的影響，人們無可逃脫。這就是人們生活的現狀，中國人生活在「不純潔」的氣氛裏，西方的生活方式通過影視大衆傳播媒介日益滲透民衆心理。大陸目前在全力以赴地努力實現「現代化」。然而這個過程是殘酷和艱難的，有人在其中被淘汰、被碾碎、被扭曲、被傷害，也有人發財致富、牟取暴利。面對急遽的社會轉型，有良知的當代知識份子一定會對自身的文化處境產生深刻的焦慮。因此，在批判的意義上使用後殖民理論更多的是對我們自身命運的思考。

陳曉明的〈「後東方」視點——穿越後殖民化的歷史表象〉是一篇在一定程度上引據詹明信(Fredric Jameson)觀點的文章。它在概述中國現代歷史語境中對中國文化「民族性」的強調之後，主要評論了九〇年代在大陸流行的「宏揚中國文化傳統熱」。這種文化熱的目的在於爲「發達資本主義的看客」提供「觀賞的文化節目」(陳，頁二三八)。當代中國的文學藝術和學術必須得到西方權威的認可才算是獲得成功的，「牆外開花牆裏香」。針對這種情形，陳曉明提出知識份子應該對中國文化所處的歷史位置和當代文化的曖昧性保持一種清醒的認識和批判。

張頤武在〈「人民記憶」與文化的命運〉一文中討論了第三世界知識份子在面臨因全球性後殖民文化的衝擊而引起的表述危機時對自身位置的思索：我們是誰？我們爲何寫作？投身

於寫作的知識份子常常把自己想像爲某種羣體的代言人，把自己置身於拯救者和話語主導者的優先位置，試圖給與世界某種永恆的終極性的解釋。但是一旦「人民」成爲一個抽象的超驗能指，它就變得空洞無物了。張頤武認爲有必要挖掘受到壓抑、受到重寫、受到控制的普遍文化底層的語言構造，探索母語的創造性和表現力。他提醒人們注意當代實驗小說的敘事中所包含的斷裂、破碎和不穩定的因素，這種敘事不再提供「似眞」世界，使讀者產生困惑和震撼，開始不安於自身的處境。「這些尚無法歸類和界定的文本，提供了我們面對二十一世紀的可能性和契機。」（張，頁二六四）

「文學篇」收入了學者對香港、臺灣、大陸的文學所作的具體文本分析，從不同的層面探討後殖民理論和實踐。洛楓在〈香港現代詩的殖民地主義與本土意識〉一文中不同意把殖民地文學的價值等同於對殖民地政治直接的反抗。他認爲香港文化具備中西文化混合而後衍生出來的獨特性，香港現代詩體現了詩人們對本土經驗的把握和再現。鄭恆雄的〈外來語言／文化「逼死」（VS.〈對抗〉）本土語言／文化——解讀王禎和的《美人圖》〉從文體和社會文化現象來解讀《美人圖》融合國語、閩南話、廣東話、英語和日語之後產生的文學效果和政治涵義。孟悅的〈記憶與遺忘的置換——評張潔的《只有一個太陽》〉分析了納入世界格局的中國主體所遇到的困境。

「影像篇」的四篇文章是對港臺大陸的電影現狀的分析。廖朝陽的〈《無言的山丘》——土地經驗與民族空間〉從臺灣影片《無言的山丘》中的對時空的處理入手分析殖民經驗和民族認同。梁秉鈞在〈民族電影與香港文化身分──從《霸王別姬》、《棋王》、《阮玲玉》看文化定位〉提出，要考察香港的文化身分，必須從它與國家民族文化既有認同又有相異之處開始。戴錦華的〈遭遇「他者」──新中國電影與第三世界批評〉結合社會現實和歷史進程綜述了一九四九年以後的大陸電影模式的轉型。張頤武在〈全球性後殖民語境中的張藝謀〉一文中分析了張藝謀在國際上的成功，這一現象「好像一面多稜的鏡子，折射出不同的話語與意識形態作用的投影，折射出二十世紀九〇年代世界文化的特殊性。」張藝謀的神話是由後殖民語境製造出來的。

我們知道，當代文學批評話語並不是通用的、毫無民族區別的、非政治的和中立的，不能簡單地從一個語境移植到另一個語境。使用後殖民論述的術語與方法，也有複製或重複後殖民論所批判對象的邏輯和認可其權力範圍的危險，因此我們需要辨別這種批評反映出來的意識形態基礎以及其產生的社會和歷史語境，也要研究我們與殖民話語策略的關係。我們不能重複殖民者的邏輯，簡單地把顛倒了的再顛倒過來，用基於同一邏輯的另一種霸權取代西方霸權。這實際上恰恰意味著西方成功地用「自己的形象」重新塑造了當地文化，即「他者」。如果說在中國的語境中，我們無法拒絕使用西方文學批評術語的話，那麼起碼我們應該理解我們所使用的詞所具有的歷史和具體性。獲諾貝爾獎的第一位黑人作家索因卡說：「當我們借鑒一種完全不同的語言來進行創作和批評時，我們一定要在了解那種語言的總體性質的前提下選擇那些適合我們的思想感情和表達方式的成分。」❸中國的學者已經在這一方面進行了卓有成效的探索，奉獻給讀者的這本論文集充分證實了這一點。

註釋

❶Henry Louis Gates, ed., *"Race," Writing, And Difference.* Chicago: University of Chicago Press, 1986. p. 218.

❷廖炳惠〈後殖民與後現代：荷米・巴巴的訪談〉，《當代》一九九二年三月。

❸Wole Soyinka, "Nigeria: New Culture," *New York Times.* 2/17/1987.

評介篇

重要後殖民論說的源頭及其「渡海而來」的意義

彼與此
——愛德華·薩伊德的《東方主義》

張京媛

維吉尼亞·伍爾芙曾經說過一句有名的話：「幾個世紀以來，婦女被當作男人的一面鏡子，使他們顯得高大了一倍。」這句話不僅是說男女之間的關係，而且也揭示了二元化世界賴以生存的根本原則。我們生活在二元的世界裏：高與低、強與弱、好與壞、善與惡、主體與客體、法制與民主。這種嬰兒呱呱落地就開始的知識積累構成了我們的文化。但是二元之間的關係遠遠不是平等的。一對概念相互依靠，也許不似「在天願作比翼鳥，在地願爲連理枝」那般戀戀不捨，但卻頗有粗話俚語所說的「一根繩子拴住的兩個螞蚱，誰也跑不了」的無可奈何。關鍵就在這根繩子身上：一股把兩個概念強扭在一起的勢力。但是用兩個明顯獨立的個體來比喻二元關係，實在不妥。《紅樓夢》的鳳姐看得很清楚：「你中有我，我中有你」。這可不是匀匀稱稱地平攤「我中有你的一半，你中有我的一半」——而是「化你爲我」的權勢之爭。用伍爾芙的比喻，女人便成了男人的一面鏡子，男人見到的只是自己放大了的形象。

愛德華・薩伊德在《東方主義》❶中講的正是這種權力失衡的意識。

薩伊德與《東方主義》的關係非同一般的作者與學術作品的關係。他在《東方主義》裏注入了許多他的憤慨，在敍述西方對異邦征服的一系列的文化話語時揉進了濃厚的個人感情色彩。薩伊德自己也直言不諱地承認：

本研究中的許多個人成分源出於我自幼生長在兩個英國殖民地時產生的作爲「東方人」的意識。在這兩個殖民地（巴勒斯坦和埃及）以及在美國，我所受的教育完全是西方式的。然而幼時的那種根深柢固的意識到現在仍然存留著。因此在許多方面我對東方主義的研究是試圖追溯作爲一個東方臣民對我的影響。西方的文化統治是所有東方人生活中確鑿的事實。（頁二五）

薩伊德因此提出了學者的自我意識。他認爲知識傳統的建立和傳播並不是簡單地在一個思想家或學者頭腦裏憑空產生的。一個學者可以對日常生活現實採取一種超然的態度，但是他絕不可能完全逃脫或無視環境及文化對他的影響，同時這種影響直接流露到他自己的著作之中。但是如果說《東方主義》建築在薩伊德的個人恩怨上，我們便大錯特錯了。薩伊德有意識地檢討自己的闡釋過程，明確了作者是一定範圍內的話語尺度，保證了文本的開放性。

東方意味著什麼?什麼是「東方主義」?薩伊德精心選用的《東方主義》的封面帶領我們走進了東方主義的世界:那是一張十九世紀法國藝術家讓·里昂·杰拉姆(Jean Leon Gerome)的標題爲〈弄蛇人〉的油畫。一個赤裸的童年男子身上盤繞著一條大蟒蛇,站在一塊東方地毯上,雙手耍著蛇的頭尾,旁邊一個面色灰褐的老年音樂師吹著笛子,對面觀看耍蛇表演的是一個長白鬍鬚的君主和他的隨從,他們懶散地躺臥在淡藍華麗的阿拉伯圖案的瓷磚牆壁下。那個君主的臉上帶著狡詐入迷的神色,明顯地沉醉在這種放蕩淫逸的生活中。這幅油畫本身說明了許多東西,使西方讀者馬上就能聯想到好萊塢和其他西方電影中對伊斯蘭東方的歪曲渲染。它表達了西方對東方的粗鄙的看法:沐浴在異國情調的昏暗光線之中的東方是一個野蠻和奢侈、殘忍和墮落的調和體。薩伊德在《東方主義》一書中指出,這種對東方的渲染是幾百年來西方文化的場面之一。

Orientalism 一般被譯爲「東方民族的特徵、風格和風俗」,或是「東方學」。根據《牛津英文詞典》的記錄,「東方主義」這個詞是一七六九年首次被侯霍斯沃特(Holdswort)評論詩人荷馬時使用的。Orientalism 是研究東方各國的社會歷史、語言文學以及別的物質、精神文化諸學科的總稱。東方學產生於十六到十七世紀歐洲資本主義對外擴張時期。十八、十九世紀以來隨著古文字的譯解成功,東方學有重要發展,出現了埃及學、亞述學、漢學等等具體的學科。也就是在西方對東方的研究有了突破時,Orientalism 這個詞被創造了出來。但是薩伊德所用的 Orientalism 一詞比「東方學」的涵義要廣闊得多，它不僅包括了西方對東方在學術上帶有傾向的研究，而且包括了西方在客觀世界、政治和社會生活、文學作品中對東方所持的根深柢固的偏見。因此，Orientalism 在這裏被譯爲「東方主義」更爲妥當。

人類創造了自己的歷史和文化話語。「東方」和「西方」這兩個概念是人創造的。正如「西方」本身一樣，東方帶有自己的歷史、思想傳統、意象和詞彙。作爲兩個存在實體，東西方相互依賴並在某種程度上相互映照。在東方的地理位置上，有不同的民族、文化、歷史、風俗和生活。薩伊德所研究的不是東方主義與東方的關係，不是歷史地求證東方主義的觀點是否適用於東方，也不是對東方本身的研究，而是專門研究作爲一種觀念的東方主義。《東方主義》避免了百科全書式的歷史敍述，只選擇了一些有代表性的西方著作來研究所謂「西方人眼中的東方」的內涵義。對於不同的西方人，東方意味著不同的地方。美國人心目中的東方一般指遠東，主要是日本和中國，而對英國人和法國人來說，東方則不僅與歐洲毗鄰，而且是歐洲最大和最富有的古老殖民地，包括亞洲西南部和非洲東北部。所謂「近東」、「中東」、「遠東」完全是按照歐洲爲中心劃分的。東方是歐洲文明和語言的發源地，是歐洲文化的競爭者，也是反覆出現的大寫他者(the Other)的形象。東方作爲西方的形象、思想特徵和生活經驗的對立面而存在，使歐洲能夠看清楚自己。(記得伍爾芙說的男人與他們自己拔高了的形象嗎？)東方主義以一種話語的形式來表達和代表東方的文化和意識形態，有其特定的機構、詞彙、學術研究和殖民地官僚機構的文體。薩伊德把「東方主義」分成相互聯繫的三個部分：

(1)學術界的東方主義，即我們常說的東方學。一直到現在，一些西方學術機構中還在使用著「東方主義」一詞。「任何教授、著書、研究東方的學者——不論是人類學家、社會學家、歷史學家或語文學家，不論他們是否從具體方面或是從抽象理論方面來研究東方——都是東方主義者，而他們所做的便是東方主義。」（頁二）但是薩伊德的這種籠統的劃分沒有講清楚什麼是「所有的」？難道他把那些研究東方的東方人也算在東方主義者羣裏了嗎？也許薩伊德所指的東方主義者是那些研究東方的西方人。但這些「西方人」裏面是否只包括白種人呢？亞非後裔開始在西方學術界嶄露頭角僅僅是第二次世界大戰以後的事情，他們很少稱自己爲東方主義者。同「東方研究」(Oriental Studies)或「區域研究」（Area Studies)相比，「東方主義」一詞很少被今天的專家們使用，因爲它在學術上的含義十分模糊和泛指，使人聯想到十九世紀和二十世紀初期歐洲殖民主義的專橫態度。然而儘管東方主義現在不如過去那般時髦了，它仍以對東方和東方人的研究原則和宗旨在學術界中存在著。按照這種定義，任何使用東方主義的觀點來看東方的學者，不論其膚色和國籍，都可以被算爲東方主義者。

(2)東方主義是基於對「東方」與「西方」的區別之上的一種本體論和認識論的思維方式。很多作家，其中包括詩人、小說家、哲學家、政治理論家、經濟學家和帝國主義行政官員都接受了東方和西方之間的基本區別，並將其作爲關於東方、東方民族、風格、思想、命運等等的題目所發揮的理論、創作、社會和政治論文的起點。

(3)東方主義是一種西方統治、重新建構和支配東方的文體。如果不從話語方面來檢驗東方主義，就不能理解歐洲文化是怎樣自啓蒙運動以後有系統地從政治上、社會上、軍事上、意識形態上、科學上和想像力上來掌握和生產東方主義。由於東方主義占據了文體的正統地位，使得所有關於東方的著作、思想和行動受到其限制。東方主義的這個第三層意思是由歷史和物質決定的，東方主義的敍述話語與社會經濟和政治機構關係密切。它不僅是歐洲對東方的空洞的幻想，也是有著幾代人投入的一整套理論和實踐。

我將主要討論作爲特定的思維方式和文體的東方主義。

東方主義是一個歐洲概念，東方與西方的關係是權力的象徵。薩伊德借用葛蘭西(Gramsci)的文化理論來分析這種權力關係。葛蘭西把社會分爲兩種，一種是民衆社會，另一種是政治社會。民衆社會由家庭、學校、工會等等組成，而政治社會則由國家機器——軍隊、警察、官僚中心等等——組成，以直接統治爲宗旨。文化處於民衆社會之中，它對思想、機構和外界產生的影響不是通過統治，而是通過認可(Consent)而達到的。正如同某些觀點比別的觀點更有影響力一樣，某些文化形式往往統治別的文化形式。葛蘭西稱這種文化首導的形式爲盟主權或霸權(hegemony)。這個霸權概念對理解工業化的西方——研究其規範、價值、信仰和表意象徵符號——是必不可少的。薩伊德認爲歐洲文化的主要成分是源於強烈的歐洲文化優越感的文化霸權。東方被西方「命名」和「界說」了，不僅因爲十九世紀歐洲人普遍認爲東方具有「東方特徵」，而且因爲東方可以被製造和被俘虜爲西方文化霸權體系中的一個「他者」形象。在東西方之間的勢力懸殊的情況下進行任何關於東方的話語交流只能是文化霸權的體現。文化霸權使東方主義具有力量和持久性。

薩伊德對東方主義的批判主要集中在英法兩個老牌殖民主義國家和後來居上的美國，因爲從十九世紀初到第二次世界大戰結束，法國和英國統治了東方和東方主義，二次世界大戰以後英法的地位由美國取代。中東阿拉伯世界是薩伊德的區域研究的主要對象。中東在許多方面對於西方來說是一個挑釁。它在地理和文化上令人不安地靠近基督敎。伊斯蘭的一部分土地處於《聖經》產生的土地上，而且它最鄰近歐洲。阿拉伯語和希伯來同屬閃族語言。這兩種語言對基督敎的形成十分重要。從七世紀末葉到一五七〇年的李班多(Lepanto)戰役，伊斯蘭一直是基督敎的最大的威脅。然而在十九世紀和二十世紀初，歐洲的殖民地從地球面積的百分之三十五擴充到百分之八十五。當時最強大的帝國是英國和法國。這兩個國家有時是同夥，有時又是敵對的競爭者。它們爭奪得最激烈的地方是中東。它們分享中東的不僅是土地、利益和統治，而且還分享著一種薩伊德稱之爲東方主義的知識權力。

在某種意義上說，東方主義是信息的儲藏所，它向西方人解釋東方人的舉止行爲，提供東方人的思想、譜系和背景。更重要的是它幫助歐洲人同東方人打交道，讓歐洲人了解東方人的一般特徵。東方主義者的觀點影響了被稱爲東方的人，也影響了被稱爲西方或歐洲的人。東方主義是一整套限制思維的方法，其本質是區別西方的優越和東方的卑賤。它最終是一種關於現實的政治觀點，這個現實提倡二元對立：熟悉（歐洲、西方、「我們」）與陌生（中東、東方、「他們」）之間的對立。「他們」東方人生活在他們的世界裏，「我們」歐洲人生活在我們的世界裏：西方人是觀察者，東方人是被觀察的對象。喬治・歐威爾 (George Orwell) 這樣形容道：

> 當你穿過像這樣的一個城鎮——它的二十萬居民中至少有兩萬人僅用破布片遮體——當你看到他們是怎樣生活，怎樣容易地死去，你會很難相信你是在人羣中行走著。實際上所有的殖民地都建立在這樣的事實上。這些人有著棕色的面孔——那麼多的棕色面孔——他們眞的同你一樣是肉做的嗎？他們有沒有名字？也許他們僅僅是毫無區別的棕色物體，同蜜蜂或珊瑚蟲一樣？他們從地球裏鑽了出來，汗流浹背、忍飢挨餓地生活幾十年，然後就縮回墓地的無名洞穴裏，沒有人注意到他們的失蹤。甚至連他們的墳墓不久也經日曬雨淋風化成土壤的一部分了。（頁二五二）

儘管從這段話裏我們可以揣摩到一顆同情殖民地居民境遇的善良之心，但是字裏行間也流露出西方人對東方人的文化和歷史的隔膜。這個間距並沒有通過話語而縮小。書寫把東方和東方人從生活的經驗分離出來，又反過來傾注給世界。這樣我們便轉到作爲文體的東方主義。

每個作家在寫東方問題時必須正視寫作策略：如何掌握和接近東方。他必須面對東方，把這種面對用某種敍事語調、結構類型、意象、主體等等的寫作策略鑄進自己的作品之中。很明顯，關鍵的問題在於表述(representation)，這種表述是高度人工製造的。不論是在所謂眞實的文本（例如歷史、語言學分析、政治條約）還是在文學創作的文本之中。我們知道，語言本身是有嚴密組織和符號的系統，它的功能是再現(re-presence)，而書寫保存了話語，構成集體記憶的檔案。任何關於東方的書面文件的價值、準確性和力量並不依靠東方，而是以排斥和換位來把東方的「眞正的東西」變得多餘和不重要。因此，所有的東方主義都是遠離東方的，東方主義能夠產生意義完全取決於西方而不是取決於東方。《東方主義》一書並沒有系統地排列一個東方主義的發展史，但它涉及的範圍卻十分廣泛。薩伊德分析了西方學者、文學旅遊者、政治代理人、西方文學傳統和現代新聞媒介對東方的描寫。從這樣廣泛的範圍和敍事角度來展現東方主義，使讀者認識到沒有任何文化現象是孤立的，一個社會的意象和神話是集體的產物。東方主義的文本經常相互引用，形成一個闡釋網絡。前人的著作、學術機構、知識的集體特性、經濟和社會環境，這一切都使東方主義具有積累和合作的特徵。

文學上的東方與西方的分界早在荷馬的《伊里亞德》裏就出現了。古希臘時期兩個關於東方的最有影響力的作品是悲劇的創始人和詩人埃斯庫羅斯（Aeschylus，公元前五二五—四五六）的戲劇《波斯人》（*The Persians*）和劇作家歐里庇得斯（Euripides，公元前四八〇—四〇六）的《戴奧尼索斯酒神節的狂歡女郎》（*The Bacchae*）。這兩個戲劇中關於東方的主題一直左右著歐洲的想像力。埃斯庫羅斯形容波斯人獲悉他們的澤爾西士國王（King Xerxes）率領的軍隊被希臘人打敗了時感到十分悲傷，但是劇中代表波斯人的合唱隊是這樣來表達他們的悲傷的：

> 現在所有亞洲的土地
> 在空虛中呻吟。
> 澤爾西士被追趕著，哦嗬，哦嗬！
> 澤爾西士被殲滅了，嗳呀，嗳呀！
> 澤爾西士的詭計全破產
> 在海上的船裏。
> 爲什麼戴利尤斯

那個從蘇賽來的可敬的軍隊領袖
當他率領著士兵衝殺時
没受到損失？（頁五六）

很難想像波斯人的悲傷竟然是幸災樂禍，而且稱敵軍的首領爲「可敬的」。在這裏亞洲通過歐洲人的想像力來說話，塞給了亞洲一種空虛、失落和災難感作爲東方向西方挑戰的報酬。《戴奧尼索斯酒神節的狂歡女郎》是最富有亞洲色彩的古希臘戲劇。戴奧尼索斯具有亞洲血統，帶著東方的神奇威脅。底比斯（Thebes）的國王潘修斯（Pentheus）拒絕承認戴奧尼索斯的權力和神威，從而汚辱了戴奧尼索斯。結果潘修斯被自己的母親阿朵嫣（Agave）和同她一起的狂歡女郎們殺死了，這就是他所受的懲罰。全劇以展示古怪的戴奧尼索斯的可怕勢力而告終。後來的批評家們注意到對戴奧尼索斯的崇拜來源於亞細亞和黎凡特的宗教影響。這兩個戲劇表現了兩個東方主義的主題：一、歐洲講述東方。歐洲是強大的一方，善於表達自己；亞洲是戰敗的一方，遙遠陌生。二、東方意味著威脅：西方的智慧和理性受到東方的神祕魔性的破壞。

中古夢幻文學的瑰寶是但丁的《神曲》，主要講個人和人類怎樣從迷惘和錯誤中經過苦難的考驗，達到眞理和至善的境地。由於中古詩人的歷史局限，《神曲》充滿了基督教的思想，把一切與正統基督教思想對立的異端思想視爲洪水猛獸，異端思想家們在想像的地獄裏受著永恆的磨難。在《神曲・地獄篇》的第二十八節中出現了伊斯蘭教始祖穆罕默德，他被視爲基督教的叛徒和散布不睦者，因此他受到的肉體懲罰十分令人噁心：「他的創口大得可以和沒底的桶，或是失去一塊旁板的桶相比；從頸項起，一直裂開到屁眼；在兩腿之間，懸掛著他的大小腸；心和肺已經露在外面，還有那一切食物到裏面就化爲糞便的醜袋子。」❷另外幾個著名的伊斯蘭教徒也受到了同樣的鞭笞，在文字的地獄裏永無翻身之日。

在十九和二十世紀中，東方主義的觀念開始以不同的方式出現。首先，歐洲繼承了過去的大批關於東方的文學，十八世紀末葉和十九世紀初期形成現代東方主義，普遍稱之爲東方文藝復興。許多思想家、政治家和藝術家對東方有了一種新的覺察。這種新的覺察一方面是由於西方發現和翻譯介紹了東方文本和語言，例如梵文和阿拉伯文，另一方面是由於西方對東西方的關係有了新的認識。歐洲與中東的關係史中的轉折點是一七九八年拿破崙對埃及的入侵。拿破崙的入侵不僅是軍事上的征服，而且是文化上的掠奪，打開了通往東方的門戶。現代東方主義成爲有系統的知識積累和詮釋。

在整個十九世紀裏，東方，特別是中東，成了歐洲人旅行和寫作的對象，發展了一大批東方風格的歐洲文學。歐洲人在東方旅行時總要面臨著同東方環境不同或不平等的意識，然而西方人與東方人的對話往往成爲同他自己的對話，把對話簡化到對其有效性毫無外在驗證的內部獨白。有些西方作家到東方旅行的目的就是尋找自己的情感和夢幻的蹤跡。對於他們來說，東方是一個似曾相識的地方。甚至在他們完成了實際的旅行以後，他們仍然要在想像中反覆地回歸到這塊使人迷戀的土地上。著名法國作家內爾瓦爾（一八〇五—一八五五）和福樓拜（一八二一—一八八〇）分別到中東旅行，渴望在東方的宗教、幻象和古代社會的起源裏找到自己的「家園」。福樓拜在寫給母親的信中說：「你問我東方是否像我原來想像的那樣。是的，東方甚至超過了我對它的狹窄的看法。在這裏我找到了我頭腦裏每一個模糊的物質。事實取代了想像——如同突然遇到已經忘掉的舊夢一般。」（頁一八五）然而福樓拜筆下的關於東方所見所聞的記錄聽起來純粹像出自一個法國人的性欲幻想：公衆前的性交、人獸之交、手淫致死、不孕婦女以尿淋身等等（頁一〇二—一〇三）。問題是誰在看、誰在寫：西方的寫作和東方的沉默成爲鮮明的對比。福樓拜在旅行中遇見一個著名的埃及歌舞妓，度過了一個難忘銷魂之夜。後來他在自己的許多小說中以她的原型塑造了一個具有影響力的東方婦女的形象。這個女人從來沒有爲自己說過話，從來沒有談論過她的感情、境遇和歷史。福樓拜不僅從肉體上占有她，而且代替她說話，告訴讀者她的「典型的東方式」表現在什麼地方。福樓拜寫道：

我幾乎沒有闔眼。看著那位美麗的姑娘酣睡著（她打著呼嚕，頭枕在我的肩膀上，我的食指擱在她的項鍊下面），長夜漫漫，我陷入無休止的熱忱幻想之中——這就是我爲什麼留下來的原因。我想起我在巴黎妓院度過的夜晚——連串的記憶又返回來——我想到了她、她的舞蹈、她那唱著無意義甚至難以分清字句的歌的聲音。（頁一八七）

在沉默的女性東方的陪襯下，雄辯的男性西方才能夠思考問題，才能夠證明自己的存在，獲得新的元氣和權威感，他在財力和智力上都毫無疑問地比她優越。這種敍事的模式使我們又聽到了伍爾芙的那句名言的回聲。

多數的十九世紀西方人通過書本來了解東方，例如作家史考特、雨果和歌德從未離開過歐洲，他們關於東方的知識來自於書本或間接的經驗。這些書本使東方存在，奉獻給西方的沉默的東方與東方的居民沒有任何直接的接觸，與現實沒有多大的關係。在東方主義中出現的東方是一整套把東方帶進西方教育、意識和帝國權力的表達方式。東方主義不能夠使人眞正了解東方，只能引人入歧途。類似這種悲劇式的結局早已由《唐・吉訶德》一書諷刺過了。

二十世紀迎來了電子世界。西方人能夠直接通過電視、電影和其他大衆傳播媒介看到東方。但是這一切也加深了十九世紀學術和想像中的「神祕的東方」的規範化和文化成見。西方一貫具有反阿拉伯和伊斯蘭的傳統偏見，而二十世紀的阿拉伯國家同以色列猶太復國主義者的鬥爭助長了這種傾向。西方一般把以色列人看作是熱愛自由民主的人民，同時把阿拉伯人當作罪惡的獨裁份子和恐怖份子。當今中東是大國權勢政治鬥爭和石油經濟爭奪的中心，西方後現代主義的文化中依然存在著大量的東方主義的因素。

當本書在一九七八年發表時，薩伊德只是批判了東方主義，但沒有提出一個可以取代東方主義的理解和研究不同文化的方法。他的結論極爲簡短：東方主義對其認爲是陌生的那一部分世界採取了一種對立的立場，沒有能夠把東方看作是人類經驗的一部分。如果我們希望從世界上衆多民族的政治和歷史的覺醒之中獲益的話，就應該向東方主義的世界霸權進行嚴肅的挑戰。然而對東方主義的回答不應該是西方主義。如果東方主義的知識有什麼意義的話，那便是提醒我們任何知識都具有誘惑的墮落性。《東方主義》受李維史陀結構主義的影響，把東方主義這個複雜的問題按照相互聯繫的二元對立因素組成。在薩伊德的思想結構裏西方與東方有著根本的區別：西方／東方、富有／貧窮、男人／女人、雄辯／沉默。在這些二元制度中，性別二元法占主要地位。東方主義的英雄們崇拜和征服阿拉伯社會，如同「法國學者、行政人員、地理學家和商業推銷員朝著平靜苟安，女性化的東方施展了渾身的解數。」（頁二二〇）這種分析的明顯過失是取消了中介物，其中包括阿拉伯人或東方人對東方所作的研究。正是由於這種二元化結構的內在局限，薩伊德沒有討論東方學給人類認識帶來的積極作用，他有意識地省略了十八世紀歐洲啓蒙運動中知識份子採用「東方」的材料和方式來批判歐洲的事實。

一九八六年薩伊德在〈重新考慮東方主義〉❸一文中彌補了這種認識論上的缺陷。他認爲重新考慮東方主義就必須參照女權主義、黑人或少數民族文學批評所提出的相同的問題。這些研究是從把它們在政治和知識上排斥出去或壓擠到邊緣地帶上去的研究領域中脫穎而出的。它們向準則和規範提出質問，提醒人們注意他們習以爲常的思維方式，努力掙脫二元論的正負對比。東方主義的認識論的基礎之一是歷史主義，由維柯、黑格爾、馬克思、狄爾泰等提出的觀點，認爲如果人類有歷史，它便是由人創造出來的，於是可以被理解。某一個歷史階段、時期或瞬間都是一個複雜而和諧的統一體。歷史主義往往從西方或是歐洲的角度來看待具有統一性的人類歷史。運用歷史主義的方法必然會導致對歷史證據的選擇和解釋，強調「普遍性」而忽略不同文化的「特殊性」。要解決認識論上的困境就必須超越兩極對立和二元論的觀點，創造一種新的對複合而不是單一的客觀事物的分析方法。這就需要跨學科的研究，理解產生知識和文化的政治、社會、歷史和方法論的背景，也要認清知識份子在其中的作用，而且要注重依靠集體的力量。

《東方主義》一書提出的問題是每個研究別的文化的人都會遇到的：知識與權力之間的話語是什麼？什麼是另一個文化？如何表述別的文化？什麼屬於現代知識份子的背叛行爲？方法論上的自我意識可以使我們擺脫意識形態的束縛嗎？我們能夠把人類現實整整齊齊地切割成不同的文化、歷史、傳統、社會和種族而不承受其苦果嗎？這些問題尚且有待於進一步的探討。

註釋

❶Edward Said, *Orientalism* (New York: Vintage Books, 1979).

❷王維克譯，但丁·亞利基利著《神曲》（散文譯文），（北京：人民出版社，一九八〇），頁一二八。

❸Edward Said, "Orientalism Reconsidered," in Francis Barker, et al., *Literature, Politics and Theory* (London and New York: Methuen, 1986).

黑色的雅典

——最近關於西方文明起源的論爭

劉禾

言必稱希臘——凡說及西方文明，這總是難免的。

當年梅光迪等人發起《學衡》雜誌，昌明國粹，就曾拿孔子與蘇格拉底相提並論。翻開首期封面，兩位先知的肖像立時赫然入目，不能不令人生出幾分敬意。如今回頭再看學衡派和新文化運動的那場筆墨官司，一條線索清晰可見，即它從頭到尾都貫穿著對知識的爭奪，爭奪的焦點是：誰掌握了西方文明之眞髓？爲了論證新文化提倡者在西學上的淺薄，學衡派反覆地引用哈佛大學教授白璧德(Irving Babbitt)的著述，其要點大致爲：十六世紀以來，特別是個人主義出現以後，西方的主流文化有一種趨勢，那就是對古典人文主義的背叛；因此，中國人不須「膜拜盧梭以下之狂徒」，「冒進步之虛名，而忘卻固有之文化」，而應發揚國粹，「再求進而研究西洋自希臘以來眞正之文化」云云（《學衡》，一九二二，第三期）。

白璧德要是能活到今天，歐美學界的最新動態一定會教他看得目瞪口呆。一九八七年到九一年之間，馬丁•波納爾(Martin Bernal)先後發表了他的《黑色的雅典娜——古典文明的亞非源泉》(*Black Athena: The Afroasiatic Roots of Classical Civilization*)一書的頭兩卷。不曾料想，這個四卷本的著作還沒有寫完，就已經牽動了歐美學界的中樞神經，給歷來被西方人引以爲驕傲的希臘「眞正之文化」帶來了一次嚴重的挑戰。人們不安地意識到，古希臘文明同亞利安人之間的那種被視爲天經地義的血緣關係，可能是一個歐洲中心主義的神話。這種不安自然會帶來幾分好奇，作者馬丁•波納爾究爲何許人也(哪裏殺出一個程咬金)？說來也巧，此人倒和中國有些特殊的緣分，因爲波納爾不僅是一位出色的古文字學者，精通古希臘文、埃及文、希伯萊文和科普特文，而且還是研究中國近、現代史的專家，曾撰寫了《劉師培與國粹》(*Liu Shih-p'ei and National Essence*)和《中國的社會主義至一九〇七年》(*Chinese Socialism to 1907*)等著作。中國的國粹運動和古希臘文明，這兩個彼此毫不相干的題目，在波納爾的學術生涯中竟然獲得某種內在的聯繫，它們好像是從兩個不同的方向走上了對歐洲文化霸權的批判。

波納爾的語言天賦和淵博的學問，無論在歐美還是在中國，都屬罕見。他是出身於書香門第的英國猶太人，父親在第二次世界大戰中做過蒙巴頓將軍的顧問；祖父則是大名鼎鼎的古埃及文專家，曾編過一部埃及語詞典，這本權威著作至今還是有關專家的必讀書。波納爾本人通曉多種語言文字，除了上面提到的漢語、古希臘文、古埃及文和希伯萊語等以外，還有法語、德語、西班牙語、日語、越南語等。多年來，他一直在美國康乃爾大學擔任教授，主講政治學和中國政治。六、七十年代期間，波納爾的研究興趣主要集中在亞洲地區，並參加編輯了《越南及其工會成員》(*Vietnam and Trade Unionists*)和《亞洲的勞工——一個新的篇章？》(*Labour in Asia: A New Chapter?*)等書，同時還撰寫了上面提到的有關中國近代史的著作。七十年代以後，他開始全力投入對西方古典傳統的研究，從考古學和詞源學入手，鑽研閃族文化、古埃及文化和古希臘文化之間的淵源關係，爲《黑色的雅典娜》一書打下了堅實的基礎。與此同時，他還完成了一部詞源學專門著作，叫做《卡德摩字母——公元前一四〇〇年字母系統向愛琴海地區和西域的傳入》(*Cadmen Letters: The Transmission of the Alphabet to the Aegean and Further West Before 1400 B.C.*)。

《黑色的雅典娜》第一卷發表於一九八七年，並榮獲了九〇年度全美圖書獎。這本書對十八世紀以來的歐洲人文學術傳統（一七八五—一九八五）做了深刻的回顧和反省。作者在對大量史料做了周密的考證以後，揭示出一個被人們長期忽略了的事實：即我們所熟悉的那個「言必稱希臘」的西方文明發展史，實際上是十八世紀以來的歐洲學者，尤其是德國和法國的語文學家編出來的一個歐洲中心主義的故事。他們中的絕大部分人都持種族偏見，敵視猶太人和亞非民族，而他們生產出來的「知識」卻頑固地影響著後人對人類文明發展史的認識。波納爾在書中對這些學者做了逐一的分析和批判，其中包括佛里德利奇·奧古斯特·伍爾芙(Friedrich August Wolf)、喬治・葛羅特(George Grote)、卡爾・布里根(Carl Blegen)、瑞思・卡本特(Rhys Carpenter)等。他指出，上述人文學者十分忌諱有色種族對白色種族的「汚染」，因此，不肯承認非洲文化和閃族文化對西方文明的影響，並且在學術著作中竭力抹煞埃及與迦南對古希臘文明形成的貢獻。這些人認爲，希臘文明的起源始於公元前十四至十三世紀之間印歐語系的白人種族由北方的遷入，而不是早期非洲和亞洲文明的流變。每逢碰到古文獻中記載的希臘人自己對埃及和迦南的科技、哲學和政治學說的種種描述，以及後者在愛琴文明中的重要作用時，這些學者又是怎樣自圓其說的呢?有辦法。他們將此方便地歸入神話之列。波納爾給這種文化理論起了一個恰當的名稱，叫做「亞利安模式」(The Aryan Model)。

《黑色的雅典娜》第二卷在一九九一年出版。與上卷不同，作者在這本長達七百多頁的厚書裏全力做了一件事：運用大量具體而又翔實的考證，去推翻他所批評的那種「亞利安模式」。這無異於在太歲頭上動土。於是，從牛津大學到哈佛大學，許多人文學者都一下子被捲入爭論的漩渦。《紐約書評》、《新聞周刊》以及許多專業的和通俗的刊物也都紛紛響應。這場爭論頗耐人尋味，因爲人們這裏關心的雖是一個學術問題，即埃及對古希臘文明的形成到底起過怎樣的作用，但是很顯然，一部分人義憤塡膺的程度似乎又大大超出了他們的學術利益。比如，艾米麗・弗默爾(Emily Vermeule)在今年三月給《紐約書評》寫的一篇題爲〈顚倒乾坤〉(The World Turned Upside Down)的文章中，就對波納爾進行了直接的人身攻擊，因爲她不能原諒「一個有名望的中國專家跑到古代地中海研究領域來幹什麼」。文中還引了米爾頓《失樂園》中的詩句，影射波納爾是那個花言巧語的魔鬼撒旦（但是弗默爾弄錯了。因爲她所引的那段詩句並非出自魔鬼撒旦之口，而是一個名叫畢利奧［Belial］的小魔鬼——這是一位讀者寫信給《紐約書評》指出的。透過許多讀者來信，可窺見這場爭論的刺激性：認眞商榷者有之，口誅式的惡意文字亦有之）。弗默爾等傳統西方學者的這種惱怒當然是有理由的——波納爾的書嚴重地褻瀆了西方文明。但是，這個褻瀆卻很難駁倒，因爲該書通過考古和詞源學研究，發現了大量被人們有意或無意忽略的亞非文明曾塑造希臘文明的證據。如，希臘語有一半以上的詞彙來自埃及語或閃族語。再如，西方文明發展的一個關鍵環節克里特文化，據波納爾的推測，可能是埃及人到那裏殖民的結果。這種推論當然具有極大的「危險性」，因此引起了種種質疑，成爲一大懸案。但不論是通過殖民還是什麼別的途徑，波納爾舉出了語言、建築、科技、藝術等方面的大量證據，說明公元前二一〇〇至一一〇〇年，也就是希臘文明形成期間，非洲文明是一個重要的文化源頭。一句話，雅典是黑色的。

曾有人問作者，寫這本書的現實意義是什麼？回答是，他要煞一煞「歐洲人在文化上的跋扈心態」。這一煞不要緊，波納爾身不由己地加入了一場規模更大的文化批評，因爲，自從七十年代末愛德華·薩伊德發表了《東方主義》（*Orientalism*）一書以來，歐美人文學界興起的後殖民主義理論就始終把西方的文化霸權作爲批判對象。到目前爲止，這個批判已經給西方學術研究的格局帶來了劇烈的改觀。波納爾的著作從一個人們意想不到的角度切入了這場批評，因此它引起震撼是不足爲怪的（《黑色的雅典娜》另外還有一個背景，就是一部分黑人人類學的學者發起的黑人中心運動。美國的歐洲中心主義的捍衛者對此感到焦慮，並及時地闡明了針鋒相對的立場）。

過去的十幾年中，歐美的人文學科在後殖民理論的影響下究竟發生了哪些大的變化？《黑色的雅典娜》一書以及它掀起的波瀾，正好爲我們提供了一次深入了解的機會。

如果用一句話來概括後殖民理論，不妨說它是後結構主義介入文化批評之後產生的一個最重要的學術動向。例如，薩伊德和帕忒·察特杰(Partha Chatterjee)就深受傅柯的影響，他們把東西方文化比較理論看作是知識和權力運作的場所；史比維克(Gayatri Chakravorty Spivak)曾將德希達的《書寫學》譯成英文，使得解構主義成爲瓦解西方中心主義的一柄利劍；霍米·巴峇(Homi Bhabha)則把拉康的精神分析用來重讀法農(Fanon)，尋求在東西文化衝突中建立新的主體意識的可能性。值得一提的是，以上這些著名學者都不是白人，他們是從西方以外的五湖四海走到一起來的。更值得注意的是，這些人的理論研究之所以在歐美學界引起高度的重視，恰恰是因爲他們對以西方爲中心的學術傳統提出了尖銳的挑戰，而不是與之認同。

以美國而論，後殖民理論的影響業已覆蓋多種學科和領域，包括歷史學、人類學、社會學、文學理論（包括新歷史主義）、女性主義理論、少數民族研究，還有其他所有冠以文化批評之名的學術研究。目前，代表這些學科最前沿的研究成果往往都有後殖民理論的滲透。在這種情勢下，人們已經不可能大談文化（無論是東方文化、西方文化，還是東西文化之比較），卻不去深究這些概念和方法裏面包藏的知識前提，如話語場、知識的歷史性和臨時性，以及人們在知識和權力之間建立的複雜關係。薩伊德批評的「東方主義」就是一個很好的範例。「東方主義」曾替西方生產出大量的關於「東方人」(the Oriental)的知識，西方人正是通過這種知識取得了自己對於東方的文化優勢；與此同時，這個知識的生產過程又被充分地透明化，使人無法看到它本來的歷史痕跡。後結構主義對知識與權力的關係的重視，在薩伊德和其他後殖民主義批評家的研究中得到了淋漓盡致的發揮。這些學者不僅關注某一個文化如何生產關於另一個文化的知識，並如何通過這樣的知識實行文化霸權，而且還對生產這些知識的具體學科、學術、研究範疇以及學者本人的立場（文化的、種族的、階級的、性別的等等）保持高度的警覺，做出了大量的反省。波納爾在《黑色的雅典娜》的第一卷中正是這樣做的。

應當指出，薩伊德和史比維克等人對西方文化霸權的批評老是帶著一種強烈的被壓迫者反抗壓迫者的情結。這種情結與他們本人的境遇有密切聯繫（後殖民主義批評家中的絕大部分人來自前英法殖民地，或者是在歐美受歧視的少數民族），他們的理論也由此獲得極大的感染力，並即刻匯入西方現代自由主義知識份子的反叛傳統。但是，此情結又迫使他們面臨一個難以逃脫的困境，因爲當這些人把所有的目光都投向西方，反覆強調東方人受壓迫，沒有自己的聲音的時候，他們其實在另一個層面上又肯定了西方人對知識的壟斷。這一點充分體現在他們自己的學術實踐中，比如，薩伊德、史比維克、巴峇等人把大量的注意力放在歐美文本中有關東方的「知識」上，卻很少留心除英語或法語以外的學術研究。阿拉伯人和印度人通常是作爲某種修辭、隱喻或象徵，而不是以平等的學者身分進入他們的討論，好像那邊沒有自己的語言、沒有自己的學術傳統、更沒有自己的知識主體（或發言權），於是，一切言說行爲都被籠罩在西方人的統治下。

事情果眞是這樣的嗎？

我認爲，對西方文化霸權的批判，是必要的，甚至是相當迫切的。但這種批判必須超越苦大仇深的境界，才能趨向成熟。印度歷史學家帕忒・察特杰的《國家民族主義思想與殖民地世界》(*Nationalist Thought and the Colonial World*) 一書已經在方法論上朝這個方向邁出了一步。作者把目光從西方轉向印度的語境，研究的是西方現代國家理論如何在殖民地時期進入印度知識份子的話語，而當地知識份子又如何運用它去抵抗殖民者的統治，以達到建立現代民族國家的目的。這種研究向我們充分展示了知識運作的複雜性：跨文化的語言實踐活動不能不使西方理論失去它原有的意義，而在新的語境中生發出新的意義；這就意味著，西方的文化霸權可能通過某種中介產生出新的知識和權力的關係來，譬如，印度獨立後，「現代性」的理論立刻淪爲徹頭徹尾的國家話語，其主要功能是替現代國家權力做合法性的詮釋。

後殖民理論對西方文化霸權批判的一個主要內容，是對現代性的反省。在此之前，法蘭克福學派一直代表這方面最有權威的聲音。但法蘭克福學派對現代性的批評重點在現代化給人類社會帶來的各種流弊，例如霍克海默和阿多諾強調的「文化工業」對人的異化作用。可是，他們的理論一旦離開歐洲啓蒙主義傳統對人的「主體性」和「自我意識」的關懷，離開對人之「完整性」的烏托邦式的寄託，就找不到恰當的語言對現代性進行更深入的批評。至八十年代，哈伯瑪斯曾試圖用公共領域和人與人之間交流等概念，去突破早期法蘭克福學派對啓蒙主義哲學思想的依賴。但是，這位哲學家在對「現代性工程」(the project of modernity)做出新的闡釋並與之認同時，完全忽略了歐洲文化霸權在生產現代性理論和有關知識中所起到的歷史作用，結果他的「現代性工程」又一次成爲替歐洲文化霸權製造合法性的理論。

後殖民理論也檢討現代性給人類歷史帶來的各種問題。但是，它做到了歐洲法蘭克福學派以來的文化批評理論力所不及的事，那就是，把現代性、民族國家、知識生產和歐美的文化霸權都同時納入自己的批評視野，爲我們提供一個不同於西方人的立場，不同於西方人的眼光，不同於西方人的歷史角度。有了這種立場、眼光和角度，不僅世界的文明發展史必然要重寫，而且，人類向何處去、未來的文明又當怎樣構想，這類問題就不一定由現在的西方人說了算。東方、南方、北方都要有自己的聲音。當然，不同於西方的立場、眼光和角度前人不是沒有嘗試過，日本明治維新時期的國粹主義和中國從晚清到五四以後的幾次國粹運動，無一不是以批評現代化和發揚本位文化為出發點的。但是，當國粹派將現代化／西方和本位文化／東方對立起來的時候，國粹的概念就不僅成為反對現代化的工具，而且成為狹隘的國家主義的另一說法。相比之下，後殖民理論則對民族國家持一種謹慎的批判態度，既不與之認同，也不簡單地否定。同樣地，它對現代性的批評，也不事先假定一個優於現代化的本位文化，而是著眼於有關的知識與權力生成的歷史環境。這是一種非本質主義的歷史觀。從這個觀點出發，國粹、本位文化和現代化等，就不再是需要個別地單獨界說的客觀事實，而是在知識與權力運作的過程中產生出來的一些相互關聯並相互制約的歷史概念。在中國，這些概念由於實踐的需要而共同進入現代性理論，並在不同的時期構成了不同的話語場，因此，圍繞西學和國學的爭論，實質上是不同派別為了各自的政治或其他目的所進行的爭取話語權威的鬥爭。例如，辛亥革命前章太炎和國學保存會諸人提倡的國粹概念與五四後的學衡派的主張就有甚大差別。前者為了反滿抗清和抵禦列強的需要，提出國粹「不是要人尊信孔教，只是要人愛惜我們漢種的歷史」（章太炎〈演說錄〉，《民報》第六號）。後者為了對抗新文化運動，採取了相反的態度，西學上「言必稱希臘」，國學上則尊崇孔儒，而且兩學彼此呼應，互為因果。溫故知新，我們應該看到，這種對知識的爭奪在今天的話語場內仍在激烈地進行，因此，話語實踐、知識的來龍去脈，以及現代性理論中的各種概念和範疇的運作，就不能不成為理論思考的當務之急。

我想，《黑色的雅典娜》至少給我們這樣的啓示：知識遠比人們想像的要狡猾。

引用書目

Martin Bernal. *Black Athena: The Afroasiatic Roots of Classical Civilization.* Volume I, The Fabrication of Ancient Greece 1785-1985, 575pp., and Volume II, The Archaeological and Documentary Evidence, 736pp., Rutgers University Press, 1987-91.

《吉姆大公》

——敘事、言詞與東方主義

張國慶

就大多數西方人的文化與地理認知而論，東方向來是一個異化的空間，一個被概念化，若實若虛的世界。許多西方作家筆下的東方，往往是一個充滿神祕、冒險色彩，並且擁有廣大資源的終極疆域(final frontier)，一個西方人既可馳騁浪漫情懷，又可實行經濟剝削的邊陲地帶。如同女性一般，東方已然被定型爲浪漫化和掠奪的客體。這種偏頗的認知和行爲模式就是我們所熟知的「東方主義」(Orientalism)。這是以西方爲指涉主體的自我(the Self)，東方爲概念化他人(the Other)的本體性區分。根據薩伊德(Edward W. Said)在《東方主義》(*Orientalism*)裏的評析，這種意識形態是西方人藉以「壓制，另行塑造，並且支配東方的做法」(頁三)。換言之，將東方予以概念化的行徑，並非全然哲學思維的問題，而是隱含實際的社會、經濟目的。在《吉姆大公》(*Lord Jim*)裏，康拉德(Joseph Conrad)就反覆地探究東方主義的本質。這部小說的言詞交錯於分歧的敘事結構中，形成紛繁的詮釋網絡，不僅說明認知過程的複雜性，更且揭露東方主義乃是文化與物質並行掠奪的思維工具。以下本文，我將參佐薩伊德的理念，以及若干社會、語言行爲理論，詮釋《吉姆大公》的敘事結構和言詞，探討康拉德批駁東方主義的手法。

《吉姆大公》出版於一九〇〇年。從一八九〇年至一九一〇年間，大英帝國幾乎年年發動殖民地戰爭；帝國主義成爲爭議的話題。康拉德這段時期的作品也一再地探討西方的「我們」(we)，與其他世界的「他們」(them)之間衝突的關係❶。《吉姆大公》的敘事結構大致分爲三部分。首先，第一章至第四章，由一位隱匿敘述者(covert narrator)概述吉姆早期的生涯，以及派特納船難事件❷；而在第四章結束前，馬婁(Marlowe)登場，成爲後續情節的主述者。然後，第五章至三十五章敘述審判過程，以及吉姆成爲馬來叢林村莊，帕特森大公的始末。第三部則是最後十章，描繪布朗襲擊帕特森事件，而以吉姆的死亡終場。因此，帕特森是遭受重重掠奪東方具體而微的表徵；吉姆一生榮枯大致以敘事結構的三部分爲分野，成爲探究東方主義成因、變遷的指標。(當然，我並非意謂東方主義已不復存在。根據薩伊德的分析，這種意識形態依然是大多數西方人觀照東方的基本模式。）第四章結束時，敘述者將馬婁引入小說中：

> 而稍後，許多場合裏，在世界遠處各地，馬婁都表示，願意重述吉姆的故事，不漏旁

枝細節，清楚地回溯吉姆的生平。

說故事是溝通、詮釋經驗，從中汲取意義的途徑；任何瑣細情節都可能有助於了解這則故事的眞諦。吉姆是一個表徵人物；他的故事隱含特定的歷史、社會意義。重複敘述是反覆詮釋、思辯的過程；而意義的獲取，是主觀意識與客觀現實相互辯證的結果，本體性的模式絕難企及。然而，儘管馬婁幾乎鉅細無遺地將其他人物的描述融入他的敘事中，他的言詞仍未脫既定意識形態的窠臼。馬婁深爲吉姆的浪漫情懷所吸引，數度稱他爲「我們的一份子」。雖然，在致所謂「特殊人物」的信函裏，馬婁似乎表示，並不贊同西方人將他們的價值觀加諸東方世界；可是，他仍然說，「不堅持任何意見」（頁二〇四）。反之，隱匿敘述者就採取相當批判性的距離。他一方面將主要敘事情節轉由馬婁主述，即減低其主觀意識過度介入，又與馬婁的第一人稱敘述保持不同的觀點距離。而另一方面，他又將吉姆的浪漫迷思與當時的社會現象相連，而達到批判的目的。這是主觀意識和客觀現實（包括事實的陳述與歷史現狀）相互辯證的方式。在分析藝術與意識形態的關係時，伊戈頓（Terry Eagleton）就曾論及，藝術並非被動地反映人生經驗。藝術一方面運作於特定意識形態的範疇中，而另一方面，又採取相當距離，以便「感覺」和「理解」其所源生的意識形態，進而顯露該意識形態的有限性（頁一八—一九）。因此，藝術必然具有社會批判功能；而批判性的認知距離，與傳統的美學距離

(aesthetic distance)概念自然大異其趣。就《吉姆大公》的前四章而論，隱匿敘述者以分隔敘事結構的方式，顯現他的批判性認知與既定意識形態的辯證關係。

《吉姆大公》的第一章以摘要(abstract)開始，概述主角的特徵與故事大要。吉姆個性平易近人，卻又十分倔強；而且，他「好於思索抽象觀念」。由於某種隱情所致，他隱藏本姓，浪跡東方各處海港，而後成爲一個叢林內僻村莊的大公（頁三—四）。吉姆顯然具有內在衝突個性，以及運用個人意念，將外在世界概念化的傾向。從摘要裏，讀者已大致獲得詮釋後續情節的線索。根據語言行爲理論學者普拉特(Mary Louise Pratt)的分析，小說以摘要開始，旨在點明故事主題，引發讀者閱讀的興趣——亦即，展現該故事的可述性。摘要的最小單位是標題和副標題，同樣具有表達主題的功能（頁六〇）。《吉姆大公》以主角名字冠加封號爲標題，而隨即概述他的特徵，其目的當然是將吉姆視爲表徵人物（如前段所述及），代表複雜的羣體意識。誠如薩伊德在《開場白》(*Beginnings*)裏所分析，「若將一個具有特定歷史意義，或思想範疇的開場白，與某人作同一論時，這自然是認知歷史的行爲」（頁三二）。就此觀之，當馬婁一再地說，吉姆是「我們的一份子」時，其言詞就耐人尋味。馬婁，小說裏的聽衆（包括隱匿敘述者）和吉姆，或多或少都受到相同意識形態的影響。「我們」都受到特定歷史、社會意識的支配，以本體性的思考和行爲模式論斷異於「我們」的「他人」。若再就小說的標題而論，以大公的姿態君臨(lord over)他人世界的欲望，似乎早已深植於這個羣體意識中。的確，自十八世紀末葉以來，西方國家以文化和工業強權的心態觀照東方世界，以致形成西方羣體意識的我們，與代表他們的東方相互對立的局面（《東方主義》，頁七）。如此，《吉姆大公》的摘要不僅提供讀者小說的主旨和大要，同時也刻意標明支配吉姆思想、行爲的羣體意識。

當然，除了標題和副標題之外，一部小說並不一定以摘要敍述爲開場白。一般而言，小說是以導引(orientation)開始，其目的在於提供讀者時、地、人物活動概況，有時也將主角詳加描繪一番。如果，小說以摘要敍述開始，導引部分則在主要敍述情節開始前，給與讀者更明確的背景資料（普拉特，頁四五）。就《吉姆大公》而論，摘要部分點明敍事大意，導引部分則進一步地描述吉姆的社會背景，以及選擇海員這個職業的動機。如我在本文首段所提及，東方主義隱含實際的社會因素。吉姆的父親是英國國教牧師；他「對於絕對信仰的認知，足以教導居住農舍的人們端正行止，而使公義之神賜與華宅爲居的人，免於擾攘之憂」（頁四）。換言之，在《吉姆大公》裏，宗教的主要功能乃在維持既有的社會層級；中、下階層的行爲端正與否，端視上流階層所享有的社會、經濟滿足程度而定。依據詹明信(Fredric Jameson)的說法，英國國教牧師是「典型英國階級意識的媒介者」（頁二一一）。而牧師的薪俸是「這個家庭世襲的生計」。但是，吉姆家中共有兄弟五人；而當讀過一系列消遣性文學作品後，他以航海爲業的心意就此確定」（頁四）。吉姆顯然未能承襲他父親的職業，而藉航海另謀發展;浪漫情懷的背後則是實際的物質需求。然而,對於詹明信而言,吉姆的抉擇是「美學化的意識形態產物」,藉此他一則摒除潛意識中的意識形態(unconscious denunciation of ideology),再則得以不同方式,在不同的社會空間,重新展現他父親所成就的象徵性功能(頁二一一)。詹明信似乎認爲,將意識形態美學化爲超越時空的指涉結構,自我即可擺脫任何意識形態的影響。另外,他又說,「航海生涯是介於生活和工作這些有形空間當中的虛幻空間」(頁二一三)。詹明信似乎未曾留意,吉姆的抉擇隱含具體的物質需求。再者,如果「美學化的意識形態產物」這種說詞成立的話,吉姆意欲成爲虛幻傳奇故事裏果敢英雄的幻夢,還是他所屬社會階級的產物。明確地說,吉姆也是英國階級意識的媒介者;航海生涯則是轉嫁意識形態,剝削他人世界社會資源的方式,絕非純粹美學化的虛幻空間。稍後,我將再談論這個問題。

在《吉姆大公》的導引部分,敍述者曾經藉一段場景敍述,將吉姆和四周景象形成對比。當吉姆還是實習船員時,他站在訓練船的前桅樓。

> 以一個命定在險難中,必將展露鋒頭人物的輕蔑眼神往下看;眼前所見,是一片寧靜住家的屋頂,分隔於棕色河流的兩岸。而散布於這片平原周圍,則是工廠的煙囪,垂直聳立,與垢汚的天空成對比;每隻煙囪細長如筆,像火山般冒發煙霧。(頁五)

根據詹明信（借自黑格爾現象學）的說法，這段敘述呈現「世界陰沉、單調的一面，一個日常生活於資本主義全球性工廠的景象」❸；吉姆的航海生涯可以使他站出所有社會階級，以同等的眼光，「自遠處」觀照他們（頁二一〇，二一一）。基本上，詹明信的論調是現代主義的產物，認爲主觀、唯心的美學距離可以達到自我超越的目的。但是，既然資本主義是無遠弗屆的「全球性工廠」（universal factory），而航海又是大英帝國擴展工業資本主義的管道（頁二一三），吉姆藉浪漫美學自我超脫的企圖，自然是緣木求魚❹。若依我的看法，《吉姆大公》這段引文，事實上將一個表面寧靜、調和社會裏，潛在的不和諧予以外向化。如筆般的煙囪，將日常生活於工廠地區的困楚，書寫於寧靜平原的邊陲上。詹明信那種純然主觀、抽象式的觀照方式顯然忽略一項事實，那就是，工業資本的累積，往往是以犧牲勞工階級爲代價。工廠的煙囪呈現火山般的意象，隱喻工業革命以來，英國社會裏的不平等和紛爭，而不是「世界陰沉、單調的一面」。因此，吉姆以美學距離隔絕他所屬的社會，遁入虛幻傳奇世界的企圖，乃是唯我意識（solipsism）的表現。他一味地追求自我超越，而對於社會不平現象卻視若無睹。

當吉姆耽溺於幻思中，假想自己是「對抗熱帶海域野蠻人，平定海上叛變」的無敵英雄時，他的訓練船偶遇一艘顛盪於狂風中的縱桅帆船。此刻，吉姆卻驚懼於「天地劇烈的振盪，僵立原地」（頁五）。尤爲反諷的是，帆船事件之後，他對於自己「冒險的熱情，或所謂多層面的勇氣，依然抱持強烈的自信」（頁七）。如此，導引敍述顯露吉姆只會耽於想像，未曾建立主觀意識與客觀現實間實際的辯證關係。敍述者在此已經確立整個故事的可述性；他依據導引初期部分的言詞，重組後續情節和敍事結構。在《符號的追尋》裏，卡勒（Jonathan Culler）提到，敍事情節的鋪陳，通常以呈現意義的構想爲本；言詞是重組敍事結構的依據。言詞和敍事具有相互依存的關係；敍述或詮釋的過程，必須由「一個觀點變換至另一個，由敍事至言詞，然後再回到敍事」（頁一八三—一八七）。言詞是敍事者主觀的建構，而敍事則以多重觀點呈現、探究客觀現實。返觀康拉德的小說，吉姆根據他得自傳奇小說的浪漫意念，試圖在本體意識周圍，建構一個可述性的故事。他未曾了解到，自我意義的追尋與外在現實密不可分。反之，隱匿敍述者就顯示，他是由詮釋、辯證的過程，獲致整個故事的意義。導引部分並未在帆船事件打住，而繼續進行至派特納號事件。敍述者並未清楚地描述事件的細節；他的觀點並未就此確立，而稍後與其他人物的敍述相互印證，形成一個漸進辯證的過程。隱匿敍述者將主要情節交由馬婁主述，結束導引部分。《吉姆大公》具有可述性，其意義則須歷經不同觀點的融合、反覆辯證方可獲致。在此，我並非意謂這部小說的前四章全是言詞的鋪陳，而馬婁的敍述只是交代故事的細節。如前述，不同的言詞依然穿插於敍事過程裏。當然，敍事所呈現的觀照角度也是主觀的建構。然而，唯有融合不同人物的敍事、言詞，以形成具有批判性的認知網絡，意義的追尋才不會落入本體性、抽象意念的內在循環。

在〈現代主義的意識形態〉一文裏，盧卡奇(Georg Lukács)指出，哲學或觀照人生的方式，可以大略地劃分爲二：抽象和具體潛能(abstract and concrete potentiality)。他認爲，抽象潛能完全屬於主觀意識的領域，而具體潛能則意謂主觀意識和客觀現實的辯證。唯有在人物與外在環境的互動裏，個人的具體潛能才能免於抽象思維的惡性循環(bad infinity)，而成爲他在某一生命發展階段的主導力量（頁二八二—二八四）。換言之，盧卡奇強調，抽象意念的表達必須落實於社會現實上。就康拉德的小說而論，吉姆的思想、行爲完全以抽象潛能爲主導，暴露西方本體性思維，以及其所衍生的東方主義既存的問題本質和有限性。航海，或者東方世界，絕非如詹明信所稱，是「美學化的意識形態產物」發展的「虛幻空間」。吉姆的意念是階級意識的產物；抽象潛能隱含實際但偏差的社會、經濟因素。

當馬婁開始敍述吉姆的故事時，他試圖探究所追尋的意義：

> 我無法解釋，爲何我要細究一個不幸事件的細節；畢竟，這事件與我最大的關聯，乃是因爲我屬於不名譽行徑的一羣人，以及某種行爲準則，所結合而成的模糊社羣。我現在充分體會到，我企盼一件我無法辦到的事……那就是，對支配這個既定行爲準則，那股至高無上的力量加以質疑。（頁三一）

馬婁盼望以說故事的方式，溝通經驗，搜尋意義。他綜合、轉述其他角色的敍述，而將吉姆的故事置於一個社會網絡裏。每個人如同社會網絡的細脈一般，依循特定的行為準則交錯、互動。的確，馬婁已經體會到，吉姆的故事並非個別事件，而具有深沉的社會意義。可是，他卻又表示，對於那個既定社會準則背後的力量，他無力加以質疑。馬婁還是沒有擺脫既定意識形態的限制。布來利的情形也是如此。他是歐沙號的船長，被指定為派特納事件的海事鑑定員。審查終結一週後，他投海自盡。表面上，這段揷曲和吉姆的故事無甚關聯。然後，在綜合他與布來利的談話，以及歐沙號大副的描述後，馬婁意識到吉姆和布來利的關聯：

> ……當時，他（布來利）很可能默默地自我質問。這必然是自行裁決無法彌補的過錯，而他帶著這項祕密，一同跳入海中。

當然，我們不能妄斷，所謂無法彌補的過錯，與吉姆棄船行為的關聯性。但是，布來利一度告訴馬婁，吉姆的案件，令他不再相信凝聚「我們」社會體系的行為準則（頁四二）。換言之，布來利身為文明歐洲一份子，那股自豪的感覺已經徹底瓦解。對於本體性認知的否定，已經萌生於他的心思裏。可是，布來利卻無法承受這個辯證式經驗的衝擊。事實上，布來利和馬婁的疑慮正反映當時歐洲社會的文化現象。根據賈汀(Alice A. Jardine)的分析，由於十九世紀末民族學的誕生，所謂歐洲整體(the European ensemble)爲文明中心的觀念，已經遭受嚴重的質疑。在面對異質的信仰和生產體系，殖民和帝國主義者抱守既定的認知範疇，不願質疑這個範疇的適切性或承認其他社會空間的異質文化（頁九一，九二)。換言之，在十九世紀末，即便是西方人開始感到自身認知體系的有限性，卻難見有人探究文化缺失，質疑殖民擴張主義。異於所謂西方文明地區的東方始終是文化的虛幻空間，和物質掠奪的邊陲地帶。在敍述他與史坦的談話後，馬婁詢問聽衆，是否聽過帕特森這個地方。經過片刻的沉寂，馬婁繼續說：

> ……在夜空裏，我們所見，是人類未曾聽聞的許多星體。對於任何人而言，這些星體超越人類的活動範圍，不具實質；唯獨靠研究星體爲業的天文學者，才會以學術性的口吻，談論星體運行的不規則程度和光行差。我們不妨說，這是科學謠言販賣行爲。帕特森的情形也是如此……只有從事海上貿易的一小撮人聽過這個地方。

如同外星球一般，帕特森，或者東方，變成西方經驗裏神祕的他人世界。就像其他星體只存在於天文學者的述說中一樣，帕特森假想式的存在，完全是薩伊德所說「東方主義符號化」(Orientalist codifications)的結果。然而，若就西方世界的經濟利益而言，東方卻又是一個實體。馬婁曾經提到，昔時的帕特森是胡椒的產地。而長期以來，東方是西方資本主義者獲取各種生產原料的所在。對於這種貪婪行徑，馬婁以挖苦的語調說：「這使他們變得了不起！天啊！這讓他們顯得無比英勇！」（頁一三九）。就吉姆的情形而言，他接受史坦的委任，擔當帕特森的商棧代表一職。因此，吉姆的浪漫情懷還是與經濟剝削帕特森扯上干係。另外，當他臆測史坦過去的歷史時，馬婁曾經說，帕特森是「埋葬罪行、過錯和不幸的處所」（頁一三四）。而就吉姆而言，帕特森即是掩藏失敗和惡名的地方，同時也是他可以發揮浪漫想像的嶄新空間（頁一三三）。與其他小說人物相比，馬婁的確較具洞悉力。可是，他依然因循既定模式觀照東方。在他的描述中，帕特森與西方的對比關係，就像月亮與太陽，回聲與原音一樣。帕特森是「無法辨識的祕密」，「只呈現重重不祥的暗影」，完全喪失實質（頁一五〇—一五一）。面對這個「巨大迷團」的世界，馬婁只想返回「生活如河流般清澈」的西方世界（頁二〇〇，二〇四）。

如此，帕特森象徵被浪漫化，又遭剝削的東方。誠如薩伊德的分析，東方向來不是一個「自由思想和行動的主體」。每當東方成為議論的焦點時，東方主義「整個利益網絡」必然牽涉其中（《東方主義》，頁三）。將東方符號化是文化、政治熟稔化(familiarization)的手段，期以切合西方世界的利益。東方是依「我們」所認定的方式存在，是「我們可以論斷……研究和描述……可以規制的客體……東方人可經由支配性的架構，予以牽制(contained)和重現(represented)」(同前書，頁四〇)。在與特殊人物通信時，馬婁引述對方的話，談論吉姆短暫、空幻的英雄事蹟：

> 你辯稱，唯有我們對自己種族所代表的眞理具有堅定信念，「這類事情」方可能持續下去；而秩序，倫理演化的軌範也能藉此建立。你曾經說，「我們要它成爲支持我們的力量。」

假託一套偏頗的法則、理念，西方人以自我、我們和唯一(the One)自居，界定東方這個他人世界的倫理觀，而成爲「我們」予取予求的對象。當然，馬婁對於特殊人物的說法頗有微詞。可是，如我早先所提及，馬婁表示，不堅持任何意見。不論是將東方予以規制或浪漫化，這些理念都是純粹主觀的建構，視東方爲本體性恆定的客體。

在批駁沙特式現象學的謬誤時，賈汀指出，「現象學裏，區分自我和他人的方式，與所有笛卡爾式理性、科學認知的模式相同：眞實(certainty)是以自我這個掠奪他人者(predator of the Other)的意念爲依歸」(頁一〇五—一〇六)。因此，在現象學或任何本體性認知系統裏，探索他人世界的方式只是自我，以及超越意指，主觀意識的延伸。這類偏頗的指涉行爲在意指與意符，主觀意識與客觀現實，或東西兩世界間設下難以跨越的鴻溝。再者，就《吉姆大公》而論，東方已經不再是任由西方人馳騁浪漫情懷，和經濟剝削的恆定空間。「經過一世紀的交疊蹂躪」(chequered intercourse)，帕特森再也無法生產胡椒，盡失往日風采。而經過二十年的劫掠，布朗橫行的東方區域如今所能給與他的，「除了一小袋銀元之外，就毫無任何實質利益可言」(頁一三九，二二五—二二六)。從政治的層面來看，這些事實顯露西方帝國主義過度剝削東方的行徑。而從哲學的層面觀之，這些狀況隱示，強加既定意義於指涉客體上，終不免遭遇窒礙難行的局面。同理，小說中後工業時期的英國，已經無法藉英國國教調協社會。在表面祥和平原的邊陲上，工廠的煙囪開始呈現潛在的暴力與紛爭。

再者，根據賈汀的分析，「他人」這個觀念往往指涉女性：「在西方思想史裏，女性始終象徵意識主體認知範疇以外的空間——探索他人世界就是進入女性化空間。」而長久以來，西方哲學已經將女性化或他人的空間歸類爲東方或神祕的領域(頁一一四—一一五，五九)。而薩伊德也認爲，東方主義完全是男性中心思想的產物，充滿性別歧視的盲點。許多遊記和小說將(東方)女性刻畫成神祕和性冒險的客體，亦即男性權力幻想(power-fantasy)的符徵；所謂「東方新娘的面紗」或「神祕的東方」已經成爲日常的措辭(《東方主義》，頁二〇七，二二二)。《吉姆大公》裏的東方自然也是女性化的空間。在小說結尾，馬婁說，帕特森「就像東方新娘一樣」，是吉姆發展的機會。吉姆爲他的混血兒情人取名珠兒(Jewel)。而在馬婁的聯想中，這個名字，與帕特森傳說中的巨大寶石有關(頁一七一—一七二)。換言之，珠兒即是吉姆的情人，同時又是他浪漫、冒險情懷的象徵。另外，珠兒的白人父親早年就已經棄她和她的土著母親而去。就像帕特森一樣，她身上刻畫著浪漫化和掠奪的痕跡。最後，珠兒也未免遭棄的命運。

在〈說故事者〉一文，班雅明(Walter Benjamin)曾經談到，口口相傳的經驗，是說故事者取材的來源。在敘述的過程裏，敘述者和聽衆可以獲取對人生、社會不同的觀照角度（頁八四，八六）。每一回經驗的傳遞，都可能呈現社羣關係的不同風貌。在《吉姆大公》裏，隱匿敘述者以馬婁綜合、傳述的故事爲本，詮釋吉姆故事的社會意涵。整體敘事結構指涉一個社會網絡，所有角色位處不同的交叉點，相互關聯。而不同敘事與觀照角度交融，說明認知過程的複雜性，以及廣納他人經驗的必要性。相形之下，東方主義則是既定的社會行爲準則，造成東西兩世界間的疏離關係，並且暴露西方本體哲學思維的問題本質。而隱含於這類意識形態裏，則是操縱社會、經濟和種族支配權的欲望。當然，薩伊德並未確切標明東方主義與現象學、任何笛卡爾認知模式，乃至與工業資本主義的關係。但是，就我而言，探究植基於歐洲文明的西方文化、社會結構，乃是了解東方主義的意識形態傾向，過去與現在的關鍵。由此觀之，《吉姆大公》是一部質疑西方認知體系和政經擴張意識的作品，其所揭露的問題值得（尤其東方的）讀者深思。

註釋

❶詳見 Douglas Hewitt, *English Fiction of the Early Modern Period 1890-1940*. pp.1-10, 27-47, 83-94.

❷「在隱匿敍事(covert narration)裏，我們聽見一個聲音描述事件、人物和場景；而敍述者始終遮掩於隱晦的言詞裏……。這類表現手法隱含詮釋策略……。」Seymour Chatman, *Story and Discourse*. pp. 197-211.

❸在《新馬克思主義和現代社會科學》裏，洪鎌德曾經論及，馬克思用唯物取代黑格爾的唯心史觀，而保留黑格爾學說的精華——辯證法。葛蘭西(Antonio Gramsci)認爲，黑格爾以辯證形式，試圖綜合唯物論和唯心論；但是，黑格爾思想還是傳統唯心論哲學的一支，是用腦袋走路的哲學，而不是用腳走路的「實踐哲學」(the philosophy of praxis)。見 Gramsci, *Selections from the Prison Notebooks*. pp.321-465。另外，史普林克(Michael Sprinker)則認爲，詹明信的論述，大抵承襲自沙特的存在主義現象學，「主意論(voluntarism)與失敗主義(defeatism)相互交替。」見 Sprinker, *Imaginary Relations*. pp. 153-176.

❹史普林克也認爲，由於資本主義市場滲透入自我意識和世界最偏遠的地域，吉姆個人救贖的可能性早已被堵塞；而帕特森是具體而微的表徵。頁一六八。

引用書目

Benjamin, Walter. *Illuminations: Essays and Reflections*. Ed. Hannah Arendt, New York: Schocken, 1988.

Chatman, Seymour. *Story and Discourse: Narrative Structure in Fiction and Film*. Ithaca: Cornell, 1980.

Conrad, Joseph. *Lord Jim*. Ed. Thomas C. Moser, New York: Norton, 1968.

Culler, Jonathan. *The Pursuit of Signs*. Ithaca: Cornell, 1981.

Eagleton, Terry. *Marxism and Literary Criticism*. Berkeley: U of California Press, 1976.

Gramsci, Antonio. *Selections from the Prison Notebooks*. Trans Quintin Hoare and Geoffrey Nowell Smith, New York: International, 1989.

Hewitt, Douglas. *English Fiction of the Early Modern Period 1890-1940*. New York: Longman, 1988.

洪鎌德《新馬克思主義和現代社會科學》（臺北：森大，一九八八）。

Jameson, Fredric. *The Political Unconscious: Narrative as a Socially Symbolic Act*. Ithaca: Cornell, 1986.

Jardine, Alice A. *Gynesis: Configurations of Woman and Modernity*. Ithaca: Cornell, 1985.

Lukács, Georg. *Marxism and Human Liberation: Essays on History, Culture and Revolution*. Ed. E. San Juan, Jr., New York: Delta, 1973.

Pratt, Mary Louise. *Toward a Speech Act Theory of Literary Discourse*. Bloomington: Indiana UP, 1977.

Said, Edward W. *Beginnings*. New York: Basic Books, 1975.

——*Orientalism*. New York: Vintage, 1978.

Sprinker, Michael. *Imaginary Relations: Aesthetics and Ideology in the Theory of Historical Materialism*. New York: Verso, 1987.

南洋論述／本土知識

——他者的局限

張錦忠

一、以本土知識論述南洋，以戈慈(Geertz)爲例

許多學者的詮釋活動，依憑的是一套自以爲放諸四海皆準的知識模式。這種情形，歐美學界尤其嚴重。來自第三世界社羣的比較學者，談到這種有意無意忽視他者存在的現象，幾乎無法不滿懷敵意[1]。人類學家或民族誌學者所研究的，往往是殖民地前身的社會、文化與族羣，或受新殖民主義宰制的區域[2]，更難免以自己的文化模式爲框框，硬套在他者的論述場域，藉之再現他者的歷史與社會。結果他者淪爲僅僅是論述（或扭曲）的對象，沒有主體性可言。易言之，他者即局限。人類學或民族誌既無法不詮釋或再現他者，也就難以避免他者的局限了。

但是，在主體與客體之間，他者是誰？誰又是自己？或者根本沒有他者，他者只是（我們）自己刻意的「發明」，就像歐洲論述中的「東方」（參閱 Said 一九七九，頁一）？他者之爲他者，是以時空的遠近、古今爲準繩嗎？還是以國家的大小貧富、種族的膚色、語言、宗教、性別、階級的高低來決定？究竟再現之內／外力量是什麼？以某一文學文本或歷史篇什爲言論或論述之所本（是爲言本），乃從內或外再現他者？或者根本沒有內外之分，因爲一切論述與言辭都「總已」是再現？本文不擬回答這些問題。他者的局限即（我）自己的局限。

他者即局限。或許我們大可進一步指出，他者的再現即他者的局限。透過自己的言論（本文交替使用言論與論述二詞來表 discourse 之意），再現出來的他者，到底應具什麼面貌？這是一個認知或實證問題？或只是閱讀的寓言？恐怕也不易回答。但是書寫他者或閱讀他者的論述，卻不得不觸及這「不可觸的」。人類學家如戈慈 (Clifford Geertz) 高談本土知識 (local knowledge)，大有人類學知識不落實本土便非知識之意❸。但是從他者與再現的觀點來看，戈慈所謂的本土知識也只是局部知識，仍然是他者的局限。戈慈的論述，是認知的問題，也是實證的問題，更是閱讀的寓言。透過他的文化詮釋，再現出來的他者，是逼眞到什麼地步的他者？以描述他者的語言來替代他者的存在，展示的其實是語言的權威，再現的他者也只是局部的他者。

戈慈的詮釋人類學，借用符號學觀念詮釋文化，他認爲符號乃有待詮釋的語言，符號學也並非只是研究符號系統或符碼與意義關係的科學，而是一種以社會成文(social contextualization)爲背景的思考模式。此外，他也大量借用文學典故來增強分析修辭和了解他者的本事。對他而言，文學論述與文化人類學文獻篇什的言論並沒有太大的差異。他舉了峇里島(Bali)爲例說，我們詮釋或評論峇里人再現他們眼中的世間事物之方式，跟解釋珍・奧斯婷、哈代、福克納諸小說家筆下的生活面貌一樣，都是「同樣的活動，不同的只是進行方式」，其實都是「道德想像的社會史」（一九八三，頁八）。跟《傲慢與偏見》或《聲音與憤怒》這樣的英美文本不同的是，峇里島是遠在他鄉的地理現象，因此需要一套本土知識來做詮釋的共謀。這套描述性的知識，包括對一地方的語言辭彙、親屬稱謂、宗教、政治、民俗儀式、育樂活動的了解與據用。簡而言之，即把研究的社會現象置諸當地色彩或意識架構，使之成文，讓他者自我再現出來，而非研究者閉門造車，大作因果分析文章（一九八三，頁六），或以化約處理一切問題。或者，用戈慈自己的話，本土知識即「將自己置身他者之間」（一九八三，頁一六）。這種說法，其實卑之無甚高論，只是馬里諾斯基(Bronislaw Malinowski)的「當地人觀點」舊調重彈。儘管比起傳統歐美人類學家以殖民地官員文獻、傳教士札記，或旅人遊記爲主要論述材料，研究視界大多爲充滿種族或文化沙文主義的整體性，戈慈書寫的似乎是友善得多的文化異己關係，至少他願意讓自己「置身他者之間」，正視他者及其主體性，讓自己也成爲當地人眼中的他者，甚至藉詮釋當地文化或政治來批判西方人士對西方文化與政治的觀點，擺出他山之石、可以攻錯的態度。可是誠如柯拉邦察諾(Vincent Crapanzano)所指出，在峇里「他的主體性跟〔當地〕村民的主體性與內延性混淆不分」，峇里人「成爲戈茲描述、詮釋與論述甚至自我表現的襯托」（一九九二，頁六三）。

一九七三年，戈慈的《文化詮釋》(*The Interpretation of Cultures*)一書出版，收入他一九五七年至一九七二年的文化論述多篇。文章以實證爲主，但也提出詮釋文化理論與文化象徵系統的說法。十年後出版的續編，便直接題爲《本土知識》(*Local Knowledge*)，並以之爲詮釋人類學的理論架構。二書中若干論點，尤其是有關他者與再現的言論，更成爲晚近盛行美國學界的新歷史主義的其中一股源頭活水。新歷史主義的「始作俑者」葛林伯樂(Stephen Greenblatt)近年也常用「文化詩學」(Cultural Poetics／Poetics of Culture)一詞來指稱他們那一套文學或文化研究模式❹。晚近文化批判或文化批評論述風起雲湧，人類學界也受波及，將二十世紀人類學納入文化批判的脈絡，而戈慈及其詮釋人類學理論也順理成章成爲論述切入點❺。

戈慈的本土知識主要論述場域爲印尼的爪哇與峇里。《文化詮釋》最後一章即以峇里人的鬪雞文化爲題材。一九五八年四月，戈氏夫婦抵達峇里島某村落。村裏約有五百人，但除了房東與村長，沒有人理睬他們。戈慈覺得自己雖是闖入者，村人卻漠視他們的存在，似乎他們並非人類，只是肉眼看不見的空氣。這跟他在別地方受到熱情待遇大異其趣。一日，夫婦二人擠在人羣中圍觀鬥雞，警察前往取締時，村人紛紛作鳥獸散，戈氏夫婦也落荒而逃。經此一「役」，峇里人方才接納了他們的存在。戈慈認爲自己有幸身歷其境，從內部深深體會「農夫心思」，十分難得，故文章題爲〈深戲〉（"Deep Play"）（一九七三，頁四一六）。文章接著詳細敍議峇里人的鬥雞文化，結論指出一民族的文化即一套文本，有其自身的詮釋方式，他者應學習如何掌握文意，而非以功能論或精神分析法去探索（一九七三，頁四五三）。戈慈用峇里人的鬥雞文化「詮釋」一九六五年四萬八千峇里人被殘殺（屠殺？）的十二月事件，指出鬥雞這類民間行徑更能詮釋村人對生命的態度。其實，峇里農夫心思裏頭的異己關係，戈慈的鬥雞敍事並沒法解釋。僅僅詮釋屠殺事件的象徵結構，也沒有揭示事件的肇因或眞相。戈慈所親身經歷的，是本地人與異鄉人的異己辯證關係。克麗絲緹娃（Julia Kristeva）在《吾人即陌生人》（*Strangers to Ourselves*）中指出，「每個本地人都會覺得，在自己本身（own and proper）的土地上，自己差不多也是個異鄉人，因而深感不安，有如面對性別、國家、政治，或職業等屬性問題。這迫使他接著不得不跟他人認同」（一九九一，頁一九）。戈慈這位眞正的異鄉人初抵峇里小村時，村民因他的出現而意識到自己的異鄉性，認識到他者其實是「自己本身」的潛意識，故而他們保持沉默，或對他視若無睹。焉知他們內心沒有一番掙扎：「我們不該結合起來嗎？維持『我們自己』，驅逐闖入者，或至少要他安分守己？」（一九九一，頁二〇）鬥雞事件之後，主僕易位，在爪哇人警察的追捕之下，異鄉人與村人一道逃竄，結果本地人與異鄉人互相認同，從此彼此交往融洽。這位來自遠方的異鄉人對當地人的主體性顯然沒有威脅（有威脅的是他們身邊的異鄉人：爪哇人或中國人）。至於一九六五年的十二月（「十月政變」二個月後）事件，據說是峇里人互相殘殺，也不一定就是事實，恐怕還有別的政治因素，無關天地不仁。換個詮釋角度，即使不用其他政治或歷史文件來描述事件的外因，也可分析爲被侵犯的自我對他者殺機大起，要把闖入者的異鄉人殺掉，以報復自我的被他者侵犯。這跟克麗絲緹娃的原意或許不太一樣，不過用來詮釋一些東南亞本地人排華事件的心理背景，正好可以證明華族在這區域遭受的敵意（又是值得詳加研究的「敵意」！），與華裔在歐美受到的種族歧視並不盡相同，並不是通過「反歧視法案」就可以諸族共和，水乳交融。

戈慈視鬪雞或皮影戲爲文化符號，藉之詮釋再現的社會或族羣之內部意識或力量。鬪雞或皮影戲乃成爲他用來「揭示、界定及強加諸文化思想中之可辨形態」的意象或象徵（Marcus and Fischer 一九八六，頁一四）。《文化詮釋》論述的對象，除了印尼與摩洛哥外，尚有馬來西亞、印度、緬甸、黎巴嫩、奈及利亞等戰後獨立國家的社會與政治概況。本土知識的局限，見諸戈慈選用象徵符號的視野問題及科學客觀性之外，也可以從他無能爲力處理這些新興國家的意識形態、民族主義、外國干預等政治問題見出端倪。《文化詮釋》一書探討印尼一九六五年十月事件的地方不少，但是，儘管有本土知識做爲後盾，戈慈仍然無法再現他者的事件眞貌。他的「意識形態之爲文化系統」或「政治意義」言論，箇中內容其實多爲一般常識，即使一般人類學家沒有本土知識背景，也可能提出類似觀點。就這一點而言，本土知識不但沒有幫助我們更了解當地本土或更接近眞相，反而暴露出其局部性及戈慈身爲他者的局限。我們甚至難免要問：到底有沒有本土知識這回事？柯拉邦察諾也指出，戈慈根本沒有眞正描述過一場鬪雞，「他只是建構了峇里人的鬪雞，然後把他的建構詮釋爲：『峇里人的鬪雞』」（柯拉邦察諾，一九九二，頁六八）。

誠如畢柯樂(Vincent P. Pecora)所提出，印尼一九六五年的十月事件，其實無法局部依據印尼當局或爪哇人的官方說法來詮釋❻。蘇卡諾政府垮臺，究竟是印尼共產黨(PKI)流產革命所致，還是蘇哈托等軍人奪權成功結果，或者是經濟蕭條、民心向背造成？恐怕不能單憑內部的象徵符碼或文化意象來詮釋，還得參照外面的大背景(grand texture)來呈現眞貌，如果有眞貌的話。韓戰以後，南海的戰略地位日漸重要。法國勢力撤離中南半島後，美國的影響力乘虛而入，艦隊經常在麻六甲海峽、南中國海一帶巡邏。而在東南亞，一九五五年四月，二十九個亞非獨立國家在印尼召開萬隆會議(Bandung Conference)，發起人之一的印尼總統蘇卡諾聲望如日中天。他強烈反殖民主義，與印共來往甚密，跟北京關係良好。儘管蘇卡諾的激進民族主義、印尼人的民族主義、印度尼西亞共產黨、親北京派（包括華人）及北京政府之間，其實是複雜的矛盾與辯證關係❼，美國卻不得不擔心一旦印尼共產黨成功掌權，東南亞的後門大開，加上中南半島共產化所可能產生的骨牌效應，難免損及美國的亞洲利益。而美國維持其亞洲（及中南美洲）利益的方式或一貫作風，即是干預或左右當地政府的權力轉移，尤其是扶植軍人團體，或政變或推出右派強人取代左傾文人政府，以確保該地區的親美（或親〔資本主義〕西方）及非（反）共產主義立場。美國中央情報局一方面資助當地的「叛亂」活動（例如一九五八年的蘇門答臘及蘇拉威西等外島的反蘇卡諾活動），另一方面也在美國及海外（例如臺灣）訓練「有志之士」，以便他們在適當時機回國舉事。畢柯樂引了當年的《紐約時報》、中央情報局報告書、前情報員麥格希(Ralph McGehee)及其他學者的話，證明美國的確插手印尼的十月事件（一九八九，頁二五〇—五七）。比較之下，東南亞國家中，似乎只有馬來西亞與新加坡的領導人能夠致力排除外來干預力量，以自己的意識形態建國，儘管二國也有若干親美政策。就這一點而言，戈慈視峇里人的鬪雞爲「典範性事件」，因爲「鬪雞讓峇里人看見自己主體性的一面，就像我們再三閱讀《馬克白》後之所得」（一九七三，頁四五〇），其實意義不大。戈慈以鬪雞註（詮）釋峇里十二月事件或印尼十月事件，並以《馬克白》或《李爾王》爲評點文本，凸顯文本互通的詮釋或細讀之道。但鬪雞這象徵符碼或系統所蘊涵的，其實是峇里人在峇里人之間的文本，主體性自在其中，他們到底看見了自己的哪一面？戈慈看見的，又是他者的哪一面？分析到底，很可能他們並沒有看見他們自己，因爲他們一如所有的他者，已局限在自己文本的局部之內，成爲他人（如戈慈）觀視的他者。

故此，他者即自己的局限，「他者」即他者的局限。他者也是本土知識的局限，需要外延(outside，而非 extrinsic)知識來彰顯（他者及局限），尤其是歷史、政治，及經濟活動。而戈慈的本土知識論或詮釋人類學，爲人（例如 Lentricchia 一九八九，頁二四二，註八）詬病之處，即欠缺歷史與政治性(ahistorical, apolitical)。

一九九〇年冬，美國的文學期刊《新文學史》(*New Literary History*)刊出論述歷史與其他人文學科關係專輯，戈慈一九八八年的文章〈歷史與人類學〉("History and Anthropology")重提異己關係，論及歷史（這門學科，戈慈如是區分）與人類學（這門科學）的互動（包括反與合）功能。歷史述古，人類學道遠，有時古今遠近交會互通，其實都不外是再現他者這回事。文中提到有兩批人正在致力結合歷史與人類學，其中一派格外強調探索「意義在權力中的困境」，如國家建構與運作的象徵形式（一九九〇，頁三二九）。戈慈自己顯然也屬於這一派。但是，他藉鬪雞探索印尼十月事件中權力運作的意義與象徵形式，似乎未能讓人類學與歷史眞正交會。說二者交會，其實就是 anthropologized history 與 historicized anthropology 這回事，不過是賣弄交錯配列修辭法(chiasmus)，一如新歷史主義學者所強調的後結構歷史觀：文本之歷史性與歷史之文本性的交會（參見，例如，Montrose 一九八九，頁二〇）。人類學敍事裏頭再現的現實歷史與政治秩序其實正好證明政治或歷史之難免被敍事化或文本化，史實與史筆（歷史修辭）已密不可分。換句話說，權力符號的涵義已無法抽離，敍事乃成爲助使政治成爲故弄玄虛(political mystification)的形式。戈慈的詮釋人類學視意識形態爲文化系統，其實是把政治與歷史文本化符號化。他在〈歷史與人類學〉文中引述了錫恩‧魏冷梓(Sean Wilentz 一九八五)論及象徵詮釋局限的修辭設問：「如果所有政治秩序皆受制於大敍事體(master fictions)，找出歷史修辭與歷史現實的分歧點是否還有意義？」(一九九○，頁三三一，引文) 魏冷梓的意思是，所謂客觀現實，其實已被轉易爲另一種虛構的敍事體了。戈慈在八○年代末期書寫〈歷〉文，看似重新肯定人類學與歷史的互動互補關係，其實仍然重蹈了前述二書中的局限。

人類學家或民族誌學者再現或「發明」他者的社會與文化，反映了西方學者致力建構一集體自我(collective self)及西方擴張主義傳統[8]。相形之下他者是一個「渺小、稚幼得多，處於文化邊陲」(戈慈，一九九○，頁三三四)的他者。這就可以局部解釋何以西方人類學家研究的大多爲第三世界地區。而就這一層意義而言，戈慈強調「歷史與人類學」的「與」字，才有顛覆的力量與意義，不過戈慈顯然沒有這個意圖，因爲他的本土知識系統原本就重建構而輕(或反)顛覆或解構。

二、華族文化在南洋的重重問題，以馬來西亞爲例

一九八六年八月間，臺灣留美作家張系國到新加坡與馬來西亞一行，後來寫了篇論述星馬華族社會問題的短文〈霧鎖南洋〉（張系國，一九九〇），爲一個華族他者對他者的再現。東南亞與中國政經史地、文化、種族關係密切，南來或過境的中國人士著書立說，以南洋爲論述場域的頗爲不少，這些他者的詮釋活動，蘊藏了什麼潛在文本（subtext），再現了什麼局限，他們論述南洋文化時，中國文化的大背景或大敍事體的意義何在，本土知識與當地人的主體性又在何處？問題可以（而且勢必）衍生重重問題。張系國的論點有二：㈠星馬華人社會由於中文面臨英文與馬來文的威脅，中國文化傳統已難逃沒落的厄運；㈡南洋華族很可能不得不依靠傳統民俗活動維繫中華民族文化屬性。一九九〇年夏，我撰寫〈馬華文學：離心與隱匿的書寫人〉一文時，順便借用了張系國文中的話，指出八〇年代的華裔馬來西亞作家多視文學爲象徵符號，藉書寫來表現「家國、社羣、語言及文化面臨存亡絕續危機的悲劇」（我當時的例子是洪泉、傳承得，其實還可以加上宋子衡、菊凡與小黑）[9]。張系國認爲海外華人作家抒發這種歷史與文化悲劇感，正代表了「大陸邊緣地區的華人文學」（他也稱之爲「海洋中國文學」）的特質（張系國，一九九〇，頁一六七）。顯然在他的問題範疇裏，傳統中國文化即文學、語言、書寫的成文化（contextualization），中文在南洋的沒落即中國文化傳統的解體（de〔con〕textualization），因而產生這樣的問題：「究竟什麼才是文化？三十年後的星馬南洋會是怎樣？」（張系國，一九九〇，頁一六九）換個說法，則是：失去（或即將失去）

傳統中國文化的華族，他們（現在／未來）的文化屬性為何？他們（現在／未來）的文化特質為何？

思考這些問題，一如戈慈的印尼論述，單有本土知識並不夠，需要把思考對象擺在一個較大的外延知識脈絡，由外而內，方能找到進入這些問題的複雜結構範疇之途徑。易言之，再現的外部力量雖然仍無法避免他者的局限，卻可局限再現他者的上下文。因此，在論述南洋時，東南亞諸國的本土政策、華族在這些國家的處境等知識固然重要，東南亞國家與中國的複雜關係（包括彼此潛藏的敵意），中國如何再現這些國家與人民、甚至「中國」這名詞所指涉的具體與象徵對象（大陸？臺灣？文學中國？文化中國？），也是重要的文本符碼。

張系國關於南洋中國傳統文化的言論，屬於「（中華）民族文化的危機與重建」的論述脈絡，其實也是東南亞華族知識份子老生常談的課題。以馬來西亞為例，華族文化危機是什麼？張系國看到的「善才公廟」之類的民間廟宇或佛寺，香火鼎盛，百年後恐怕也不會斷絕，至於舞獅、舞龍、耍大旗、下象棋、功夫、中華料理這些較宗教儀式更容易流行的「中華文化」，恐怕也不會有人嫌它們有礙全民團結或妨害國家原則而加以打壓。但是，這些就是馬來西亞（以及東南亞）華族的傳統文化嗎？《方言羣認同：早期星馬華人的分類法則》（一九八五）作者社會學家劉放（麥留芳）許多年前談論馬華文化時即指出，這些文娛活動「其實僅是華裔文化中次要的要素，要把這些納入任何文化體系中皆毫無困難。三藩市、紐約、溫哥華及倫敦等地皆有華人玩這些東西。……它們並不是中國文化或華裔文化的本質。它們只是一些文化本質的表現方式」（劉放，一九七九，頁五五）。換句話說，這類娛樂活動或飲食文化即使在各族間廣受歡迎，也不表示華族文化復興，就像劉紹銘所說的，儘管美國說西班牙話的拉丁裔近年呈現一股「激盪的新精神」，也「僅是浮象，道理與在異邦喝功夫茶、穿棉襖、聽京戲一樣，僅是對主流文化之捕風捉影而已」，因爲文化的建立乃以語言文字爲本位（劉紹銘，一九八九，頁一一六—一一七）。而在馬來西亞，究竟什麼是華族文化，華族文化與國家主流文化關係如何，華裔大馬人（馬來西亞簡稱「大馬」，即馬來半島加上沙勞越與沙巴二州）是否有「失去自己文化的恐懼」（借用劉紹銘，一九八八，頁一一三，譯文措辭）？

這重重問題也勢必衍生更多的問題。這裏無意詳論，他日另文補述。我的論點有三：㈠儘管中國傳統文化已經（或即將）在南洋沒落，華裔大馬人仍（應）能建立自己的民族氣質（精神面貌）與文化特質（包括運作宗教、文學、哲學、教育、藝術、政治、經濟活動的方式）。（我們不要再抽象或籠統地概念化文化這回事，而應結合歷史與人類學或社會學知識，實證地探討華裔大馬人的精神性格、民族經驗、工作風格、道德倫理、學術理念、生活模式及文學表現等記錄文化。）華裔大馬人的表現文化，應（能）擺脫「家國、社羣、語言是文化面臨存亡絕續危機的悲劇」的象徵符號與意識形態。中國文化傳統在異域的解體（如果已經解體）反而證明文化的變遷性。而促成一種文化轉變的主觀與客觀、內在與外延因素甚多，政治與經濟更是箇中關鍵。換句話說，中國傳統華族文化在南洋沒落，只是華族文化本質的演變或中華文化離開中國情境後的命運，並不表示華裔東南亞人從此就沒有文化。即使從語言文字本位出發，以英文（如馬來西亞的李國良、Wong Phui Nam、新加坡的林寶音、Robert Yeo、Arthur Yap 等）或馬來文書寫（如馬來西亞的張發、林天英）的華裔作家仍然是華族。例如，新加坡華裔作家 Fiona Cheong 以英文書寫、由美國諾頓出版的長篇小說《鬼香》（*The Scent of Gods*）仍然有別於湯亭亭、譚恩美等亞裔美國人的作品。同樣是用英文描敍南洋這樣的地方，張女士的書寫也有別於康拉德、葛林、毛姆、白吉斯（Anthony Burgess）或德羅（Paul Theraux）關於南洋的敍事或報導文學。可見即使不用母語創作，也能寫出反映民族經驗的作品。美國猶太或非裔等少數族裔作家使用英文來抒情述懷，表達民族感情與生活，也一樣運用自如，不一定非用意第緒文或非洲文書寫不可。用英文寫小說的索爾・貝羅與用意第緒文寫作的以撒・辛格的屬性，一樣都是猶太裔美國作家，對猶太文化與美國文學的貢獻等值。中華文化或華夏文化的運作場域，自在中國本土，離開了本土區域，即使在臺灣、香港、新加坡等以中國裔爲主體的社區，從後殖民論述的角度來看，什麼是（或究竟有多少）中國文化傳統，已頗具爭論性，更何況是在多元種族社會的馬來西亞。

㈡華族的語言、文學、文化與國語、國家文學、主體文化之關係，我覺得並非水火不容。伊文—左哈爾（Itamar Even-Zohar 一九六九，一九七〇）的「複系統理論」（polysystem theory）頗能用來詮釋這種關係結構，同時或許也可以解釋南洋華族文化與中國華族文化的關係。這一點也有待他日另文詳論⓾。

㈢追究到底，與其高談華裔大馬人應如何建立文化自信，如何藉文化、翻譯、溝通消除種族隔膜，不如先消除華社各政黨、各方言羣間的歧見，攜手齊心建構政治實力⓫。有了強勢政治力量作後盾，不怕文化沒有地位，一如十五世紀盛極一時的麻六甲文化。怕只怕華裔大馬人衣食足之後（華族早已沒物質上的後顧之憂）仍不談文化，更不用說思考什麼生命認知或「生存在這世界上的意義」這些劉紹銘（一九八九，頁一一五）認爲能提昇生命的課題。但那時的馬華文化，也不一定是傳統中國文化。換句話說，「霧鎖南洋」的「霧」，並不是文化或語言，而是政治。

論點之㈡與㈢本文不擬申論。論點㈠的爭論性，牽涉的還是基本問題：他者與再現的局限。張系國或劉紹銘等華（籍／裔／族？）海外學者論述或再現南洋華裔族羣的文化時，他們掌握了多少本土知識？他們所掌握的本土知識，是擺在以「當地人觀點」作研究背景，或他們自己的中華意識與中國傳統文化的脈絡？論述東南亞華人社羣的文學與文化，跟研究當地華僑（人）歷史其實頗有共通之處。通常南洋華僑（人）研究有幾種歸類方式，例如「劃分出屬於中國的『華僑』史部分和屬於東南亞的『華僑』史部分」、「把中國歷史擴大到甚至連華僑在東南亞的活動也包括進去」、「把大部分華僑史歸化爲東南亞歷史的一部分」（王賡武，一九八七，頁二四二）。東南亞華文文學（史）與中國文學（史）的關係，如果曖昧不明，恐怕和南洋華僑與華僑跟中國的含糊或微妙關係一樣，自有其歷史與政治因素。一九四九年，中華人民共和國成立，國民黨政府遷臺，而在東南亞地區，菲律賓（一九四六）、緬甸（一九四八）、印尼（一九四九）、寮國（一九五三）、柬埔寨（一九五三）、南越與北越（一九五四）、馬來亞（一九五七，後擴大成爲馬來西亞）、新加坡（一九六五）等也先後獨立。各新興國家的意識形態大相逕庭，華族在南洋各地的離散飄零（有如猶太人的diaspora）而終於落葉歸根的遭遇也不一，甚至北京與臺北的中國人政府跟這些海外華人建立的關係及對待他們的政策或態度也因時因利而異。另一方面，東南亞華族社羣，已非旅居當地的「華僑」；入籍、歸化與土生土長的華人，儘管不少人仍然使用中文閱讀與書寫，或至少說中國方言，他們身上的「中華屬性」或「中華文化特質」勢必因政治、社會、文化情境不同而日漸消滅或轉化。更何況「除了越南之外，中國對南洋其他地區的影響，經濟方面遠超過政治，文化又次之」（張奕善，一九六九，頁二）。東南亞的華人文化、中華質性或華人氣質(Chineseness)早已大異其趣或自成一體。因此，張系國認爲南洋華人作家抒發的是家國或文化生死掙扎的悲劇感，或中華文化在南洋沒落甚至絕滅，恐怕擺在當地觀點的論述來談，並不盡然如此，或其來有自。在南洋論述的範疇建構獨立於中國文學以外的中文表現文學，例如馬華文學，很容易回到「馬華文藝的獨特性」的歷史情境，但今天狹義的「馬華文藝」及「獨特性」的封閉系統，其現代性的論述脈絡與價值已非昔比，中文表現文學恐怕（應該）只是華裔書寫人的其中一種選擇，儘管選擇任何一種語言文學都不離政治性問題範疇，這也正好反映了華裔大馬人（及東南亞華裔書寫人）的多元（言）面貌。

註釋

❶㈠廖炳惠教授也曾提及晚近若干學者的東—西論述「不自禁地透露出潛藏的敵意」，他並特別舉了張隆溪爲例。見廖炳惠（一九九一，頁六四）。文章原爲廖教授用英文宣讀的會議論文。廖文引述的張隆溪文章，見 Zhang Longxi, "The Myth of the Other: China in the West," *Critical Inquiry* 15.1, 1988. pp. 108-131.。㈡「潛藏的敵意」與他者的關係，其實也是相當具有巴赫汀色彩(Bakhtinian)的。巴赫汀「潛藏的爭論」說指出，作者言論在建構論述對象之際，其言辭往往給與他者言論中的相同論題「爭論性的一擊」，而他者的言論也藉此影響了作者的言論，遂產生雙聲言語。見 Bakhtin (1984, pp.195-197)。把他者的言論擺在巴赫汀論述脈絡裏，雖非直接關涉南洋論述或本土知識，卻不失爲研究他者的光明大道。不過，那是另外一種讀法了，這裏無意致力於此。時下衆多方家的篇什，言論已相當洋洋灑灑，請自行參閱。添加此蛇足之意，僅在指出「敵意」與「爭論性」具凸顯他者的互動功能，值得進一步分析，甚至有待他

日專文探討。

❷畢柯樂也指出「西方所謂的『人類學』，大多在老殖民地或新殖民地區進行，自是明顯不過」。見Pecora (1989, p.249)。何以「自是明顯不過」他並未申述。這其實也是地理政治學，裏頭自有其意識形態。

❸用戈慈自己的話，則是「知識的形態總是無法避免本土」。畢柯樂則反過來，說戈慈主張「人類學知識唯有本土的才能算是知識」。見Geertz (1983, p.4); Pecora (1989, p.246)。

❹葛林伯樂夫子自道說，七〇年代中葉他在柏克萊加州大學開「馬克思主義美學」等課，一日，有人大聲喝道：「你不是布爾什維克黨人，又不是孟什維克黨人——搞不清楚到底算他媽的什麼！」說罷怒沖沖離去。從此葛氏諸課就改稱「文化詩學」等名堂。是否眞有其事，不得而知，不過新歷史主義學者喜歡引述小故事，此爲一例。見Greenblatt (1989, p.2.)。

❺例如，馬珂思(George E. Marcus)與費詩(Michael M. J. Fischer)一九八六年出版的書，便題爲《作爲文化批判的人類學》(*Anthropology as Cultural Critique: An Experimental Moment in the Human Sciences*)。

❻畢柯樂質疑戈慈所謂本土知識的局限之外，也質疑戈氏理論在文學批評界的作用，同時矛頭指向新歷史主義。他甚至認爲，戈慈一九七二年發表那篇關於峇里人鬪雞的文章，其實並非旨在闡明一套人類學方法，而在混淆西方人士視聽，以掩飾或開脫他們七年前在印尼的過錯。見Pecora (1989, p.262)。

❼早期被視爲支持印尼共產黨顚覆活動的是蘇聯，而非中共。中華人民共和國成立，對印尼民族主義者而言，代表了新亞精神，頗有鼓舞作用。到了五〇年代末期，印尼排華或反華事件惡化（如禁止華籍外僑

〔yang bersifat asing〕在鄉間經營雜貨店〕，雙方關係進入低潮，印共處境也十分尷尬。北京當局甚至在電臺攻擊印尼慘無人道，以納粹迫害猶太人的手段對待華人。一九六〇年大批身懷技術的知識青年返華。一九六一年陳毅訪印，雙方簽署雙重國籍條約，關係稍爲改善。但一九六三年五月，西爪哇等地再次發生排華暴動，時值蘇卡諾政府經濟政策失敗，社會不安，華人財富更令人眼紅，反共右派份子擔心蘇卡諾太接近北京，遂不惜利用反華暴動表達其不滿。一九六五年以後，局勢更是一面倒。詳見Mackie (1976)。

❽(一)例如，「資本主義」、「自由世界」或「伊莉莎白時代世界觀」、「歐洲共同體」。西方學者建構集體自我意識自有其悠久的經濟傳統。沃勒斯坦(Immanuel Wallerstein 1974, 1980)的二册《現代世界體系》(*The Modern World-System I: Capitalist Agriculture and the Origins of the European World-Economy in the Sixteenth Century; The Modern World-System II: Mercantilism and Consolidation of the European World-Economy, 1600-1750*)中的「世界體系」即以歐洲「世界經濟」爲中心，餘者分爲周邊地區與界外區域，爲典型的唯歐陸中心論。正如若干學者所指出，沃氏的理論在論述馬來半島及南洋羣島時，顯然有所不足。參見，例如，Lieberman (1990)。不過，李伯曼的評論無意也無法建構東南亞主體性，僅旨在把南洋羣島從界外拉進體系周邊，著重凸顯歐洲經濟影響的無遠弗屆，而非揭示帝國主義或老殖民主義者在這地區的侵略、掠奪或拓殖歷史。(二)相對於「資本主義世界」這類現代西方集體自我的集體他者，在冷戰時期，爲「共產世界」、「極權國家」、「華沙公約集團」(不過，他們相對地視歐美國家爲「帝國主義」或「殖民主義」他者)。「第三世界國家」也是一集體自我，然而往往被西方國家

論述爲「貧窮、不民主、發展中（或未開發）、處於文化邊陲（或文化落後）」的他者。

❾拙文後來刊在《中外文學》第十九卷第十二期（一九九一）頁三四—四六。撰寫時未曾讀到小黑〔陳奇傑〕（一九九〇）的小說集《前夕》（吉隆坡：十方）。當時引張系國的話也只求方便，如今從後殖民論述、小文學或複系統理論來反省，就不以爲然了，尤其是「家國文化存亡」這樣的論調。

❿我在一九九五年五月六日於東吳大學舉辦之第十九屆全國比較文學會議發表的〈國家文學與文化計劃〉一文，即以伊文—左哈爾教授之理論進一步闡述這種複雜關係結構。

⓫劉紹銘教授也指出：「看來馬來西亞華人社會當務之急，不是憑譯作與創作去溝通民族間的了解，而是團結一致，鼓勵英才出來參加競選，務使華人能打入政府的高階層，成爲華人的代言人。」（一九八九，頁五三）其實，華裔大馬人組黨參政並不成問題，若干華教人士更加盟執政的國民陣線意圖「打入國陣，糾正國陣」，政府高階層也有華族部長與官員，但他們不見得能爲華族利益發言。目前馬來西亞的政治仍以種族政黨與土著政策爲主要結構，因此建國三十餘年，離「馬來西亞人的馬來西亞」目標愈遠矣。馬來西亞人也許要等到公元二〇二〇年才能實現這「後殖民」宏願。

引用書目（依漢語拼音系統譯音臚列）

Bakhtin, Mikhail. *Problems of Dostoyevsky's Poetics*. Trans. Caryl Emerson. Minneapolis: U of Minnesota P, 1984.

Crapanzano, Vincent. *Hermes' Dilemma and Hamlet's Desire: Of the Epistemology of Interpretation*. Cambridge, Mass.: Harvard UP, 1992.

Geertz, Clifford. *The Interpretation of Cultures*. New York: Basic Books, 1973.

——*Local Knowledge: Further Essays in Interpretive Anthropology*. New York: Basic Books, 1983.

——〔1988〕 "History and Anthropology," *New Literary History* 21,(1990). pp.321-35.

Greenblatt, Stephen. "Toward a Poetics of Culture," Veeser, 1989. pp.1-14.

Kristeva, Julia. *Strangers to Ourselves*. Trans. Leon S. Roudiez, Hertfordshire: Harvester Wheatsheaf, 1991.

Lentricchia, Frank. "Foucault's Legacy: A New Historicism?" Veeser, 1989. pp.231-242.

廖炳惠〈閱讀他者之閱讀〉，翁振盛譯。《中外文學》第二十卷，第一期（一九九一），頁六三—七五。

Lieberman, Victor. "Wallerstein's System and the International Context of Early Modern Southeast Asian History," *Journal of Asian History* 24. 1, (1990). pp.70-90.

劉放〔麥留芳〕〈華裔文化通訊談〉，《流放集》（八打靈再也：蕉風，一九七九），頁五三—五六。

劉紹銘〈有關文化的聯想〉，《獨留香水向黃昏》（臺北：九歌，一九八九），頁一一三—一一八。

Marcus, George E. and Michael M. J. Fischer. *Anthropology as Cultural Critique: An Experimental Moment in the Human Sciences*. Chicago: U of Chicago P, 1986.

Mackie, J. A. C. "Anti-Chinese Outbreaks in Indonesia, 1959-68," *The Chinese in Indonesia*. Ed. Mackie. Honolulu: UP of Hawaii, 1976. pp.77-138.

Montrose, Louis, A. "The Poetics and Politics of Culture," Veeser, 1989. pp.15-36.

Pecora, Vincent P. "The Limits of Local Knowledge," Veeser, 1989. pp.243-276.

Said, Edward. W. *Orientalism*. New York: Vintage, 1979.

Veeser, H. Aram, *The New Historicism*. London: Routledge, 1989.

王賡武〔一九八二〕〈中國歷史著作中的東南亞華僑〉，蔡壽康、陳大冰譯。《東南亞與華人——王賡武教授論文選集》，姚楠編。（北京：友誼，一九八七），頁二二六—二四七。

張系國〈霧鎖南洋〉，《男人的手帕》（臺北：洪範，一九九〇），頁一六三—一六九。

張奕善〈譯序〉，《南洋華人簡史》，王賡武著，張奕善譯。（臺北：水牛，一九六九），頁一—五。

後殖民地主體意識的泯滅與重現
——《魔鬼詩篇》的啓示

李佩然

被殖民者的三個問題

魯西迪在《魔鬼詩篇》[1]中重複地提出三個問題：「我是個什麼意念？」「是弱者的時候，會妥協嗎？」「勝利了你將會怎樣？」這些問題縈繞著故事人物的自我意識，同時也是故事向前推展的動力所在。它們與小說（「文化文本」的一種）本身的社會政治文化背景息息相關，而這個屬於個人也屬於羣體的歷史環境，亦同時規劃著知識的傳承，和以個人爲基本單元的文化體制的運作。作爲一個文化文本，這些問題在小說中卻發揮著類似政治抗爭綱領的作用，向現存的社會及文化體制挑戰。在繼續探討這些問題的本質與其所引發的一連串對權力架構的「叛逆」行爲之前，且先看看文本及其作者所處的特殊歷史環境，以及在這種環境下主體

(也是「羣體」) 在自我認知和文化意識上所面對的困惑。

這裏可以從魯西迪的個人及民族歷史背景說起。殖民主義的擴張不單把國家和國民的身分改變了，殖民地的過去也建立了一種「宗主」與「從屬國民」(即被殖民者 [the colonized]) 的不平等權力關係。與此同時，這種近乎契約式的關係將不少被殖民者自「第三世界」引進「第一世界」去接受宗主文明的薰陶，甚至「歸化」(naturalized)爲公民。另一方面，與本土文化「離異」的感覺反映了這種「歸化」的不完全，鞭策著探索民族文化根源的信念，使個人和民族的過去和現在可以再度融合，在「歸化」之外，建立一個新的「文化身分」，重新界定存在於這個獨特文化組合裏的「自我」。將信念付諸行動，首先便要重讀(re-read)歷史、質疑它在強權下所展示的「眞相」及價値觀，將被埋沒了、歪曲了的歷史片斷重新接合。這裏包含了作爲後殖民時代的個體，如何在所處的獨特文化環境中認知世界、對不同的文化和價値系統作出「自由」(即跳出主導文明建制) 的回應。

後殖民論述對歷史的批判，隱含著一個急切的需求，就是要回到過去，發掘那些被統治者的論述及語言系統摒諸門外的歷史碎片，以及那些被殖民主義意識形態囚禁了的文化呼聲，並加以重組，爲個體及民族在新的 (多元的) 歷史組合裏找到一個自我表達的據點。從這個角度看來，後殖民論述與西方「後現代」思潮中對統一的自我、權威歷史論述及其倡導者「歐洲中心主義」文化體制的質疑、叛逆和解構(deconstruction)有所類同。另一方面，在殖民主義體制下，被殖民者對「自我」和民族歷史老早已沒有了所謂「絕對統一」的肯定。後殖民者論述的其中一個特色，就是在強調被殖民者的自我或主體意識以外，對背後的國家民族（羣體）也有著一脈相承的認同和關注。後殖民論述有限度地引用了後現代主義的部分策略，這可以說是一種「侵吞」(appropriation)的模式，是具有警覺性和批判性的引用而非同化或模仿。在這點上，「後殖民」與「後現代」仍然有著明顯分別。因此，後殖民論述對重讀歷史及解構主導文化及政治建制的立場是較爲複雜的，因此其表達方式和內容往往令讀者感到迷惑和狐疑。

從發掘細碎的歷史到創造在權威論述以外的「小敍事體」歷史故事，其中所牽涉的當然不止於被壓制者本身，也是對壓制者及其建制的攻擊。當後者向所堅守的眞理受到壓力，自然也會相應地採取行動，在自我反思中尋找出路。無論反思的結果是通向正面或是負面行動的門徑，這也將會是一場發人深省的政治和文化抗爭。另一方面，制度化的權威歷史論述與「小敍事體」仍然保持著互動的關係：《魔鬼詩篇》的故事充滿了弔詭式的語言、思想衝突，手執權威封印的歷史論述無時無刻受到「小敍事體」的攻擊甚至取代，現實與夢魘的疆界游移不定，神聖的眞理總帶著被邪魔外道侵蝕的缺口，「啓示」往往被利用作政治控制的手段。不斷游走的價值取向，令置身其中的陷於迷亂。問題於是又再重複：我到底是個什麼意念？一個被放逐的「自我」，一些喪失了的歷史片斷。這不只是個人的存在危機，也是羣體、民族文化的危機。要爲這個複雜多變的自我（以及民族的整體自我意識）重新定位，在後殖民論述中是個首要的難題。在截然不同的文化領域之間，對任何一方面作出單向的肯定或否定都是不妥當的，甚至會造成對現存的歷史、文化和政治上的問題的漠視。要踏出第一步，只有從解釋歷史、解構並開創詮釋策略著手。

魯西迪與《魔鬼詩篇》中的人物同是生長在一個缺乏統一家國觀念的世界，他們像是文化上的吉普賽人，在不同的文化領域游移，自己也彷彿成了這些文化體系的不完整的投射，一個尚待翻譯的「隱喻」❷。《魔鬼詩篇》爲這個後殖民主體分說了它的兩難處境：在同化和決裂之間意識到二者皆不可行。這是《魔鬼詩篇》的一個重要的啓示：後殖民論述面對最大的困難，莫過於對「完整自我」的不可行的醒覺。在權威的歷史論述中，殖民地統治者所賦與的自我形象是經過扭曲的，然而要從本土文化傳統中尋求「新」的自我認知模式，便得設法塡補殖民主義意識形態所造成的歷史和文化的鴻溝。如何、用什麼材料去完成這使命，仍然未有定案（還是根本沒有？），因此也是後殖民論述的困惑所在。

《魔鬼詩篇》對所謂的歷史事實的表達有所揭示，對本土文化傳統中的重大疑點也毫不放鬆。伊斯蘭建教的神祕源起、《可蘭經》的天賦權威、大先知的神性位格，以至說故事與歷史之間的曖昧關係，都逃不過作者冷峻的審視目光。《魔鬼詩篇》對這些神話質疑之際，也平行展示了現實的另一面，即殖民主義陰影下的政治現實。

《魔鬼詩篇》的小說故事基本上沿雙線發展，運用了不同故事、人物的性格重疊，和物、空轉移深化了多重敍事網絡的整體關係，凸顯了歷史的多元性與主體的複雜性。這種近乎魔幻的處理手法，使讀者的「鏡頭」模糊了，也因此對作品產生錯綜複雜又互相矛盾的詮釋或感受。「眞理」的詮釋、文化意識的困惑與自我身分的危機，都是後殖民論述的重要課題，同時亦指向後殖民文本與殖民地歷史的互動關係。對殖民主義的高度感應，當然是由於前殖民宗主的文化和政治制度在本土仍然占據了主導地位，但後殖民論述對歷史的重讀，其最終目的正是要抗衡這種既深且廣的主奴意識。問題是：要正面對付這個歷史的情意結，便不能不對它和所衍生的扭曲意義有所「認同」，即承認殖民主義及殖民統治的過去，與後殖民地及被殖民者的自我身分有不可分割的關係，是必要面對和肩負的歷史重擔。後殖民文本所強調的過去，是衆多歷史碎片的複合體，是構成後殖民主體意識及自我存在的一個重要部分。這裏可以觸及另一個問題，就是後殖民論述中的「離異」、「移轉」或「冀異」並不是指向一種抽離現實的自我疏離或距離，而是潛伏於現存體制中伺機而動的逆反傾向。

《魔鬼詩篇》的故事，呈現了這種間諜式的逆反傾向，在「離異」與「移轉」的同時表達了對山頭主義或文化極端主義的厭棄。這種手法可能是危險的，因作者往往要「重現」權威論述對被殖民者（即異類）壓制性的扭曲的表述，以襯托出權力論述在現存文化體制及價值系統中的延伸意義。最重要的，是當作者（或作爲後殖民認知主體）以同樣的態度去對待本土文化的時候，民族自尊心受損之餘連羣體的文化認同也被否定了[3]。《魔鬼詩篇》充滿了不可拼湊的歷史碎片，當過去和現在、傳統與現代、宗教精神和性意識相碰的時候，尋找眞理（理想的詮釋系統）的加比爾便陷入昏亂和精神分裂的狀態之中；薩拉丁滿心相信自己已成功地將文化身分「翻譯」了，在語言和行爲上征服了宗主的精神文明，料不到在離鄉二十五年後重返老家，竟被「還原」成爲一頭半人半獸的「羊人」。加比爾和薩拉丁對殖民主義反應迥異（可說是兩個典型的文化抉擇），在《魔鬼詩篇》的敍述中，也隱含著對二者的保留：加比爾堅持要以眞理解釋歷史無疑是窒礙了他對現實環境的認知，以致發展成一種自毀傾向；薩拉丁企圖切斷個人與民族文化傳統的關係卻換來對宗主文化身分及其主奴意識的盲目信仰。對後者而言，「倫敦」代表了標準英語口音，被形容爲「巴比倫敦」(Babylondon)的虛幻空間，移民的「天堂」("ellowen deeowen": a city visible but unseen)。《魔鬼詩篇》在這點上似乎表達了一種無可奈何，畢竟「延續」和「斷裂」始終是移民（或文化上的遷移者）的兩難抉擇。「我究竟是個什麼意念？」「是弱者的時候，會妥協嗎？」「勝利了你將會怎樣？」這些問題反映了移民身分的雜亂；另一方面，移民往往要從文化空間的移轉與易位開始探討其複雜性，在「後殖民」的文化環境中，權力架構扮演的角色更是不容忽視的。以加比爾和薩拉丁爲例，文化意識的雜亂，並非純理性或理論論述的結果。這種雜亂是與生俱來的，是被歷史、生活方式及那想當然的雙語或多種語言系統老早規範了的自我認知模式。由此可見，後殖民主體意識和自我身分的重建，對主導文化和「從屬」文化同樣是一個重大的挑戰。它不會自限於「第三世界」的框框；相反，被揭發的正是那將人類生硬地分成不公平等級的「第一世界」的主導文明。

「現代城市彙集了各種無法接合的現實，公共小巴裏擠在一起的都是互不相干的人和事。」（《魔鬼詩篇》，頁三一四）《魔鬼詩篇》展示了一個極複雜的世界，宗教語言隨時被翻譯成傳媒訊息，精神文明的價值跟廣告銷售策略掛鈎了。這種種實在卻不可喜的現象，也可以因應成爲主體逆反活動的原動力，以及文化遷移者的反抗工具。當生與死、神性與邪惡、延續與斷裂之間的界線變得模糊、文化疆界不停地移轉的時候，遷移中的個體或許可以在重疊的疆界上找到一個特殊的空間，作爲繼續遷移的據點。

重疊的空間

《魔鬼詩篇》的故事在空氣中開始，在「空氣」中開展了加比爾和薩拉丁的奇幻歷程。「空氣」既是旅程，也是一個空間，對應著地面的空間。旅程的開端彷彿是電影裏的一個空鏡，加比爾和薩拉丁從萬丈高空急速飛墮，整套故事便在空氣中開始。可以說「空氣」或空間是《魔鬼詩篇》獨特的說故事的形式。在這個奇特的空間（氣）中，這兩名空難的僅存者同時發生了生理上的突變(mutation)。加比爾的頭頂出現了一個天使光環，糾纏不休的口臭突然止息了；但薩拉丁的額角卻長了一對山羊般（魔鬼般）的角，四肢的關節和肌肉也開始變異，逐漸的發展成爲半人半獸的「羊人」，口裏噴出奇臭氣體。對於加比爾和他的情人「冰山公主」恭哈利來說，空氣是海浪翻騰躍升的終極，是攀登喜馬拉雅山最後的「超越」(transcendence)。

事實上，在空氣中飛行是現代人把不同空間聯繫和征服的手段。從孟買到倫敦，意外地迅速，所需的只是一次空中大爆炸，把密封著各懷鬼胎的人物的飛機艙給粉碎了，生還者便投入另一度空間之中，赤裸裸地被送進異域接受「改造」。與此同時，無數的影像、資訊、宗教訊息正在空氣中播送著，爭奪占據個人的心靈空間。《魔鬼詩篇》對空氣或空間的警覺，說明了其對「空間」的構思並非指向一個抽象的幻境，空氣其實是不同媒體互相碰觸、混雜以致產生變異的「地方」[4]。

當加比爾和薩拉丁像「魔鬼天使」(angelicdevilish)般墜落，一個穿越錯亂時空的旅程即告展開。一次超乎想像的文化遷移，迫使遷移者對本土文化的延續與斷裂再作反思，在這幻想式的經歷的背後，隱伏著一個嚴肅的歷史問題：殖民地的過去、後殖民地社會、政治現狀的混亂、「第三世界」的位格，衝擊著在文化邊緣上掙扎求存的個體。「巴比倫敦」正是這個複雜的經驗空間，催迫著加比爾和薩拉丁對潛在的矛盾道德觀念（即加比爾的「神性」與薩拉丁的「魔道」）產生疑惑以致混淆不清。空中大爆炸使二人跌落在另一個陌生的世界之中，身體上的變異進一步將他們帶進一個異於向所認識的經驗空間，裏面充塞了被異化了的過去和似幻似眞的現在，等待著一次重新的接合：「新生如何走進世界？它從何而生？……要怎樣妥協、交易，甚至出賣自己隱藏的本質來抵禦侵略者，那將要毀滅一切的天使，那斷頭臺？」（《魔鬼詩篇》，頁八）

《魔鬼詩篇》的故事基本上運用了許多的「裂縫」作爲敍事的紋路。伊斯蘭的神話歷史與後殖民地的境況互相穿插，卻製造了一個像「巴比倫敦」的另類時空，使兩段歷史得以找著據點，互相對照。時空的易位可以從兩個層面去理解。第一，被移轉了的主體會產生一種自我疏離和自我身分喪失的感覺，然而要爲這個被放逐的自我重新定位，便必須肯定「已被放逐」的事實以及由此而生的（可能是極痛苦的）身分異化。第二，既然時空的易位已成爲認識自我的因素之一，與此共生的特殊文化環境及其背後的歷史便成爲首要引入的課題了。

這些重重疊疊的空間，困擾著《魔鬼詩篇》世界裏的人物。加比爾一直被理想化的神話影像世界與現實中渺小的自我世界之間的張力牽扯著，終於無法辨別「神性」和「人性」孰眞孰假；薩拉丁因爲盲目信奉宗主權威的意識形態而無法接受原來的文化身分，「自我翻譯」的失敗終於使他的空中樓閣崩潰了。兩個人都是基於對傳統的信任、對眞理的疑惑而在不同的程度上做出「叛逆」行爲。加比爾關注的是如何在固有的信仰基礎上重建眞理、解釋歷史。

他的遷移被形容爲另一次的重生，目的是要爲複雜多變的自我（羣體的以及個人的）創造一個有秩序的生存環境。「創造」、「重生」和「眞理」所包含的矛盾、眞與假的糾纏不淸，都是加比爾在重讀歷史的過程中所面對的難題，也是《魔鬼詩篇》故事中隱伏的危機；加比爾—薩拉丁魔鬼天使般墜落、頭對腳腳對頭的互相纏騰周旋，正好表達了故事人物的正邪難辨、眞假難分的處境及「重生」的弔詭。

空間的重疊，翻出了倫敦和孟買之間的微妙關係，也反映了權威論述對主體文化意識的窒阻。孟買可說是印度的縮型，多黨政治造成的紛亂和排山倒海的電影影像分別是兩個截然不同的感官世界。羣衆對神話電影的瘋狂卻意外地使印度的「過去」得以倖存。加比爾因爲能夠將各種神話角色活現銀幕而被冠以「影壇之神」的名號，能夠「跨越宗教界限而不被定罪」（《魔鬼詩篇》，頁一五）。人民對他的崇拜，已是近於一種宗教狂熱，也是集體潛意識的投射：加比爾代表了被主導的宗主歷史論述埋沒了的精神文明的整體，在影像文化中重生，也是他們對前殖民時期輝煌的歷史文化的追思。另一方面，殖民地的歷史仍然存在於政治現實之中，後殖民地政府彷彿是宗主權威孕生的影子政權，代表了前者「純粹的權力」，無形的爪緊扣著受害者的咽喉，國民互相殘殺，就像引入了「四十個強盜，卻少了一個阿里巴巴」（頁五六）。神話終究彌補不了現實的創傷。

故事中加比爾和薩拉丁正是對這個特殊歷史環境的兩種表現形式。他們從不同的社會及文化階層出發，在空中相遇，表面上互不干涉的生存空間剎那間重疊了，勾起了各自潛藏的身分矛盾和文化意識危機。他們都知道對方來自一個與自己甚有淵源的地方，但卻是陌生的。後殖民地文化所面對的是兩個過去、兩段歷史：殖民政府的統治帶來了傳統與現代的斷裂，否定了固有的歷史文化和宗教傳統，民族文化的延續性似乎跟政治現實（包括所帶來的社會、教育制度變革）無法融和。若說殖民政策是歷史斷層的罪魁禍首，後殖民主義對現存政治文化環境的探討則對「雙重歷史」及其矛盾帶來了新的詮釋，在權威論述的壟斷形勢下開創一個新局面。此外，「從屬」文化往「宗主」文化的遷移實根源於殖民主義的擴張，最爲突出的莫如薩拉丁所代表的中產階級知識份子對「自我」和民族的否定，對宗主文化的崇拜及模仿。加比爾則是另一個典型：對後殖民地社會環境的不滿觸發要往外「逃」的欲望，希望找到一個圓滿的答案，以一種全新的「眞理」去縫補歷史的缺口。在不同程度上，加、薩二人都是在尋找一片樂土、一種沒有衝突的和諧境界。這種對「完美」的追求甚至支配著個人的感情生活。對宗主文明的崇拜使薩拉丁「愛上了」他的妻子彭美拉，只因爲彭的貴族背景——語言、口音、儀容以及這些品質所象徵的文化身分——正是他要征服的對象。但始料不及的是彭美拉對他的感情，只是出於要棄掉「貴族身分」帶來的種種轄制，要以「異族」打擊「貴族」的文化病態：「……那天醒來她發覺森查（薩拉丁縮短了的姓氏）愛上的並不是她，而是他朝思暮想要得著的那瀰漫著約克郡布丁味道、橡樹香氣和田園氣氛的傳統英國口音。二人的婚姻只不過是各懷鬼胎的結合，企圖在對方身上找到一個逃避自我的終點。」（《魔鬼詩篇》，頁一八〇）這無疑是對薩拉丁一廂情願的「歸化」的一個諷刺。更值得注意的，是二人的關係說明了殖民主義及權威論述對「殖民者」文化造成的壓制、對「殖民者」在後殖民時代的自我認知的窒礙。

時間觀念與歷史意識

前部分著重於探索《魔鬼詩篇》獨特的「地理環境」，帶出多重空間的敍事手法在後殖民論述中的特殊意義。由於空間的重疊及重構，與主體一脈相承的文化意識便不期然的重現，一些被壓抑的歷史碎片（即「小敍事體」）逐漸變得清晰。互相矛盾的歷史空間亦同時令直線發展的歷史時間產生變異，變成多元且混雜的時空組合。因此，繪畫空間的圖樣不是獨立的行動，是要與時間的圖樣互相觀照的。《魔鬼詩篇》對時空的繪畫，也跟隨主體時間意識的流轉而變動。

「……破碎的記憶，自我，被削奪的母語，被侵犯的私隱，沒有共鳴的調笑，熄滅了的盼望，失去的愛，因忘掉了意義而變得空洞的文字，土地，歸宿，家園。」（《魔鬼詩

篇》，頁四）

斷斷續續的語句展示了記憶的本質。它是由細碎的、屬於不同時段的主觀感受組成的複合體，隨著主體在某特定時空，對事物的反應而順應地做出規則（順時性）或不規則（非順時性）的調度，作爲了主體的自我表白的形式。有趣的是，這種多元的時空調度反映了歷史論述以及小敘事體本身的手段，在深層結構上跟說故事或文字創作十分相似，兩者甚至可以互相參照。

《魔鬼詩篇》的敘事結構直指向直線歷史的核心問題，藉著多元時空的穿插和「小敘事體」的彼此干擾，編織成一片複雜的敘事網絡，以非順時的歷史秩序取代順時的（直線的）歷史秩序，將傳統對時間的預設推翻了。然而這種抗衡所造成的「混雜的統一」也形成了「一個無止境的弔詭：在後退中向前走」（頁一一五）。很難分說這種自相矛盾的鬥爭手段是重建後殖民主體意識的應驗良方，但至少這個特殊現象指出了「後殖民」的空間是不同勢力在互相角力的矛盾並存的境界。時間與歷史觀的倒行逆轉則強化了這個歷史環境的複雜性，以及它對主體自我認知的密切關係。若說這種「雜亂的統一」是重建主體意識的基礎，這個基礎本身也是浮動的。《魔鬼詩篇》強調的是「遷移身分」，試圖從蓋棺論定的社會道德規範中「逃」出來，以「遷移」爲目標，窺探權威論述不攻自破的弱點並加以戲謔。所謂「權威」當不止於宗主的文化傳統，也包括對主體本身的文化體制的重新檢視，以揭露文化極端主義的偏執與謬誤。魯西迪用了極多的篇幅描述伊斯蘭建教的故事，將歷史和神話傳說藉加比爾的夢境合併，加比爾當然就是宗教典籍記載的天使長加百列(Gabriel)了。歷史論述、神話與宗教教義就這樣巧妙地成爲加比爾自導自演的另一齣宗教電影。然而這次因爲缺乏一個預先編好的劇本，加比爾無法向先知馬罕德（Mahound，西方基督教派對穆罕默德〔Mohammed〕的謔稱）提供眞神的「啓示」。馬罕德在無計可施之下，唯有向天使道出心中盤算已久的計策，並將之當作眞理般普世宏揚。所謂「魔鬼詩篇」，就是在這些零碎的啓示片斷中被大先知下令刪除的「部分眞理」，被當權者視爲出於撒旦的誘惑的文字。更值得注意的，是再次將這些文字重寫在經書上的不是別人，正是跟隨大先知尋找眞理，最後卻發現所謂「啓示」不過是大先知的宗教政策而大感沮喪的沙爾文，他是一個文士(scribe)，以知識份子的角度給「眞理」打開了新的詮釋路向，以文字作爲人性思維的武器，希望「悄悄地改變一些事」。

《魔鬼詩篇》並沒有高舉「反傳統」的戰略價值，相反，它對傳統的挑戰是希望密封的文化空間可以再度開放，再次成爲能夠兼容並孕育新生命的精神空間。魯西迪爲《魔鬼詩篇》設計的迷宮旅程，針對「復辟」的墮性創設了一套防禦系統，用小說故事之間的矛盾和虛幻揭發了現存政治文化體制及其權威論述對眞理的一廂情願的嚮往與自欺。魯西迪的設想，是要翻譯及詮釋不同的文化及其歷史文本，直掘到神話的深處，探索統轄著主體自我認知的政治手段。另一方面，這些歷史的碎片也成爲主體對現存文化環境的認知材料。當然，這是一個險著，是撒旦的手法：玩弄魔鬼的伎倆以明白其「邪惡的底細」（頁一二五）。最重要的已經不是對信仰的肯定或否定，而是信仰本身在歷史時空裏的「進化」過程；對這個過程有所掌握，便更了解構成傳統文化的各種原素在現實的政治社會文化結構中的角色。《魔鬼詩篇》對宗教信仰及其「眞理」的叛逆，當不容於政治上的既得利益者，但當權者對文化文本的過敏及過分的反應，也暴露了文化極端主義的蠻橫、自卑與焦慮。

從《魔鬼詩篇》對神話（包括主奴意識形態）的處置可以得到進一步的啓示：介乎相信與否定之間存在一個選擇的自由。若殖民主義的基礎是對被殖民者的自我形象的扭曲，後殖民文化抗爭的其中一個模式將會是對種種被歪曲的「現實」進行一次「再侵呑」（re-appropriation），揭露權威論述只是相對的眞理，是片面而非全面的歷史。或許《魔鬼詩篇》對《可蘭經》（權威論述的「眞理」）的詮釋，只不過是以後殖民社會中的「個體」爲出發點，重讀不同的歷史文本，以小敍事體的形式替歷史再作註解的功課而已。從魯西迪的「註解」當中，可以看出後殖民論述對歷史的眞理性的高度感應，被認爲是重建主體意識的一個重要環節。在這個過程中，已僵化或封閉的文化會被重新「引用」做小敍事體的材料，使其再度開放並與現實的社會文化環境在互動的關係中繼續向前開展。魯西迪藉移民、游牧、遷移等等後殖民社會文化現象對殖民與被殖民者的主體意識和文化差異作深入剖析，即權威論述不單製造了殖民主義的主奴文化意識，也窒礙了後殖民時代個人和民族的自我認知與彼此溝通。

《魔鬼詩篇》的啓示，在其放膽地說明了在「後殖民」的歷史環境中，主體意識的重建、個人在民族文化中對「自我身分」的定位再不能自限於傳統權威論述或眞理的密封瓶子裏；另一方面，將這些瓶子炸碎的代價，可能是文化防線崩潰、文化身分的無所適從。《魔鬼詩篇》坦白地說明了後殖民文化的種種特質——也許是它的「弱點」：被殖民的角色、被貶值的文化、不合潮流的眞理；然而這也是魯西迪強調的抗爭手段：「將屈辱化成力量。」這說明了這場抗爭並不是要求從壓制的對立關係中反敗爲勝，或爲主奴地位逆轉，因爲歷史已經證實了這種權力關係的無能。

也許可以引用《魔鬼詩篇》的結局作爲一個暫時的終結：代表著魔鬼的薩拉丁浪子回頭，重返孟買他老父的病榻旁邊，等候著最後一刻的來臨。薩拉丁曾經爲了要奪回「變異」後失去了的「文化財產」展開報復，導致加比爾像上演《奧賽羅》(*Othello*)劇一般，由於膚色帶來的自卑感槍殺了他的「冰山公主」恭哈利，同時也毀滅了「超越」的夢想。這時薩拉丁已再度「還原」爲人，回到孟買繼承老父家的產業。這時，他發現了童年時候把玩過的一盞阿拉伯古燈（「神燈」），憶起了「巨人」與三個夢想的童話故事。最後，加比爾赫然出現，從神燈中抽出手槍對準自己的太陽穴，子彈便結束了他的生命。沒有巨人，沒有神奇的夢想成眞，就像阿里巴巴已不再存在一樣。剩下的卻還是那盞古燈，象徵著傳統文化的一個空間，以及一些仍然存在卻變了樣的神話意象。像《魔鬼詩篇》（或者所有「文本」），神燈本身已是經過變異的空間，巨人的權威已被手槍取代了。然而薩拉丁繼承的仍然是一盞神燈以及它所乘載的記憶。時空的變異使加比爾夢想的「眞道」(word)成爲永遠的「推延」，而這個推延卻巧妙地將「眞道」以本質演活了。

註釋

❶ Salman Rushdie, *The Satanic Verses* (London: Viking, 1988).

❷ 關於後殖民主體「變異」的論述，參看 Timothy Brennan, *Salman Rushdie and the Third World: Myths of Nation* (London: Macmillan, 1989).

❸ 伊斯蘭世界對魯西迪的驅逐及「清理門戶」的對待，印證了《魔鬼詩篇》和作者本身預言這個政治遊戲的危險性。

❹ 關於「地方」(place)與「空間」(space)的論述，可從傅柯(Michel Foucault)「heterotopia」的概念窺探二者之關係。所謂「heterotopia」其實是指在同一個「地方」存在著相異甚至互相矛盾的「空間」(contradictory spaces)。最明顯的莫過於充塞著不同時、空影像、資訊的空間，或由於科技使「速度」縮短了不同地方或空間的距離感，導致在經驗層面上產生時空上的錯覺。

辯證篇

在文化實踐過程中
後殖民觀點引生的對話或爭辯

殖民主義·文化工業與消費欲望

葉維廉

兩個事件

㈠香港英皇喬治五世中學的一個週會上，主講人某某爵士向禮堂裏的學生（九成是黑頭髮的中國人，一成是英僑子弟）訓話，劈頭第一句話是：「你們應該感到榮幸，因爲你們有機會學習世界上最完美的語言（指英文）……。」在校內，中國學生之間都不准用中文交談；該校的第二國語言是法文、德文。至於教材，則全盤從「祖國」直接運來，好比該校只是英國教育中心的一個邊遠分校而已。

㈡天安門屠殺高潮突起之際，香港人傾城走上街頭抗議，全世界電視爭相傳送。我遠在加州看到了這樣一個鏡頭：一個中國的年輕女子，滿臉淚水，非常激動，用完全標準不雜廣東口音的「皇家」英語說：「我從來沒有像今天那樣覺得我是中國人，覺得與天安門被屠殺的同胞血肉相連……。」

這兩件事暗暗流露了殖民文化的蛛絲馬跡。艾爾拔門彌(Albert Memmi)在討論到殖民地原住民的一些情境時，特別拈出持護原住民文化認同意識的要素，如何被殖民者逐步淡化以至消滅。有四項要素，即歷史意識、社團意識、宗教意識（或一般文化意識）和語言，其中語言的宰制尤其是關鍵性的，因爲前三項往往要靠語言來轉化爲民族、文化的記憶[1]。香港英皇喬治五世中學，由校董到一般教師，對原住民的中文視若無睹，可以說，是要通過英文的貫徹，用滲透的方式削弱或改觀原住民學生殘存的文化認同。至於所謂世界上最完美的語言云云，當然是殖民者的文化大沙文主義的姿態；而「從來沒有像今天那樣覺得我是中國人」的青年女子，正流露了殖民教育下她的歷史、社團、文化與民族道統意識被淡化到幾近於零，因爲在她的語言生活中，長久地忘記了她原是可以或應該積極地參與屬於她的歷史的製造；她，像許多香港人一樣，被排除到歷史之外，或者應該說，被逐入沒有歷史的無意識中：既沒有覺識要參加中國歷史的創造，也沒有（事實也不會想要）參與英國歷史的創造。

民族文化記憶的喪失，起碼在英國與北京簽定一九九七年香港重歸中國之前，是相當普遍和徹底的。原住民歷史的無意識、民族文化記憶的喪失是殖民者必須設法厲行的文化方向，但殖民文化對原住民意識的滲透是極其弔詭多變的，我們試分幾個層面去探討。

香港文化情結——有形殖民文化

前幾年，常常有人提出這樣的問題：什麼是香港文學？香港有沒有文學？這種問題的提出，好像很侮辱香港的作家似的。其實，這後面含有極複雜的文化情結。香港的詩人，以近三十年的情況爲例，有不少是向臺灣的詩亦步亦趨，另外有一些是向大陸的詩亦步亦趨。這樣說，不是說這些詩好或不好，也不是才高才低的問題。如果詩必須來自經驗的話，那所謂香港經驗是什麼？向臺灣向大陸的緣故，因爲在下意識中，作者認定自己是中國人，雖然住在香港，表達的應該是中國文化的一部分；向臺灣向大陸雖然有政治文化暫時的偏向，但根向中國是一樣的。但香港經驗是中國文化經驗的一部分嗎？是而又不是。是，因爲是中國人的城市；不是，因爲文化的方式不盡是，香港人的民族意識、歷史參與感不盡是。五、六〇年代最常聽到的是所謂「白華」一詞，指的當然是近年所謂的「香蕉」（黃皮白心）的香港人。在香港生長或住過一段時間的人，幾乎沒有一個人不受過「白華」的氣。在移民局、在出入境的辦事處，中國人欺負中國人，比英國人欺負中國人有過之而無不及；這種替英國人奴役中國人的奴性竟是如此的不自覺。在五、六〇年代甚至七〇年代的香港，另外有一個常常吊在嘴邊的名詞是「皇家」。中學畢業第一步是參加全港政府的會考，會考的目的是要爲「皇家」

做事。是的，「皇家」這個名詞在一九九七回歸中國的前夕，當然較少人提了，但以前是常常聽見的。「皇家」和民族意識之間有沒有交通，有沒有什麼辯證的可能？我們又常常聽人這樣說：香港是最自由的城市，左派右派英國美國有色無色的都能兼收並蓄，單報紙就不下三十種，但就是沒有文學，沒有代表香港特有文化的文學。

說這些話並沒有輕看香港作家的意思。事實上，我認爲香港有不少好的詩人和小說家。但說好，我們必須從香港特有的文化出發去看。以上的話之所以提出來，是要探求這個現象背後所隱藏著的意識形態成型與運作的過程。我們回到「白華」、「皇家」這兩個流行語。這兩個常常聽見的語詞，是呈現在表面易於識辨的香港人心態，我們試從會考到打政府工（當英國政府文員），或會考後入港大再留學英國回到香港當新聞官、督察等這條線索來看，看看在心態的培植上是怎麼一回事。我們常說香港思想最自由了。在五〇至七〇年代間，我們確實可以看到左右兩岸政治舞臺的黑暗面，而且能公開討論而不受干擾。但如果我們寫香港人民族意識空白的病因呢，是不是可以？這是一個問題。我們再進一步問：在五、六〇年代，香港作家有沒有深探這個病因？如果沒有，或者說，有也是隱晦的，有也是鳳毛麟角，爲什麼？說得更清楚一點，他們有沒有或可以不可以寫殖民政策下意識的宰制和壟斷的形式？能觸及和反映在這個體制下的掙扎和蛻變（這當然包括中國意識與殖民政策的對峙、衝突、調整，有時甚至屈服而變得無意識、無覺醒到無可奈何的整個複雜過程）才算香港文學。寫臺灣某一個時期的唯美或寫大陸的普羅都不能算，除非同時是在上述的情結中辯證出來的。

要了解，殖民地的教育，在本質上，無法推行啓蒙精神。啓蒙，即是要通過教育使他們自覺到作爲一個自然體與生俱來的權利和自覺到作爲一個中國人所處的情境。這，殖民政府不能做，因爲喚起被統治者的民族自覺，就等於讓他們認知殖民政策宰制、鎭壓、壟斷的本質；自覺是引向反叛和革命之路。殖民地的教育採取利誘（譬如你是「皇家」出身的——即港大或留英歸來的——你的薪水比其他出身的高一倍以上）、安撫、痳木等。殖民地教育的目的，是要製造替殖民地政府服務的工具；這些人最好只是工具，因爲如果他們有了強烈的中國民族意識，這將對殖民統治不利；這些人的人生取向，最好是指向英國式的上流社會，但是缺乏文化內涵的社會。英國上流社會當然有其本身的文化內涵，但並非這些中國人可以認同的；它們的取向是在缺乏自身文化自覺與反省的情況下構成，往往取其表面的承襲，如講究住半山區的洋房、開雞尾酒會、穿著外國名牌……等。

殖民主義的運作，首先是外在宰制，即軍事侵略造成的征服與割地。但在征服以後，要完成全面穩定的宰制，必須要製造殖民地原住民的一種仰賴情結。這個仰賴情結，包括了經濟、技術的仰賴和文化的仰賴，亦即是所謂經濟和文化的附庸，使殖民地成爲殖民者大都會中心的一個邊遠羽翼。大都會（在此是英國的倫敦）彷彿是一個統視一切的主子，有種種理論支持著，並塑造成屬於優越、進步、發達的形象，邊遠的原住民是屬於未開發或猶待開發的屬民。這個中心與邊遠關係和形象的塑造，包括野蠻人、吃人族神話的製造，有一段複雜的歷史，我們在第四節再詳論。在香港的情況，因爲中國人民並不容易納入「野蠻人」的神話裏。仰賴情結的構成便專從弱化原住民的歷史、社團、文化意識入手，並整合出一種生產模式，一種階級結構，一種社會、心理、文化的環境，直接服役於大都會的結構與文化。在這個關節上，西方工業革命資本主義下的文化工業便成爲弱化原住民意識的幫凶。

文化工業❷即所謂透過物化、商品化，按照宰制原則、貨物交換價值原則、有效至上的原則來規畫人類傳統的文化活動，包括把文化裁製來配合消費的需要，把文化變作機器的附庸，把利益的動機轉移到文化的領域和形式上，使得文化在先定計畫的控制下，大量做單調、劃一的生產——是人性整體經驗的減縮化和工具化。

照講，香港作爲一個中國人的地方，從本身物質的發展而言，即自鴉片戰爭以來歷史的物質條件而言，應該不會產生西方社會工業革命下這種現象，但由於殖民主義的侵害和統治，把邊遠納入大都會中心的整個運作裏，香港，在沒有工業革命物質變化的條件下，成爲西方文化工業的延伸。香港商品化的生命情境，在殖民文化工業的助長下變本加厲地把香港人人性的眞質、文化的內涵、民族的意識壓制、壟斷，以至落入拜物情境中，可以說是人性雙重的歪曲。

呈現在社會的內在結構的是香港高度的商業化。商業化遊戲的規則是依據西方文化工業的取向；貨物交換的價值取代帶有靈性考慮的文化價值。貨物交換價值之壓倒靈性文化價值的考慮正好幫助了殖民主義淡化、弱化民族意識和本源文化意識，使原住民對文化意義、價值的敏感度削減至無。這是香港不易產生有力文學作品的主要原因之一。

這裏又可分幾個層面來談。殖民者首先把英語定爲官方的語言，定爲政府機構、法律、商業上的主要用語，而把原住民的中文視作次語言。雖然在文件與標幟上允許雙語的存在，好像比別的殖民地把土語完全抹煞好一些；但並沒有鼓勵中文作爲文化媒介的提昇。英文中文的教育都停留在「實用」的層面上。舉一個例，五〇、六〇年代街頭常見的中文告示，如「如要停車，乃可在此」，就是一種不三不四的中文。英語所代表的強勢，除了實際上給與使用者一種社會上生存的優勢之外，也造成了原住民對本源文化和語言的自卑，而知識份子在這種強勢的感染下無意中與殖民者的文化認同，亦即是在求存中把殖民思想內在化，用康士坦丁奴(Renato Constahtino)的話來說，便是「文化原質的失眞」(Cultural inauthenticity)[3]。他以菲律賓美國化的現象爲例，指出孩子們學的不是自己的文化歷史，唱的也不是自己的歌，而是 Old Kentucky Home, White Christmas 之類。

> 過了一段時間以後，在殖民主義一種演變的運作裏，住民……甚至逐漸深信他們西化了的品味，代表更好的教育，比他們其他未受同樣教育的亞洲兄弟好多了。這種民族驕

傲的消失產生了一種自卑的情結，試圖用種種的方式向征服者學習；同時，對那些還未西化、還未基督教化，而還緊守著他們本土文化和認同的鄰居，又提著一種由上看下的優越感。❹

這種殖民者文化內涵的內在化是一種自覺不自覺間的同化，在香港極其深入和普遍。

另一方面，在高度商業化的氣氛下，香港產生一種不痛不癢的消費文學。消費品如罐頭吃完便丟掉一樣，是向讀者提供一種消遣。香港一個小地方，報紙雜誌不下五六十種，每份報紙每種雜誌都有幾頁副刊和專欄，但裏面甚少嚴肅的文學或文化思想的討論。大部分是方塊文學，寫的是煽情軟性的文字，包括相當大幅度的挑逗性的黃色，或者是輕鬆遊戲式的文字，或者是一點兒抓癢式的抒情。這些方塊都由專人來寫，每天寫一千字左右，風雨無阻，三十年不變，大同小異。一個作家一天不只寫一個方塊；以簡某人爲例，一天大約寫十數篇，在不同的報紙雜誌上同時出現，題材都是男女之情、人際關係的聳人耳目的煽情事件，是一種淡淡的輕佻，是麻木一天以來疲憊的夢幻，或者可以說是一種精神的「馬殺雞」。香港市民上班下班在車上在渡船上，或在早茶的「一盅兩件」，人手兩份，作一刻的深醉（或者應該說是「沉淪」），然後隨手一丟，便完全拋入遺忘裏。在文化意識民族意識的表面滑過，激不起一絲漣漪！是最完全的商品化的文學！這些作家——香港文化界的名嘴名人，媒體的注意點

——被統稱爲爬格子的動物。

這個現象完全符合阿多諾(Theodor W. Adorno)所描述的文化工業的結論。這些作品是爲大衆消費而剪裁的產品，其本質由消費所決定。高度商業化所帶動的文化，是由上而下的一種統治，把利益的動機轉移到文化的領域，假文化之名，製造一種意識形態，做文化的一種內在消滅或變質。照阿多諾的說法，文化的眞義並不只在向人調整，必須同時對僵化的人際關係提出抗議。文化工業，以「進步」作爲一種說詞，但事實上是「相同性」、「重複性」、「均質性」的一種僞裝。「進步」的說詞，是告訴我們：商業，在現代工業和技術的支援下，做了高度迅速的發展，給人們帶來了前所未有的物質享受，帶來了我們日夕追望的「幸福人生」，告訴我們現行社會就是「幸福人生」的體現過程，要人相信它，對現行社會的「秩序」不質問，不分析，要人遵從。遵從代替了自覺。工業原先對自然的宰制逐漸轉入人的宰制而成爲大衆的一種自我矇騙，成爲枷鎖自覺的一種工具，阻止了自主獨立自覺的個人發展。承著自主獨立自覺個人的消滅便是藝術自主性的化解，藝術對事物內在組織內在邏輯操作的印證以及獨立面貌的創造，如今在工業技巧推動的商業行爲下，是機械式的複製又複製，用分配的技巧將之分化、片斷化來宰制承受者的意識[5]。

在這個動向下，對殖民地香港而言，有民族自覺和文化關懷的作家和藝術家，往往在「吶喊」與「徬徨」之後便陷入一種無可奈何的沉默。我曾在一篇題爲〈自覺之旅：由裸靈到死〉

的文章裏，以崑南戲劇性轉喩的死亡——即和他作爲詩人戰士的過去斷然決絕——爲例，探討藝術家抗拒殖民文化工業所面臨的廢然❻。崑南不是唯一與自己創作生命斷然決絕的作家，五、六〇年代很多有相當自覺的文藝青年都走上這條不歸之路，不然就是與爬格子的動物同流合污。另一方面，在這種無形的鎮壓與化解下，努力求存的另一些作家，被迫在「遵從」中另求變數，譬如西西，應用了方塊文學的相同性（這是「遵從」），滿足了商品習性的讀者的消費習慣，而暗暗地，利用現代主義的一些發明性，潛藏在裏面人性自覺與反思的種子。（但耐人尋味的是，西西雖然在香港贏得了某程度的認可，她的藝術性眞正由被賞識到廣度的出名，是在香港之外的臺灣，中國的領土。）❼

無形的殖民文化

當我們從有形的殖民文化轉過來看第三世界的國家，這裏包括已列爲第一世界的日本，雖然沒有經過軍事長期的殖民，在意識上在心態上，類似香港所呈現的文化現象，竟有大幅度的顯現。譬如在中國、在臺灣，英文雖然沒有成爲官方語言，中文亦未落入次語言的位置，但康士坦丁奴所描述的「文化原質的失眞」，亦即是「洋爲貴」和「土博士自卑情結」極其普遍而嚴重。這都是在船堅砲利脅持，西權東漸壓力下所造成的外來文化（及其潛在煽動分化性）的中心化與本源文化的邊緣化。

五、六〇年代有一句流行語：英文加西裝等於教授。這雖然是一句調侃、開玩笑的話，裏頭卻含有兩個非常符合歷史性的符號：英文與西裝。英文作爲一個知識份子所追求的標幟，幾乎沒有太多人去質疑。如果說，英文已經成爲世界語、國際用語，說去追求它學習它是一種自然發展的需要，這也正好說明了美國強權滲透力之普及。至於西裝（包括女性的洋裝），作爲一種外來文化的符號，及穿著在身上多多少少代表的某種認同，已經毫不受到抗拒地被內在化。

「文化原質的失眞」，在日本的情況更爲嚴重。一般人總覺得日本在傳統文化形式的保留上很成功，要了解，這種保留多半是採神龕式，而非鳳凰再生。日本在文化的生產上，滲透到世界舞臺上的，都是極其西化的形式，正如目前很多日本的名建築師，走的完全是國際化的路線。日本文化、文學專家三好將夫在一次訪問中說：「日本在經濟上是屬於第一世界，在文化上仍屬第三世界。」又說「日本國富強，日本人貧窮」，都是値得我們深思的❽。

外來文化內在化的過程及其諸種涵義是相當複雜的，我們必須先探討殖民化發展線路的內在邏輯。

殖民主義中「文而化之」神話的製造

沙特一九六四年在羅馬的演講稿中提到殖民者所必須面臨的意識的內在牴觸。他們一面鼓吹「自由」、「平等」、「友愛」，但由於殖民行爲的骨幹是對原住民勞工的剝削——包括廉價勞工、包括殖民地資源廉價運售到大都會和大都會產品高價回售殖民地的原住民——但同樣的權利（自由、平等、友愛）卻只能賦給他們自己，而無法賦給原住民。換言之，種族歧視便成了無可避免的意識取向❾。但作爲一個自稱是受過啓蒙運動洗禮的知識份子，又怎樣去解決這個矛盾呢？其中一個重要的策略便是要建立一個自圓其說的析解架構——神話的製造，來替殖民活動辯解和合理化。

(a)**啓蒙者和異教徒（含野蠻人、吃人族）的神話：**

殖民者最常製造的神話，是把歐洲中心以外的「他者」看做異教徒，看做野蠻人。在哥倫布發現新大陸的記載，把印第安人刻畫成吃人族之後，便興起了種種吃人族的傳說。殖民者在這個論述世界裏自畫爲啓蒙者，一種替天行道的論述便隨之而起；軍事侵略則視爲拯救及啓發野蠻人的行爲。

在所謂異教徒的刻畫中，有幾點該注意的。首先，歐洲人要把異國民族納入他們的論述世界。自文藝復興以來，對於基督教中心歐洲以外的異族，一律稱之爲 paganism，包括所有未經洗禮的異族，而異教徒往往又是野蠻人的同義字。在這個神話的製造裏，他們探索的往往不是異族的異質性，而是一種異質求同，把「他者」的獨特性簡化爲大同小異，並製造出牽強附會的同質來。早期的社會人類學者，把異族人看成沒有歷史的民族，彷彿野蠻人自古以來有一組共同不變的品質，而把各自不同的歷史性完全抹煞。這種超歷史或無視歷史的研究方式即是把各民族在同時性的排列下，找出他們的所謂共性，而無視各自歷史的衍化。這種偏向直貫西方所有的社會科學的研究，包括文學批評及早期的比較文化、文學的研究。尤有甚者，這種偏向反過來還影響了第三世界國家的文化文學研究的方法。

十六、七世紀西方流行一種派生學（系譜、宗譜索源）的研究，設法發明異族的過去，設法說明人類文化由創世紀開始一連串的派生與讓渡，這樣做，是要把歐洲中心以外的異族文化納入基督教論述中世界已有的異教徒的分類裏。在這個過程中，並試圖找出各文化所源自的一種未經損壞的原質。這個做法——假定一種（基督教傳釋系統中的）原質，基本上是反歷史的，是無視各文化在特定時空下的獨一無二性。其目的很顯著，便是要把新的世界變爲舊的（即歐洲的）世界，把它們的獨特精神性改變爲相同性相似性，這包括了設法把中國古代的大洪水納入諾亞的故事裏，包括了設法在異教徒的乖離中找出隱藏的基督教的眞理，包括孔子的基督化；他們甚至說在大洪水後古中國保存了神聖的傳統。在這派生學的研究後面，往往要說在派生與讓渡過程中基督教的原素變了質。所以歐洲人應該義不容辭地做一個啓蒙者，把異教徒、野蠻人、吃人族文而化之，並把原質挽回云云。

「文而化之」的神話不但爲西班牙等國對美洲等地的征服做了註腳，而且還大大地影響了文化論者，如赫爾特(Herder)、馬可黎(MacCauley)、馬克思。現在我們看看這個神話如何爲侵略行爲做了合理化的根據。就是在這個神話的架構裏，原是爲人性呼喊的蕭伯納竟能爲大英帝國的擴張主義說詞：

> 強大的國家，有意無意間，必須爲文化的整體利益操作，而不是爲了金銀的奪取並建立駭人的武器，亦不應受幾個拓荒社團的利益所左右。理論上，這些強大的國家應該國際化，而不是大英帝國主義化，但在世界聯盟眞正體現之前，我們必須接受目前僅有的最負責任的帝國聯邦作爲一個替身。[10]

這是大英帝國入侵亞洲美洲各地的理據。所謂「文而化之」，當然是一種掩飾暴行的美詞。

(b)「現代化」的神話——所謂「現代化」，不應該是一種絕對的、不必反思的價值取向：

我們所說的現代化——第三世界國家毫不遲疑地去追求實踐的——其實是被某種意識形態所宰制的變化過程——亦即是走向西歐和北美（近世幾乎全指美國）的社會、經濟、政治的體系，彷彿說，這些體系所提供的是所有開發中或開發社會最理想的模式。在這個模式裏，又往往用「民主」之名美化之。這裏對「民主」二字作爲一種理想政治取向，作爲一種抽象的意念，我們沒有批評的意思，而是說，歐美所說的「民主」的構架，必須在他們社會、經濟的前提下完成，亦即是說，是存在於西方社會、經濟的意識形態的宰制。這個宰制力量，通過高度細分的管理結構操作、科學知識的技術化，所帶動的工業化和城市化的激速變化及大衆傳播引發有關人種、社團、知性感性的均質化（異質同化）等，把人性物化、商品化、主體物品化和工具化。所以，現代化的過程在第三世界所發生的效用，一面是啓蒙的，如所謂德先生與賽先生之可以「新民」，但另一面則是壓制的，如迫使本土文化的改觀，迫使本土文化落入次要文化或落入遺忘。最顯著的例子便是傳統中國音樂之被推到邊緣和我們的品味（音樂、衣飾、日常生活）之完全被西方淹沒。所以說，「現代化」只是掩飾「殖民化」的一種美詞。

二十世紀以來，談到民主化，下意識裏大家都心向美國，心向林肯的「民有、民治、民享」。但很少人去想這個民主典範國家的內在矛盾。我指的是內在殖民，把美洲的原住民印第安人趕盡殺絕，在意識形態上將之連根拔起，所用的理據也是要「文而化之」。「文」不見得，但「化」則很顯然。現在要把印第安人文化重新整合是困難重重。至於種族歧視，由黑奴時代至今的鬥爭已是有目共睹，在此不必費辭。

二十世紀以來，雖說人權的推動有了很大的進展，但藉「文而化之」的美詞來爭取所謂「不動一槍一彈的殖民」活動不但是陰魂不散，而且是越演越烈。美國以老大哥的身分，以美援爲餌，以推行民主爲詞，對亞洲和中南美洲進行的經濟與文化的侵略，其實也是「文而化之」神話的另一種變體。

在殖民主義後期的國際關係上，第一世界（包括美國、西歐、日本）明白了武力侵略將會受到世界的譴責，開始透過文化工業，製造中產階級經濟理論的神話，這包括所謂「自由市場經濟」，彷彿說，一切是公平競爭，但事實上，強勢打倒弱勢。第三世界一直受到經濟不公平的待遇。至於資本和技術的提供，第一世界的說詞是靈巧的。他們說：資本和技術的提供，雖然對本土主權有些壓制，但這些都是發展中無可避免的缺憾，資本和技術最後會把第三世界解放云云。這也是「文而化之」神話的另一種書寫，來把他們經濟、文化對第三世界的宰制合理化。

殖民活動的三個階段

殖民化的討論，論者可以有三種完全不同的態度。有認爲殖民化過程對承受者終究是有利的，說詞是，它帶給落後國家現代化的技術，這些技術將帶給他們最後的獨立和解放。對這個論調，不少人存疑。相反的論調認定殖民化完全是奴化和剝削的行爲，受害者無法得到眞正完全獨立的發展。第三個論點則是認爲在奴化、剝削和壓制的過程中，一種新的力量會突破而出，把外來的宰制推翻，並消滅奴化、落後等現象。馬克思、毛澤東都曾持有這種企望。

我們或許應該依循殖民化活動的三個可能的階段來思索。第一個階段，殖民者製造神話，試圖將其侵略行爲合理化，原住民則盡力反抗（如在中國的情形便是抗拒英國的鴉片戰爭和對八國聯軍的抗拒）。

第二個階段是所謂「同化」和「同化」引起的情結，亦即是殖民者思想的內在化過程和這個過程同時引發的對本源文化意識和對外來入侵的文化意識「既愛猶恨、既恨猶愛」的情結。原住民對這個內在化的態度是模稜和不安，一面要爲兩種文化協調，一面又在兩種文化的認同間徬徨與猶疑。我在論五四以來文學諸問題時曾如此說：

> 這個時期中西文化模子之間的衝突與調合是極其複雜的。其衝突與對峙曾深深的觸擾了中國本源的感受、秩序觀和價值觀。爲了維護他們「存在的理由」，處於被壓迫者的角

> 色的中國知識份子，努力不斷地，或要從外來模子中尋出平行的例證，或者強行地堅持他們固有文化的優越。的確，這是一個過去與現在、本土文化和外來文化對峙與滲透的過程，包括國人對這個過程中做出不同程度的迎拒。⓫

事實上，就是因爲這裏面所潛藏的不安全感，產生對文化改觀、對西化所必有的輕信，才有五四以來至今未能解決、三五年便發一次病的中西文化的論爭；才有五四初期文學因認同危機而產生的求索、猶豫、徬徨的絞痛和欲求以死來換取新生的動因⓬。

第三個階段即是反叛和解放。這個階段必須牽涉到中介人物——受過外來文化教育的知識份子、菁英份子的反思，對自己已經不假思索地內在化了的外來思想的反思，包括日常對事物、事件的反應與行爲的反思。而且這個反思又必須要認識到外來思想體系裏根源性的問題和困境，以及自己傳統中根源性的解困能力。在這個爲新生文化努力的階段中，爲了整體生命情境的完成，不應該接受宰制者現存系統的模式，也不應該沒有反思地回歸過去的傳統，而必須通過將來的發明來解決，從人類基本的殘缺性出發，對現狀批判，引向永遠變動的將來。

顯而易見的，現階段的中國知識份子還在第二階段和第三階段之間摸索與掙扎，而未能進入建設性的第三階段。大陸方面，像《河殤》對海洋文化（西方工業文化）一廂情願的理想化；臺灣方面，像罔顧「民族意識的淡滅」和「文化內容的空白」而走上「經濟人」和「商品邏輯」的急遽發展，都是沒有了解文化殖民化詭奇的變數，所以沒有做出適切的反思。

但是，說了這些以後，我們也不能情緒化地忽略了文化爭戰中確曾有一些啓發性、建設性的效用。在中國方面，我們無法否認，是中國文化受了船堅砲利的文化衝擊，才對本土的專橫體制有了反叛的自覺。在侵略者方面，雖然殖民化的原意是剝削、壓制與弱化中國的文化力量，但由於無可避免的接觸，中國文化被帶到侵略者的原鄉，也會引起某個程度文化的改觀，如美國自十九世紀末以來一股東方文化的暗流，一直在促使一些重要的知識份子去修改和調整他們本身文化的枷鎖。後者是我另文所欲探討的題旨：「中國思想與美國想像」。

但這也不是說我們可以因此而對文化殖民化的問題掉以輕心。我們應該繼續去問：當第三世界已經全面陷入第一世界做全球性跨國商業無限空間擴大的霸權之際，那支撐著他們「自由」、「民主」門面的經濟文化網絡代表了怎樣的一種文化的製作？這種文化根源性的困境是什麼？

文化滲透與文化工業

我們在前面說過，殖民主義（這裏包括軍事、文化、經濟的擴張主義）在第三世界製造仰賴情結，一面要弱化原住民的歷史、文化意識，一面整合一種生產模式、階級結構，一種社會、心理、文化的環境，直接服役於大都會的結構與文化。從弱化原住民歷史、文化意識到原住民對殖民者意識形態的認同和價值取向的同化，人性工具化的文化工業扮演了一個極其重要的角色。我們只需要舉一個例子，便可以揭露其陰險和傷害性。中國屢次要把中文拉丁化，拉丁化的主要原因是要使語言像字母語言那樣方便於科學化的操作，方便於「現代化」、「西化」過程中工業化、商業化的操作，換言之，可以快些趕上西方。這完全是對西方科學、工業未經反思的崇拜，是對科學、工業的價值取向的認同。「唯用是圖」，覺得語言只是工具，而不知道語言是文化最重要的持護者。試想，假如拉丁化成功，所有古典的文化經典，在三十年後（以三十年爲一代算），便將成爲死典，即只有會看漢字的專家才可以接上文化深遠邃古的根，只懂拉丁化中文的新生代便被完全切斷。拉丁化的中文必須盡量口語化和邏輯化才可以達到傳達的極致，但這樣一來，文言文所代表的整套美學、哲學、文化的視境便完全破壞，而把思維方式逐向近似印歐語系中的分析性和圈定性那種暴虐的行爲——亦即是使我們的思維方式同化於他們工具化的理性主義。

西方人性工具化的文化工業之輸入第三世界的底線，是意識形態的一種重新部署，利用鞏固政治協盟、經濟合作的說詞，做市場全球性的擴張。第一世界利用電影（在中國，美國電影文化的殖民最爲透徹）、電視影集、教育節目，利用市場的政治化，利用廣告的煽動性（幾乎全然偏向於「洋爲貴」），而製造了一種新的語言，商品和消費活動所構成的一種國際化的意符系統，代替傳統價值的社會秩序。

在現階段臺灣的情形[13]，長久以來，外來品味的滲透和外來意識形態的內在化，發生在香港那種有形的殖民化的現象，有大幅度的顯現。所謂「文化原質的失眞」，包括外來文化的中心化——如向西洋音樂、西方電影、西方文學、西方文化文學理論、西方衣飾、西方商業模式如超級市場、購物中心等未經批判反思地收受和發展——和本源文化的邊緣化——如對中國事物，包括文化事物與日用事物的低貶，而抗拒去探入本源文化的深層去認知爲什麼這裏面有些東西正是西方一些知識份子視爲可以爲西方解困的力量。

反映在文化領域的，除了我們的電視廣告和市面的廣告完全訴諸西方或者日本「物慾工業」的符號之外，報紙的文學副刊與雜誌也已慢慢進入香港殖民地全盛時期的煽情、抓癢式的商品化文學。首先，編者拒絕了文化深思的重頭文章，然後慢慢又排斥了嚴肅的詩——他們的口號是：詩是消費社會中的票房毒藥。他們要的是：軟性的輕鬆的文學，不是激起心中文化憂慮的文學，用《聯合報》編輯瘂弦先生的話來說：

> 臺灣的文壇漸漸產生「輕文學」，就是：短短的篇章，甜甜的語言，淡淡的哀愁，淺淺的哲學，帥帥的作者……，臺灣報紙的副刊正走向「香港副刊」的短小化和娛樂性。[14]

亦即是要人（如我在論香港副刊所說的）「作一刻的沉醉，然後隨手一丟，便完全抛入遺忘裏，在文化意識民族意識的表面滑過，激不起一絲漣漪！」

文化生產的資本化，在文化領域的影響，據彌也殊（Bernard Miége）的說法，大約有如下的跡線⓯：由文化孕思（文學、藝術家的作品），到產品實現為貿易性的商品（報紙、唱片等），到商品變為金錢（發行銷售），必須通過製作人（譬如主編）的介入。他的介入是有強烈的決定性的，也就是他的運作把獨特的文化的用值變為市場交換性的產品，他的介入不但注重市場價值的問題，而且還干涉到產品本身的孕思。由於這個事實，才有藝術家出來堅持他們創作的自主性（如現代主義所謀求的）。但事實上，除了一些「明星作家」、「明星藝術家」取得一些自主性之外（這是臺灣兩大報偶然還登精純或精深文字的原因），其實仍然是一個虛設的幌子，大部分人的創作都是受到製作人的牽制。為了穩定、鞏固商品化、資本化的利益，製作人不斷因風而變（如利用新聞性的課題或流行的風尚），以新奇、聳人視聽的題材制變，或利用文人間的衝突（文人相輕的現象）再製造衝突來提高讀者的興趣（如關傑明事件，據關本人後來說，他當時實在不知道臺灣文壇的實況，是在不知情的情況下被捲入爭辯裏），甚至不惜犧牲某些藝人（如陳達和洪通的利用）來製造時尚。所出的點子（利用電影明星、政壇要角、丑角和文壇名嘴的對話，如利用某女作家神話化的傳奇事件來吸引如癡如醉的讀者羣等，真是不勝枚舉），都是從商品價值的考慮出發：如果這些文化產品觸及文化文學的本質，則是偶然的、附帶的、附庸的。臺灣兩大報副刊爲了商業利益曾有幾度你死我活鬥爭的高潮，說穿了是爲了增加銷路，而不是爲了文化眞質嚴肅的考慮。

臺灣在八〇年代初，以「經濟奇蹟」、「亞洲四小龍」之一的驕傲形象炫耀於世界的同時，進入了「物以制人」的消費文化社會。人在一種肥滿和安逸中，用一種被調整過的反射作用，即所謂機械化的固定反應來對反應由商品所構成的符號——形象、色澤、音響和商品化的手勢（人際關係中的手勢、姿態）。我們成爲一個既無法洞知其實際更無從控制的大系統中的一些運作。在這個我們無法圖解的大操作裏，什麼東西都是一種無法分辨的「正常」，成爲一種「合理化的癲狂、癲狂的合理化」。我們因爲無法分辨而無法經驗到「眞」的滿足，無法演出屬於我們自己原眞的作爲一種自然體的生命，無法體現我們作爲一種自然體在歷史中潛在的可能。社會學家對於這種現象曾有如下的結論：

> 我們的需要是按照工業系統的需要來配製管理，國家的政策同樣受到牽制，教育要遷就工業的需求，工業系統所需的管訓成爲社團的道德典範，其他人生的目的和取向都被視爲故作高調，不重要，甚至是反社會的。⑯

布希亞（Jean Baudrillard）在他的《消費社會》一書中進一步分析人們沉溺在大量物品自成

的邏輯系統裏所受到的制約。

> 我們今天被消費與豐足感明顯地包圍。這個現象是由物品、服務事項和物質的增加所建立而造成了人類生態行爲一種基本的突變。嚴格來說，這些逸樂、肥滿的人們不是像過去一樣被其他的人所包圍，而是被物品。[17]

在一個完全商品化的社會裏，人的隔離性變得更完全，消費者既無法認知他們自己眞正的需要（他們買許多商品，並不是眞正需要，而是因爲別人擁有，而擁有是代表了某種價值階層；他們買某商品，買的不是商品的實質。他們並不知道物品的眞相；他們買的是一個「擬象」而已），亦無法認知另一種生命的形式，因爲物品所自成的系統宰制了主體，剝奪了他們作爲人的潛在本質，人越來越像物品本身。布希亞作了如下的比喻：「正如在狼羣中生長會變成狼兒，我們在物品中生長也逐漸變成物品。」[18]

市場的哲學與修辭不斷地推出一種自由、幸福、進步的觀念，彷彿擁有大量的商品即是代表幸福、快樂、豐足、成功。「現代化」、「摩登」彷彿是一種魔術。「摩登」就是「進步」的同義字！而「進步」這個源自美國十九世紀大衆市場擴張哲學的名詞，是要告訴消費者「由壞環境到好環境，由散裝（按：其實即可以驗證品質的狀態）到包裝（按：其實即無法驗證品質的狀態）是一種進步」云云。從這種哲學到其實現，就是「品牌即質素確證」的政治鬥爭。這個鬥爭亦即是「物慾工業」極力要製造的對名牌的忠心[19]。我們可以看見，這個市場政治化的成功是全球性的，雖然明明知道名牌並不一定代表最好的品質，人們仍然甘心受騙地追慕名牌。

由是，名牌，作爲一種符號，一種超國界的新語言，一種文化工業弱化人性自覺的新武器，那人性和民族意識殖民化的幫凶，便代替了舊有的社會價值而成爲新的價值階層。某些物品或品牌之受尊崇是由於其作爲符號所發出的惑力，不一定是品質上好，因爲在這個符號系統的運作裏，人的社會位置與聲譽往往由他所處的物品的位置來決定。廣告不斷的暗示，買同一類車子或同一類化妝品的是同一類的人，所以消費者便極力以所買的、用的物品來符合這些物品所暗示的價值階層及社會地位。在第三世界的廣告裏（有不少知識份子竟無感無覺地大力支持著的），是大量第一世界商品——「洋即好」的形象的氾濫。

物品作爲一種符號語言，打破了一般語言的界限，是有關消費者的身分、他們的品味、他們的生活風格的陳述。而消費者很少有人帶批判的眼光去思考這些物品所代表的文化和政治的涵義，亦即是說，他們之間很少人認知到，他們作爲自主個體的自由意志活動其實已經受到生產秩序的牽制。「物慾工業」的說詞常常把他們捧得高高在上——顧客永遠是對的！阿諛奉承，使得他們落入「假需求」而不自知。結果呢？「所謂中庸之道的主流得到完全的勝利。所謂中庸，是把一切拉平，把一切異質攪拌爲一種均質，把梵谷那類藝術家一掃而光。

它要求的是平均化的美學，平均化的詩，平均化的才具，平均化的勇氣，平均化的庸蠢。」⑳平均化便是庸俗化。「唯用是圖」，我們可以破壞自然環境，我們可以製造污染與公害，我們可以容忍沒有個性單調如囚牢的建築，我們可以容忍沒有靈性的「經濟動物」。我們可以任垃圾和化學廢料滲入我們的飲水中，我們可以任由維持生態平衡的樹林遭受到無情的砍殺，我們可以容忍男男女女都粗暴無禮……。這就是我們所追求的幸福嗎？這就是我們追求的現代文明嗎？還是一種「化」而不「文」的自絕行爲呢？

艾凡·哥夫曼(Erving Goffman)說：「那些要與假意識鬥爭的人，那些要喚醒沉睡者要他們認知眞質的人，他將面臨巨大的困難，因爲他們睡得太熟太熟了。」㉑

註　釋

❶ Albert Memmi, *The Colonizer and the Colonized*, trans., Howard Greenfeld (Boston: Beacon Press, 1967).

❷「文化工業」一詞，最早見於阿多諾與霍克海默的《啓蒙主義的辯證》一書中一章，即 “The Culture Industry: Enlightenment as Mass Deception”, in Max Horkheimer and Theodor W. Adorno,

Dialectic of Enlightenment (1944) trans. John Cummings (New York: Continuum, 1972). 我這裏一些論點大部分採自阿氏對此章的修正文字，即其在一九六三年廣播、一九六七年出版的〈文化工業的再思〉(見其 *Ohne Leitbild,* Frankfurt am Main, 1967, 英文譯文見 "Culture Industry Reconsidered," *New German Critique*, No. 6(Fall, 1975), pp.12-19. 該文對早期觀點有若干修正，尤其是避開了早期對大衆文化太武斷太籠統的批判。但兩文之間都指出，文化，在商品化、拜物化之下所扮演的角色，作爲一種宰制、矇騙大衆的形式，是每下愈況，有增無減。在往後的討論裏，我引申爲廣義的文化工業，包括諸種文化生產資本化的後果，包括由市場經濟到消費社會以來對人的文化批判意識的弱化和人性的工具化。

❸ *Veocolonial Identity and Counter-Consciousness* (London: Merlin Press, 1978).

❹同前書，頁一六五。

❺見阿文〈文化工業的再思〉。

❻該文曾在一九八八年十二月香港中文大學與三聯書店合辦的「香港文學研討會」上宣讀。

❼在七〇年代末和八〇年代初，由於香港歸還中國（另一種宰制的暴行與形式）這個夢可能變爲噩夢，憂心忡忡的香港知識份子突然感到一種生存的重大威脅而被逼走上了文治政治的思考。這個階段有了一些相當有力，但猶甚模稜的文化自覺和反思。但在本文的主題下，我無法兼及這一個層面。這必須留待另文討論。

❽中國學者王逢振在一九八七年曾到聖地牙哥加州大學訪問三好將夫，這是當時他特別強調的幾句話。

❾見 Robert V. Stone & Elizabeth A. Bowman, "Dialectical Ethics: A First Look at Sartre's Unpublished 1964 Rome Lecture Notes", *Social Text* B/14, p. 205.

❿ *Fabianism and the Empire* (1900)見 Annette T. Rubinstein, *The Great Tradition in English Literature: From Shakespeare to Shaw, vol. 2* (New York: Monthly Review Press, 1969) p. 908.

⓫見我的〈歷史的整體性與現代中國文學研究的再思〉一文，《歷史・傳釋・美學》(東大，一九八八)，頁二五七。

⓬請參看我的〈從跨文化的網路看現代主義〉一文，《聯合文學》五卷八期。

⓭臺灣的殖民化的情況是非常複雜的。在中國從日本手裏接收臺灣開始便有兩種，或者說三種情結，日本文化內在化的情結，中國大陸夾雜著西方文化而來的既迎還拒的情結，近二、三十年來美國在冷戰氣氛下滲透入臺灣的意識形態所構成的情結，糾纏不清，不是本文可以抽絲剝繭解決的。這方面的資料陳映眞提供得最多。請參看他的《美國統治下的臺灣》一書，《陳映眞作品全集》第三卷(人間出版社，一九八八)。

⓮見保眞〈以文會友在愛城〉記錄瘂弦先生的發言，一九八九年十一月二十五日《聯合報》副刊。

⓯ Bernard Miêge, *The Capitalization of Cultural Production* (International General, 1989), pp. 28-30.

⓰ John Kenneth Galbraith, *Economics and Public Purpose* (North American Library, 1975), p. 405.

⓱ *La Societé de consommation* (Paris: Gallimard, 1970), p. 17.

⑱同前書，頁一八。

⑲見 Susan Strusser, *Satisfaction Guaranteed: the Making of the American Mass Market* (New York: Pantheon, 1989)一書，以上論點請看以下一章 "The Politics of Packaged Products".

⑳Edgar Morin, *L'Esprit du temps* (Paris: Grosset, 1975), p. 64.

㉑Erving Goffman, *Frame Analysis: An Essay on the Organization of Experience* (Cambridge: Harvard University Press, 1974), p. 14.

都市文化與香港文學

梁秉鈞

用比喻和對照顯現現代的局限

香港都市的外貌不斷變化。從灣仔乘車往中環，擡起頭來，可以看到一幢幢新建的大廈。左邊是剛啓用的太古廣場，修路的柵欄還未移去，樓下連卡佛的時裝店和電影院已啓用了。前頭是快要落成的中國銀行，金屬的竹節拔向高空；再過去是近年才建成的滙豐銀行新廈，後現代的建築開放而外露，取代了過去穩重對稱的外貌；右邊呢，先是金鐘中心，旁邊新落成的奔達中心像一個披甲的武士，富有侵略性的外貌，遮去背後的大廈，僅露出閃閃金色的玻璃幕牆。左右兩邊的這些大廈由當中一道天橋相連，橋上露出一截木棉樹的枝梢，朵朵紅花倒映在天橋銀白色的金屬外殼上，化成抽象的紋理。

都市的發展，影響了我們對時空的觀念，對速度和距離的估計，也改變了我們的美感經驗。嶄新的物質陸續進入我們的視野，物我的關係不斷調整，重新影響了我們對外界的認知方法。過去聞一多談新詩提出「建築的美」，在今天還有人依據這點來要求新詩字數和句行的匀齊。但若當代建築的美的觀感本身也發生了變化呢？若當代的建築不以整齊、對稱、優雅、和諧、封閉爲美，生活在這些建築之間的人，很難不受到這種美感觀念的衝擊。文學作者生活在都市裏，是都市的浪蕩人，也往往較敏感地發現了都市的新奇與限制。在中國現代文學裏，張愛玲一篇散文較早地表達了這種敏感：

> 我喜歡聽市聲。比我較有詩意的人在枕上聽松濤，聽海嘯，我是非得聽見電車響才睡得著覺的，在香港山上，只有冬季裏，北風徹夜吹著常青樹，還有一點電車的韻味。長年住在鬧市裏的人大約非得出了城之後才知道他離不了一些什麼，城裏人的思想，背景是條紋布的幔子，淡淡的白條子便是行馳著的電車——平行的、匀淨的，聲響的河流，汩汩流入下意識裏去。❶

張愛玲的這段文字，很能代表一個中國作家在三、四〇年代，置身初步現代化的都市如上海和香港的一種反應。一方面，她是認同這種現代化的，她喜歡「聽市聲」，她不認同那種「松濤」和「海嘯」的詩意，但文字發展下去，逐漸從主觀的「我」的感受變成對「長年住在鬧市裏的人」的理性心理分析。張愛玲的〈公寓生活記趣〉，正如她的一些小說作品，其中部分魅力正是來自一方面對現代生活的坦然接受，沒有傷感和懷鄉；但一方面亦對現代生活種種可笑之處作出諧謔的鬼臉。她既說喜歡市聲，但亦仍然用風吹常青樹的聲音、小孩子回家等意象去比喻電車。正如公寓生活的描寫，既寫其現代化的一面，又寫其不甚徹底的現代性。張愛玲的魅力來自她敏銳寫出現代人身邊雜事的愉快性質。一兩片碎葉子黏在篋簍底上，她說「使人聯想到籬上的扁豆花」，但她接下去就說：「其實何必『聯想』呢？篋簍子的本身的美不就夠了麼？」這一刻，抛開了比喻，她突然教我們注視現代事物本身，事物本身可能具有的美。但當然，下一個段落，她又會回到聯想與比喻的網絡中，用參差的比較，從現代生活移開一段距離作出輕微的嘲諷。

篋簍子作爲現代事物當然亦有它的歷史。在我們現在身處的後現代社會裏，也許連電車聲也快要變成松濤聲一般遙遠了。但我想作者面對現代（或者後現代）社會的態度，仍然可能是帶著這種不徹底：一方面是認同，一方面是批評；一方面是留神的注視，一方面是微微的嘲諷。用比喻和對照顯現現代的局限。

都市與都市文化

都市的空間不斷變化，不斷塡入新的內容，我們對這些空間的感覺也在不斷變化。我們總是發覺，這兒有點什麼拆去了，那兒又有點什麼建起來。從灣仔到中環，一區和另一區之間的界線逐漸不是那麼分明了，範圍擴闊了。有些本來是邊緣的地方可能變成另一個中心，本來是中心的地方變成邊緣。

都市是一個包容異同的空間。裏面不只一種人、一種生活方式、一種價值標準，而是有許多不同的人、生活方式和價值標準。就像一個一個櫥窗、複合的商場，比鄰的大廈，不是由一個中心輻射出來，而是彼此並排，互相連接。你可以從一所商場走下一個地鐵車站，從美國圖書館走往一個超級市場，你發覺鞋店、酒樓、電影院和政府的辦事機構互相扣連。你輕易從文化的空間，走入商業的空間，從私人的空間，走入公衆的空間，界線模糊，它們是互相重疊，互相滲透的。在這些空間中流連，逐漸發覺很難分辨什麼是本來的、什麼是外來的；什麼是自己的、什麼是他人的；什麼是傳統的、什麼是現代的；什麼是東方的、什麼是西方的。店鋪的招牌、物品的標誌、廣告上的符號，也在使用一種混雜的文字，意蘊互涉，牽疊了不同的文化脈絡，要求對這地方的文化身分作更細密的解讀。

因爲都市是包容性的空間，所以其成員的身分是混雜而非單純的。香港的身分比其他地方的身分都要複雜。怎樣去界定香港文學和香港作者，至今仍常是一個引起爭論的問題。曾經有人以在港居住多少年、在什麼地方成長、在什麼地方發表東西、寫給哪些讀者看等作爲界定作者的標準，但這些標準也未必可以完全解釋清楚那種含混性和邊緣性。香港人相對於外國人當然是中國人，但相對於來自內地或臺灣的中國人，又好像帶一點外國的影響。他可能是四九年後來港的，對於原來在本地出生的人，他當然是「外來」或「南來」了；但對於七、八〇年代南來的，他又已經是「本地」了。他可能會說英語或普通話，但那到底不是自小熟習的言語，他最熟悉的粵語，卻不方便使用於書寫；他念書時背誦古文，到社會工作卻得熟悉商業信札的格式、廣告文字的諧謔與簡略，這種文字上的混雜不純也是文化身分的一個縮影。香港作者崑南一九六三年發表的〈旗向〉一詩，是一個例子：

之故
起來（不願做奴隸的人們）
噫　花天兮花天兮

TO WHOM IT MAY CONCERN
This is to certify that
閣下誠咭片者　股票者
畢生擲毫於忘寢之文字
與氣候寒暄（公曆年月日星期）
「詰旦 Luckie 參與賽事」
電話器之近安與咖啡或茶
成閣下之材料——飛黃騰達之材料
敬啓者　閣下夢夢中國否
汝之肌革黃乎　眼瞳黑乎[2]

詩中這段文字是由古文、商業信札用語、歌曲、英文公函、賽馬報導等的語氣糅合而成，嘲弄中未嘗沒有辛酸。如果說這是都市文化的產品，那不僅是因爲寫及的世界是充滿了咭片、股票、寒暄、賽事、電話、近安、材料、飛黃騰達等商業社會的用語，更是利用拼貼和陌生化的效果，突出只由這種文字構成的世界的荒謬。在諧謔與怪異底下，從這現代化的都市文化裏面作出顛覆。

香港作者對自己身分的反省，當然亦有各種不同態度、不同方法。一種做法是與其他時空的比較來界定，或者從他人的關聯中回頭反省自己，從自己所「不是什麼」來界定自己是什麼。對於文化身分的追尋，往往亦從如何描繪「他人」開始。這「他人」可能是其他來到這片土地上的人，也可能是離開這片土地所遇到的種種不同的人。香港作爲一個國際性的現代都市，自然提供種種的「來」與「去」方便，在流放與歸來之間，各式各樣的人物亦可借作追尋文化身分的種種襯照。

從最近出版的《香港短篇小說選》中，也可以找到不少例子說明這一點❸。比方海辛的〈最後的古俗迎親〉，寫的是浪子的歸來，也可說似是「尋根」。小說寫一個遊子回到闊別二十載的老村。這個「回歸」的母題自然令人想到對傳統的肯定；他也終於跟當年父母爲他娶的童養媳結婚，接受在老祖屋那張祖傳大床洞房，舉行古俗迎親的儀式。值得注意的是，無疑問地接受傳統習俗之下，其實亦有許多事變了：媳婦離家被賣作雛妓，舊村已變成受保護的文物古蹟，而這迎親的古俗，正如題目指出，已是「最後」的了。

海辛這小說好像是「鄉土」，但其實是正視了「現代」，甚至進而暗示「鄉土」之逐漸變爲不可能。集中另一篇，羅貴祥的〈劇作家裏面的劇作家〉表面上是後現代，與傳統無關，但另一方面，思考的亦正是傳統的問題。這小說從荒誕開始：劇作家挖掘到死去五百年的劇作家的骸骨，爲它重造肌膚，然後自己像穿衣服一樣躲進裏面把它穿起來。劇作家閉門創作緊密配合時代的戲劇，編製一幅壯觀的地圖，動員無數人來演戲，最後又因爲禁令而致所有東西只能演出一半。在表面無稽的情節底下，亦教人想到基本與傳統和現代、現實、社會、政治、禁制等諸種問題。

〈劇作家裏面的劇作家〉中有關香港的細節，全在附錄部分。香港人身分的思考，也見於不同角度的視野。慕翼的〈失妻〉以南來的角度看香港，西西的〈堊牆〉從香港的角度看大陸。施叔青〈夾縫之間〉的主角是留美後回來香港工作的臺灣人，處於美國上司、大陸幹部、臺灣父親、印度律師及香港商人之間，題目「夾縫之間」已明說了身分認同的尷尬。松木〈從康樂大廈跳下來的人〉突出了觀看角度，更有效地寫出幾種香港人對內地人的看法。吳煦斌的〈暈倒在水池旁邊的一個印第安人〉寫一個香港留學生對一個印第安人的認同與感情，用敍述者含蓄的感受以襯托同是異鄉人的放逐感。陶然〈海的子民〉雖然不是用第一人身寫法，但也集中在主角阮文進的感受，所以提供了一個比較同情的角度看越南難民。

劉以鬯的〈不，不能再分開了！〉寫的是分隔海峽兩岸的一對夫婦團聚的經過。在這表面平凡的故事底下，正是敍事的方法和角度，帶來了身分的反省，有比較深刻的視野。這小說不是從臺灣來的丈夫也不是從大陸來的太太的角度說，而是從生活在香港的侄女的角度說出來。這避免了過分煽情的處理，避免純粹由當事人以感情爲焦點看這事，另一方面也不完全是新聞式的第三人身報導。如果推展一下，我們可說這是香港人的角度，一個比較平實而不高蹈的角度，可以從現實觀察人物（如寫姑丈的焦急，寫他要去解手，咖啡忘記放糖，用手指放進衣領中等細節襯托性格，能夠具體而非概念化，更成功地寫出人物來），也是從現實情況去理解及提供解決辦法。在小說的結尾，是用一個「非法」而「符合人情」的方法去解決了問題。這當然也反襯了「法」的不合人情之處。但這不是以教訓語氣說出，完全是敍事角度、處理故事的方法，爲這故事提供了深一層的意義。

香港與現代化

在香港從事文學創作，下筆之前，其實並沒有想：寫的是西化文學、中國氣派的文學？寫的是城市文學、鄉土文學？是通俗文學、嚴肅文學？是香港這特殊的地方限制了也豐富了我們。各種文化交匯成複雜的網路，不見得可以逍遙網外。我們讀古典也讀西方的著作，看當代中外的電影。但除了文學作品，在日常生活裏，在報刊中，當然也大量接觸到影藝的訊息、時裝、漫畫、流行曲，每份報紙有不同的立場，因而報導出不同的新聞，寫出不同的社論。你可以看傳統戲曲，聽古典音樂，但也一定聽過梅豔芳、譚詠麟、達明一派。扭開電視，各種各樣的訊息傳到家裏，各種形象和詞彙無形地滲入生活中。周潤發的形象，從爲廉署拍的短片中的知識份子形象到《狂潮》的邵華山到近期電影中「爛撻撻」的船頭尺形象，似乎比任何政治人物更能說出一個時代的轉變。這些形象以眞人大小的尺寸在地鐵的廣告上招展輪換，然後又過去了；又出現了其他的顏色、另外的形象。生活在這一切之間，要擺出一個絕對「雅」的姿態，排斥一切「俗」的東西，唯恐被外界污染，這根本沒有可能，因爲沒有人可以活在一個與外界隔絕的眞空裏。但倒過來，若無條件接受一切，追隨潮流，那也是盲目罷了。那裏面必然需要一個不斷選擇、不斷思考的過程。我們也需要更多的參照比較、更多思辯討論，幫助我們理解和選擇。香港作爲一個國際性都市，所接觸到的東西越來越複雜，很難再以孤立的、單向的、平面的方法去了解。香港面對的問題也可能是其他城市現在或將來面對的問題。在最近舉行的「文學創作、文化反思」會議上，本來是對當前新時期中國小說的反省，但在韓少功、李杭育這些小說家的發言中，我們也聽到商業化傾向對文學影響的問題，大陸作者也如香港作者一樣，逐漸面對商業社會帶來的種種衝擊了。

在這樣的情況下，我們目前需要的不是劃清界線，而是理解本質；不是需要狹隘的排他或虛假的包容，而是需要更多更好的方法，幫助我們分析文化，評論文學。對於流行文化出現的背景、生產的方法，與社會的關係等等，都需要進一步的了解，每一範圍有它的專業性和獨特性，也需要專門方法探討、比較優劣，若隨便歸類爲文學，徒然忽略了其主要特色。但另一個極端，即涇渭分明地先設了精緻文化和通俗文化的截然二分，也有危險，這樣也把問題簡化了，漠視我們生存環境中兩者互相滲透互相影響的實況。而且光作劃分，並不能令我們更好地了解文學，也不能更透徹地了解文化，目前要做的事，恐怕還是細察現象、剖析本質吧。

香港比較文學學會最近舉辦的「都市・香港・文化」研討會是這方面的一個嘗試❹。首先嘗試比較認眞地討論了粵曲、武俠小說、流行小說的策略與性別處理的問題，也討論了詩與城市、文學與流行文化之間的關係，是探討香港文化與文學關係的第一步。

都市文化的多元性

都市文化的一個特色，是資訊流通、選擇豐富。在香港可以看到來自世界各地的報刊、錄像，可以看到各種不同意見的傳媒，如果善於吸收，自然有助於從多角度立體化地看待事物，比較分析。但傳媒一般亦受制於商業或其他大企業勢力，結果不同意見的流通量不一定很廣，對事物的批評和反省未必是商業文化的主流所能包容的。所以如果就表面看，就這樣隨便翻閱，也許對這城市的印象就是一堆堆熱鬧的統計數字，就是五花八門的框框文章，說的都是常見的觀點。這樣看表面是歌頌了都市的繁華，但其實可能抹煞了都市本來可能具有的多元性；只是被動地接受了宣傳的效果，沒有善用都市裏可以主動選擇和比較的自由。

我們在香港長大，自然習慣了每天看很多份報紙，很早就慣於面對各種不同政治立場，不同程度地受商業化滲染的報刊，以及嘗試參照補充、選擇比較。報刊無疑是都市的產物，傳播都市生活的訊息，凝聚都市生活的意識形態。正如雷蒙・威廉斯所說：十八世紀的布爾喬亞報紙是一偉大發明，因爲更迅速而有效地傳播訊息，打破壟斷；但一旦僵化而被收買被控制，也會變成政治和商業權勢的工具。

香港的報刊是幫助我們了解香港文化的一個重點。五、六〇年代報上開始流行的武俠小說，也是報刊連載的產物，每日一般以情節和武功吸引讀者，逐漸也發展出較新鮮的人物塑造。但每日結束時總留下懸疑，以「欲知後事如何，請聽下回分解」的方法吸引讀者看下去。這顯示了報紙這一發表形式的優點（有更多的讀者、作品能更迅速地傳達到讀者手中，作者和讀者有更親切更直接的關係），但可能也有它的限制（由寫作到發表的時間比較匆促，內涵或思想比較未發展成熟，更多的心思用在如何吸引讀者的注意力，要不斷想出新奇的主意來刺激讀者的好奇）。這些優點和限制，也在今日流行的框框雜文中見到，自然亦有些作者做得較好，超越了限制。

在文學雜誌缺乏的階段，報章補充了空缺，變成文學作品發表的場所。報紙因爲容量和多面性，有時反可以避免了同人雜誌或政經、娛樂雜誌的單一性傾向，留下不少空隙。又或者因爲需要大量稿件和付出較廉價稿費，有時亦容許了一些新人和不同意見的作品，反而沒有雜誌那麼整齊統一，可能排他性較不明顯。發表形式當然也會影響到部分作品，文字比較草率，結構比較鬆散，都是可能的缺點，但也有作者看到這些限制，力求突破。香港文學中一些相當優秀的長篇小說，如劉以鬯的《酒徒》和西西的《我城》都是先在報上連載；但當然一些草率最無聊的作品，亦每日充斥報上。由此可見報章這媒介的多元性，我們實在需要仔細分析，需要更多嚴肅的評論。

都市的傳媒有傳達訊息的功能，亦有娛樂的功能。外來的遊客可能主要接觸到大量的娛樂雜誌、馬經、電臺上的流行曲點唱，或者電視上《歡樂今宵》、《今夜不設防》之類的節目。一個在本地生活得夠久而又對文學和文化關心的人，就會注意到艱苦經營的文學雜誌，一份停了一份又接著辦下去的詩刊，以及偶然在綜合性刊物上出現的文藝篇幅；在電臺上其實也有《文學花園》和《開卷樂》等節目，介紹當代各地的中文作品。電視臺煽情和媚俗的作品當然不少，但如果認眞留意，也會發覺其中有少量抗衡的作品。香港電臺電視部戲劇組過去的《獅子山下》拍了不少平實地刻劃香港社會的作品，也出了不少優秀的編導如方育平、黃志、許鞍華等，他們後來進入香港電影界，也成爲一股新浪潮；香港電臺電視部戲劇組八七年的《小說家族》更嘗試改編香港作者的文學作品，拍成十二輯電視節目，不但推廣了文學作品❺，亦是影視與小說對話的一個新嘗試。八〇年代以來，綜合媒介的合作還包括有文學改編戲劇的劇季、詩畫展覽、詩舞、畫的綜合演出等，超媒體的合作是文藝上的實驗、不同媒體的交流以外，亦是嘗試超越各媒體商業化用途的限制，對潮流有所抗衡。都市文化可貴的地方，本來就在這種多樣性多元化，不致把文藝定於一尊，好教那些不滿意一個格式的文藝工作者，可以發展其他的可能。在戲劇方面，目前從最傳統的、最商業化的，到最實驗性的，打破故事、情節、人物的慣例而以動作、聲音、意象、氣氛爲主的作品，都同時存在。小劇場的增多，也推動了演出的多樣性。

都市文化的多元性，並不是裝飾性的錦上添花，而是實在經過一元化的單調和壓抑而覺得不滿，或者感到狹隘的類別已經無法容得下現實的實踐，不能不另闢表達的途徑。都市生活的好處，正在於它可以提供許多可能。報上的專欄，有不少在重複社會上許多成見，人云亦云，把一些習以爲常的觀點說了又說，從來也不去懷疑。但也有些比較敏銳的作者，會對流行的思考方法提出反省。比方最近一份晚報的週日附刊，做了一個「突破傳統角色的男女」的專題，在基本的生活層面上，爲社會傳統觀念下的婚姻、戀愛和育兒問題，平實地刻劃了另外的模式❻。事實上，近年亦有一些作者，開始比較踏實地從事文化評論的工作，能夠在都市生活和文化方面提出不同意見，對流行文化做出分析和批評。近期一份電影雜誌的改版號中增闢了一個名爲「閱讀都市」的文化評論之頁，其中包括談越南問題、錄影、流行音樂、電視、文學等，提出了不少不同於一般傳播媒介中看到的觀點。其中一篇提到新聞分析節目存在於大機構中的限制時，甚至呼籲推動錄影製作，提出建立另類電臺的可能，認爲「錄影科技是能導致社會民主化的一種科技」[7]。這是既看到都市文化的限制，又嘗試提議運用現代都市帶來的可能。

在出版方面，出版的集團化和商業化，亦把書籍進一步變成消費的商品經營。過去對文學或書本的觀念亦進一步受到衝擊。過去是一位作者有感而發，窮年累月寫成他的名著，由出版社發現而出版，讀者讀了覺得有所啓發，把書放在書架上，有空又再反覆閱讀。但在消費社會裏，變成是市場經理調查及預測讀者口味，設計方向，找來適合的文學生產者實踐，完成的產品再利用連鎖店發行，產品主要用以消費，並不鼓勵保存，方便消費者一兩個星期後再在便利店中選購另一批新產品。針對這類現象，一些年輕的文化評論者亦曾舉辦「口袋書與文化煩惱」座談會[8]，會上對這種文化現象有所探討，亦有對流行書如《小男人周記》等的意識做進一步的剖析。「口袋書」一詞也許不足以代表目前這類消費商品的特色，口袋書本是一個中性的名詞，在現代都市興起，有方便、廉宜、普及、親切的原意，英國的企鵝叢書、日本的岩波叢書，都以此作爲普及知識、推廣文化的手段。香港目前某些出版商，其實只是在口袋書的種種可能性中，只取其輕、薄、短、小的一面加以發展，以水準不高的專欄零碎湊合成書，以電臺錄音粗略地照錄成章，進一步地把書本「非書化」。對此做出檢討和批評，不一定需要否定都市普及出版本及可能具有的種種可能，正如口袋書的本身，本來亦可以有抗衡的潛力，端看如何運用罷了。

註 釋

❶張愛玲〈公寓生活記趣〉，原刊《天地月刊》一九四三年第三期，收入《流言》（臺北：皇冠，一九六八年重印），頁二六。

❷《好望角》第六期（一九六三年五月二十日），頁三。

❸馮偉才編《香港短篇小說選 一九八四——一九八五》（香港：三聯，一九八五）。

❹香港比較文學學會主辦「都市、香港、文化」研討會，一九八九年一月二十八日在中大馮景禧樓太古堂舉行，講者有陳少紅、陳清僑、羅貴祥、容世誠、馬國明、梁秉鈞等。

❺《小說家族》（香港：天地，一九八八）。

❻《星島晚報》的《星期日雜誌》，一九八九年三月五日。

❼如秀〈從《相對論》停播想起〉，見《電影》雙週刊，一九八九年三月九日。

❽一九八九年三月十八日在中華文化促進中心舉行，講者有馬國明、羅貴祥、邵國華、馮偉才、朗天等。

「發現臺灣」

——建構臺灣後殖民論述

邱貴芬

本文嘗試以後殖民論述觀點看待臺灣文學，首先強調，臺灣過去幾百年的歷史、文化、演進，主要基於外來殖民者與本土被殖民者之間文化和語言衝突、交流的互動模式。臺灣文學流變過程中，文學典律的形成與重建和臺灣的被殖民經驗有密切關係，從抗日文學、反共抗俄文學、現代文學、鄉土文學到目前臺灣的種種文學活動，臺灣文學的流變處處顯示政治氣候對臺灣文學生態的影響。論臺灣文學不可忽視文學體制與權力政治投資之間的密切關係，討論臺灣社會的權力投資形態不可將之自臺灣的被殖民經驗抽離。

本文以後殖民論述抵中心(de-centring)觀點出發，一方面抵制殖民文化透過強勢政治運作，在臺灣建立的文學典律，另一方面亦拒絕激進倡導抵殖民(de-colonization)文化運動者所提倡的「回歸殖民前文化語言」的論調。如果臺灣的歷史是一部被殖民史，臺灣文化自古以來便呈「跨文化」的雜燴特性，在不同文化對立、妥協、再生的歷史過程中演進。一個「純」

鄉土、「純」臺灣本土的文化、語言從來不曾存在過。本文以此論點爲理論基礎，首先討論後殖民時代有關臺灣文學典律瓦解與重建的問題，隨後討論王禎和《玫瑰玫瑰我愛你》如何呈現後殖民文學精神。小說透過語言運作，一方面凸顯臺灣被殖民經驗所塑成的臺灣語言，另一方面以種種「抵中心」的語言姿態批判、顚覆殖民者文化本位的思考模式。

一、從殖民到後殖民論述：後殖民時代臺灣文學典律的瓦解與重建

「發現臺灣」似乎是一九九二年臺灣政治文化的一個熱門話題。《天下雜誌》九一年歲末的一本專刊以「發現臺灣」爲標題。既謂「發現」，顯然臺灣過去一直處於被遺忘的狀態。臺灣的過去被遺忘。李鴻禧爲自立報系出版的「臺灣經驗四十年系列叢書」所寫的序裏，慨嘆老一輩的臺灣人對日本歷史略知一二，新生代對中國歷史所知甚詳，唯獨臺灣歷史是這個社會被遺忘（被壓抑）的羣體記憶。臺灣原本有史，只是幾百年來的被殖民經驗迫使它的歷史回憶被壓抑放逐。在解嚴之前，「臺灣」兩個字是禁忌符號。不管在日據時代或政府遷臺後的數十年間，尋根溯史的工作動輒得咎（彭瑞金，頁三三—六九；葉石濤，一九九〇，頁一三），臺灣的歷史遂有失落之虞。一直要等到最近行政院蒐集並公布二二八史料，臺灣塵封的過去才有再被發現，被合法納入官方論述的跡象。

「無史」、「歷史消跡」是所有被殖民社會的共同經驗。最近一篇討論英人「發現」新大陸殖民論述問題的文章裏，作者辯證，英人「發現新大陸」，事實上，「發現」只是個藉論述行爲產生於文字的動作。在英國人「發現」「新」大陸之前，「新」大陸早已不新，早已存在，早已擁有自己的人民及歷史文化。但是，在英人「發現新大陸」的這個歷史時刻裏，「新」大陸也同時發現它頓時化爲一張白紙，它原有的歷史、文化從此消跡，從此印在這張紙上的將是殖民者所記載的歷史(Montrose)。「無史」是所有被殖民社會的歷史。而重建、重新發現被消跡的歷史，則是所有被殖民社會步入後殖民時代，從事「抵殖民」文化建設工作的第一步(Ashcroft)。

但是，歷史放逐不過是殖民論述引發的衆多效應之一。以後殖民地觀點討論臺灣的文化論述活動，必然面對臺灣文學典律和其被殖民經驗的密切關係。典律(canon)一詞，根據西方學者考證，源於希臘文kanon，意爲量杖，後引申爲律法，乃教堂用以分辨「正統」與「異端」，篩選宗教經典的一套原則。典律的形成因而極具排他性，和宗教正統(orthodox)的建立息息相關。典律的運作因而具有某種政治意義(Kermode, Guillory)。文學典律的形成運作亦然。Arnold Krupat認爲典律和其他文化產品一樣，無法排除意識形態的介入。典律運作並非單純地篩選所謂最好的作品，而往往有意無意間將強勢意識形態產品加以美學包裝，供大衆消費，間接鞏固強勢文化。

Henry Louis Gates 即宣稱傳授文學事實上即是傳授一套美學和政治的秩序(頁二四)，文學活動無法避免政治干預。近年來，已有不少女性主義批評者和少數民族文學研究者詳細剖析政治介入典律運作的情形(Showalter, Kolodny, Krupt, Henry Louis Gates, Jr. Saldivar)，此處不庸贅言。

誠然，文學批評絕不能輕率地化約爲不同政治團體權力鬥爭的文化劇碼而已(Altieri 頁四一)，但是，文學活動只是文化論述的一環，不可能脫離意識形態錯綜糾纏的廣大網絡而超然獨立。文學典律的形成固然不取決於任何個人的品味或利益團體的壟斷，但卻和文化產品的創作、再製，及市場消費有必然關係。換言之，討論典律亦即討論外在種種社會體制在文學作品的產生、流傳、消費過程裏所扮演的角色(Guillory 頁二三七)。

就本文關切的臺灣文學典律問題而言，臺灣的被殖民經驗不僅影響臺灣文學作品的創作情形，更在作品消費和評斷上扮演不可忽視的角色。不少學者在提及臺灣的被殖民經驗時，總將這段經驗鎖定於日據時代（馬森）。但是，如果我們瀏覽臺灣過去的歲月，我們發現臺灣自鄭氏父子時代，歷經天津條約的開港時期、日據時代，到國民政府遷臺初期，一直持續扮演被殖民的角色。數百年中臺灣的執政者多以此地爲經濟資源之地，鮮少作久留之計（《天下》，林鐘雄）。此處，「被殖民」經驗已不限於兩國相爭所產生的政治效應。在後現代用法裏，被殖民者乃是被迫居於依賴、邊緣地位的羣體，被處於優勢的政治團體統治，並被視爲較統治者略遜一籌的次等人種(Said 一九八九，頁二〇七)。以此爲定義，臺灣的被殖民經驗不僅限於日據時代，更需上下延伸，長達數百年。後殖民文學論述者指出，殖民壓迫的最大特色即是將語言書寫化爲文化意識鬥爭的戰場(Ashcroft; Said 一九八九)。殖民者透過強烈政治運作，壟斷媒體，並且樹立己方語言系統的權威，打壓被殖民者的語言文化。日據時代，一九三七年日本總督府下令廢止漢文，強力壓縮臺灣作家的思想寫作空間即是一例。而國民政府遷臺初期的種種策略無異複製了臺灣日據時代的被殖民夢魘。「綏靖工作」大量關閉臺灣報社，以外省作家主掌報刊雜誌編輯（彭，頁四四—四六）。媒體壟斷和國語本位政策的推行不僅主宰臺灣文學往後數十年間的發展，更決定了臺灣文學典律的運作。在外省編輯主掌文學管道和國語本位的文學生態裏，臺灣本地作家揉合鄉土俗語、日文、漢文的文學語言往往被斥爲摻有日本殖民遺毒的不正確中文（彭，頁五四—五八）。本省作家往往遭受退稿經驗，作品既無管道問世，自然更難得流傳。如是，臺灣文學的創作與消費均受深富政治意義的語言政策影響。閱讀作品本是種社會活動，讀者對作品的反應絕非完全訴諸所謂客觀的美學標準(Spivak 頁五〇；Schweichart)。讀者面對作品時，潛藏於文學品味之中的政治因素便浮上檯面。戰後臺灣文學典律的運作並非是單純脫離意識形態的篩選作品的過程而已。作爲典律運作基礎的美學品味乃建立於國語本位之上，而語言政策，就後殖民論述觀點論之，所關並非單純的語言問題，而是一個本身即極富意義和影響力的政治動作(Ashcroft, Zentella)。鄉土文學論戰裏，從語言牽扯出來的意識形態糾結和有關臺灣文學傳統的種種問題強力印證臺灣文學典律運作和政治不可切分的關係（尉天驄）。

如果臺灣文學典律的形成與運作深受其被殖民經驗影響，那麼，文化工作者將如何建構臺灣後殖民論述架構，瓦解築於殖民論述的臺灣文學典律？後殖民理論家認爲，後殖民論述脫胎於被殖民經驗，強調和殖民勢力之間的張力，並抵制殖民者本位論述(Ashcroft 頁二)。換言之，後殖民論述有兩大特點。第一，對被殖民經驗的反省。第二，拒絕殖民勢力的主宰，並抵制以殖民者爲中心的論述觀點。如果我們將後殖民論述納入一個更寬廣的文化思考空間，我們發現後殖民論述呼應了後現代文化「抵中心」(de-centring)的強烈傾向。後現代文化強調文化的差異多樣性，並以文化異質爲貴。後現代文化「抵中心」論一一解構各類中心論——包括男性中心論、異性戀中心論、歐洲中心論、白人中心論等等——的迷思以及潛藏於此類迷思之中的政治意義(Hutcheon 一九八八)。此「抵中心」傾向可謂後殖民論述的原動力。被殖民者在殖民論述裏，往往被迫扮演邊緣角色。當不同文化對立衝突時，勢力強大的一方經常透過論述來「了解、控制、操縱，甚至歸納對方那個不同的世界」(Said 一九七九，頁一二)。這個論述行爲往往以強勢文化團體爲中心觀點，把弱勢文化納入己方營建的論述，並藉政治運作壟斷媒體，迫使對方消音，辯解不得其門(Said 一九八五)。位居劣勢的一方唯有抵抗「消音」(Silencing)，抵制以對方爲中心觀點的論述，才有奪回主體位置，脫離弱勢邊緣命運的可能。臺灣歷史的失落和文學典律涉及的語言階級正是此類殖民「消音」動作之成果。

以「抵中心」出發的後殖民論述因而視論述架構之重整爲當務之急。殖民壓迫既然透過語言階級制完成，後殖民論述意圖瓦解殖民壓迫自然要從瓦解語言階級著手。在策略上，後殖民論述更替、並重新定位語言(re-placing language)。主要步驟有二：第一，抵制殖民語言本位論調；第二，進行語言文化整合，建構足以表達本身被殖民經驗的語言(Ashcroft 頁三八)。運用於臺灣文學論述之上，亦即破除國語本位政策所造成的語言階層迷思，並以臺灣經驗出發，定義最足以貼切表達臺灣經驗的臺灣語言。就前者而言，拒絕國語本位的文學論調更可延伸成爲抵制中國本位的文學觀。此類文學觀對臺灣文學所造成的窘境可從王德威最近一篇論文〈現代中國小說研究在西方〉裏所提及的經驗略見眉目。當王德威在一場討論中國文學會議裏企圖把臺灣的鄉土文學納入中國文學視野時，他的英國講評人「以一種非常犬儒的口氣暗示：臺灣根本沒什麼東西，我何必多費唇舌?……他在會場上還特別念了一段李永平的作品，然後以一種訕笑的態度說：這樣的作品，連文字都寫不好，我們怎麼能夠拿來當作是當代中國文學的傑作來討論呢?」(頁一四)文學意爲學文，Literature 意爲 the culture of letters，文字的培育(Krupt 一九八四，頁三一〇)。文學首重文字，海峽兩岸隔離四十多年，其間語言的發展日趨分歧已是不爭的事實。在中國本位學者眼裏，大陸以外地區之中文必不純正，其文學作品必難和大陸本土中文作品媲美。臺灣的國語（中文）是名副其實的臺灣國語，是拙劣的次等中文。強調中國語文的正統權威性，強將臺灣文學納入中國文學傳統，則以中國美學標準衡量，臺灣文學充其量只是次等邊疆文學，無法與發展於大陸人文薈萃中心的正統文學相比。

後殖民論述 re-placing language 的動作因而重新定位語言，破除「國語是正確中文」的迷思。流行於臺灣的國語事實上已結合了臺灣經驗，背負了臺灣被殖民歷史，是臺灣的語文，和世人所稱正統中文頗有差距。國語的權威性既被瓦解，以往國語本位政策所造成的語言階級制度裏被壓抑貶低的語言自然亦得解放。re-placing language 的另一意義爲語言更替。在摒棄「國語爲臺灣正統語言」的同時，我們亦需思考取代國語的臺灣語言爲何。不少後殖民論述者認爲，後殖民社會「抵殖民化」運動並非回歸殖民前文化。以臺灣爲例，如果臺灣的歷史是一部被殖民史，則臺灣文化一向是文化雜燴，「跨文化」是臺灣文化的特性，「跨語言」是臺灣語言的特質。在破除殖民本位迷思的同時，我們亦需破除「回歸殖民前淨土淨語」的迷思。一個「純」鄉土、「純」臺灣本土的文化、語言事實上從未存在過。所謂「殖民前」的臺灣語言早已是多種文化語言的混合。G. C. Spivak 論文化再現問題，認爲所謂的「印度特質」(India-ness) 並非一個既存的實質，而是代表一個政治立場（頁三九）。同樣的，所謂的「臺灣本質」所指亦只是抵制中國語文本位主義的一個立場，「臺灣本質」事實上等於臺灣被殖民經驗裏所有不同文化異質(difference)的全部。臺灣語不是俗稱臺語的「福佬話」，企圖以福佬話取代國語的權威正統性，無異複製另一版本的殖民壓迫。此一問題，李喬和彭瑞金在最近一期的《臺語文摘》已詳加闡述，此處不贅。

Bill Ashcroft 等人談論後殖民社會，認爲「後殖民社會是個從文化對立轉爲以平等地位對待並接受彼此文化差異的世界。文學理論家和文化歷史學者逐漸意識到，建設和穩定後殖民世界的基礎在於『跨文化性』；對跨文化性的共識可能終止人類被『純種』迷思所惑所造成的互相鬥爭歷史」（頁三六）。臺灣從殖民進入後殖民時代，必須達成「臺灣文化即是跨文化」的共識，藉以超越殖民／被殖民的惡質政治思考模式。兼容並蓄才能讓我們眞正擺脫被殖民的夢魘。有此共識，則臺灣語是揉合了國語、福佬話、日語、英語、客家語及其他所有流行於臺灣社會的語文；而臺灣文學，如葉石濤定義，是「不受膚色和語言等的束縛……是以『臺灣爲中心』寫出來的作品。」

馬森論臺灣文學，強調作家創作的自由和政治超然的態度。但是，論述本身是個社會活動，不可避免採取立場。Macdonell 便認爲「論述不是作者個人透過語言表達自我的行動。只有在（意識形態）對立衝突的關係中，文字的意義方能產生，論述方能完成」（頁四七）。Spivak 亦認爲所謂「中立的對話」(neutral dialogue)是不可能產生的狀況（頁七二），作家的活動必然在意識形態架構裏方得產生。誠然，文學不必也不該淪爲政治附庸，但否認文學活動必然隱含作者意識形態立場的問題，徒陷入新批評的美學迷思。後殖民論述以抵殖民出發，本身即是個政治行爲。以後殖民論述觀點討論臺灣文學，是對臺灣典律問題的反省，在此反省過程中，迴避政治問題，否認政治因素與臺灣典律運作的關係，毋寧是自欺欺人的做法。

二、《玫瑰玫瑰我愛你》和臺灣後殖民文學

底下，我將以王禎和《玫瑰玫瑰我愛你》爲例，看看後殖民論述理論如何實際運用於文學作品閱讀。我將著重這部作品的幾個層面，討論此小說展現的後殖民文學色彩。《玫瑰》自一九八四出版以來，毀譽參半，龍應台和王德威可謂評者兩極反應的代表。龍應台的批評固然暴露了寫實本位傳統批評的局限，王德威所謂《玫瑰》意求「渾然忘我」的笑鬧境界的論調亦未免簡化了此部小說複雜微妙的意識形態布局。在迴避本書的政治問題之時，王德威亦將一本嚴肅思考臺灣文化傳統問題的文學論述化約爲「博君一笑」的笑話而已。以後殖民論述觀點閱讀《玫瑰》，我們將發現本書不僅意在「把歡樂撒滿人間」（王，一九八八，頁二四〇），更在笑鬧聲中從事臺灣文化歷史傳統的批判。

㈠小說論述的「抵殖民化」傾向

這部小說的時空背景是數十年前的花蓮。擁有高等學歷，外文系畢業的英文老師董斯文受花蓮地方權勢人物之託，開設一班以當地妓女爲訓練對象的吧女速成班，準備迎接從越南來臺度假的美國越戰大兵，進行一宗以性易金的國民外交。從後殖民論述觀點而言，小說劇情以嬉笑怒罵的方式演出幾百年來臺灣被殖民史裏外銷主導的商品貿易經濟模式。自鄭芝龍以降，統治臺灣者往往採殖民經濟政策，外銷臺灣本土資源（天下，林鐘雄）。「玫瑰」所敍述的妓女美軍間的國際貿易正諧擬了(parody)臺灣被殖民歷史裏的基本經濟模式。小說裏，本土資源是花蓮妓女。妓女被當作臺灣商品推銷給美軍。事實上，吧女訓練班的全套課程設計（包括英語、國際禮儀、美國文化簡介、中國文明概論、生理衛生、法律課、基督教祈禱方法等等）完全本於商品行銷的包裝設計概念。龜公大鼻獅轉述董斯文的話給他姘婦聽時，「妓女等於商品」的概念表露無遺：

> ……他講什麼？他講做生意最重要的一個原則就是要先確確實實了解我們要推銷的是什麼樣的商品。了解了以後，便要了解我們商品的銷售對象——你聽莫，他的意思是：先要決定你的商品要賣給誰。這樣講，懂了吧！講了一大篇產銷理論……他講，現在我

問各位一個問題。我們要推銷的商品是什麼？是吧女？對不對？——吧女是人怎麼是商品？你問得好，但是這是那斯文老師講的呀！……（頁一六九）

Montrose 指出，殖民論述常以性別區分爲架構。具侵略性的殖民者被化爲男性，被殖民者被區分爲女性。往往土地被女性化，征服一塊土地和征服女人在殖民論述裏經常具有類似的象徵意義。從鄉土論戰開始，即不斷有人提出「反美帝、反經濟殖民」的理論。小說裏以妓女爲商品換取美金外資的經濟活動可視爲臺灣淪爲美國次殖民地的表徵。在殖民論述裏，被殖民的一方，不論男女，都被女性化。吧女訓練班主任董斯文考慮周詳，爲了應付美國大兵可能的需求，除了準備一羣如花似玉的年輕妓女，還想預備幾位年輕男性和年紀稍長的女人。爲了實現這個構想，龜公老鴇競相提供親人，甚至連自己的兒子姘婦都列上名單。小說暗示，臺灣既是美國的次殖民地，臺灣人面對美國大兵時，不管男人女人，妓女非妓女，都扮演被嫖的女性角色。就小說情節而言，「玫瑰」挖苦臺灣人被殖民的奴性。在此範圍裏，美國扮演殖民角色，但是在其他層面上，扮演臺灣殖民者的不僅是美國人。小說借此隱指臺灣在歷史上輪遭蹂躪的被殖民模式。這點我在下一段討論小說語言時，將加以闡述。

(二)「抵中心」的小說語言

《玫瑰》最引人注（側）目之處，不在情節，而在小說奇特的語言。夾雜大眾日常生活低俗語言的小說文字凸顯了這部小說「抵中心」的傾向，是巴赫汀(Bakhtin)在 *Rabelais and His World* 裏所說的以「鬧熱滾滾」的大眾喧嘩笑聲抵制、瓦解官方設定的論述階級。此外，這部小說堪稱巴赫汀所謂「眾多語言的交響曲」（一九八一，頁二五九—四二二）。小說語言包羅萬象，敍述者的語言以國語爲主，兼雜臺語製造戲劇效果。除此之外，並時常將當時的語言和臺灣數十年後的語言對照並列，藉此凸顯臺灣的歷史演進。例如：

> ……你們的生活可以期許改善啊！（那時還沒有人說過「生活的品質」的話，不然董斯文一定會多加這麼一句的：啊啊！你們的生活品質隨而可以絕對地提高起來啊！）（頁六五）

又如：

> 「可是不穿衣服不是不好看嗎？」（這時節，「形象」一詞尚未流行。要不然他一定會這麼說：「可是這樣一來，不是醜化了我的形象嗎？」）（頁三七）

除了敍述者此類極富時間感的敍述語言之外，小說語言還包括了董斯文英語化的國語（如：「多麼胡說」，「我很高興你跟我同意」，「這是我的認爲」等），以及其他應劇情需要出現的日語、英語、臺灣化日語、臺灣國語、福佬話、客語等。王禎和在一場訪問裏曾提及，他之所以在這部小說裏製造如此語言雜燴，主要想忠實呈現小說世界的時代語言。從後殖民論述的觀點，我們可以說這部小說的語言事實上是臺灣幾百年來被殖民歷史的縮影，融合了臺灣的過去、現在、未來，以不同語言的混合代表臺灣被殖民史所熔鑄而成的跨文化特質。這套雜燴語言不僅道出臺灣歷史的演進，更反映了臺灣歷史裏，多種文化交錯、衝突、混合、一再蛻變重生的文化模式。

另一方面，這套雜燴式的小說語言亦可視爲一種政治姿態。多種語言交織成的小說語言無形中打破了政府遷臺以後以國語爲本位的語言階級制。原本在那個階級制裏強被壓抑的各階層人民生活語言因而得以解放，衆聲喧嘩，形成「抵中心」（de-centring）的鮮活畫面。前文提及，在國語本位論主宰文學管道的情況下，臺灣具有濃厚歷史意味，多音化的語文一直處於被壓抑的狀態，在《玫瑰》裏，這種帶有強烈臺灣特色的語言再度成爲文學語言，戲劇性地凸顯臺灣被殖民經驗裏語言之間的張力和其中隱含的文化差異。《玫瑰》裏語言雜燴的功能因而不僅在傳神刻畫小說人物。這組語言由代表不同意識形態的語言構成，其中每一種語言，每一個字都具有巴赫汀所說的「潛在對話性質」（internal dialogism）。王德威論《玫瑰》，雖一再引用巴赫汀的理論，讚賞《玫瑰》「甘居異端」（頁二四九）的想像力，卻始終忽略（迴避？）本書語言實質的政治意義。臺灣批評家面對此部政治企圖如此明顯的作品時，對其政治層面的異常沉默，著實令人玩味。Ashcroft 等人引用 Todorov 的論點，認爲言論（包括文學）管道控制所造成的強制沉默是所有被殖民社會的共有經驗。《玫瑰》藉語言雜燴突破國語本位政策規畫的單一官方論述方式，解放了被壓抑被歧視的臺灣多音言，其中的政治意義值得再三推敲。

㈢以諧擬爲底的敘述構架

《玫瑰》除了語言特異，敘述架構亦異於一般小說。本書開場描述吧女速成班開訓典禮開始時的情形，一直寫到典禮結束。小說敘述和吧女速成班的開訓典禮共始終，其間只涵蓋了四小時，但敘述當中夾雜許多倒敘，回述速成班從構想到開班的過程。

開訓典禮假花蓮一座教堂舉行，教堂名爲「得恩堂」。典禮開始，牧師娘以一首聖歌掀開序幕：「來信耶穌，來信耶穌……」（頁二一三）隨後，衆人禱告：「我們在天上的父，願人都尊您的名爲聖！」「願您的國降臨！」（頁二一三）基督教來自西方，西洋宗教侵入花蓮妓女的世界有如美軍挾帶雄厚財力登陸花蓮一樣。期待美軍到來的妓女在「得恩堂」裏祈禱，願上帝的國降臨，形成一副滑稽的諧擬場面。

禱告進行同時，吧女速成班主任董斯文正絞盡腦汁，思索他的吧女該用哪一首歌來歡迎美軍。典禮結束之前，他靈機一動，想到〈玫瑰玫瑰我愛你〉。蕭錦綿指出，這首歌原是二次世界大戰末期風行中國的歌曲，後來轉譯成英文，傳入美國。把這首深具國際文化交流意味的歌曲曲名定爲小說書名，一方面呼應董斯文所說「我們這是在替國家辦外交啊！務必拿我們最好的去款待人家」（頁一〇四）；另一方面，更諷刺地點出這宗「國際貿易」的汚染本質。小說裏明示暗喩，女人即是鮮花。董老師再三強調，精心挑選的妓女「除了年紀要像花，面貌要像花，而身子也要像花，像玉蘭花那款乾乾淨淨，不可以有一點骯髒」（頁八四）。玫瑰在書裏因此象徵如花似玉的臺灣女人。除此之外，玫瑰另有所指。書中妓女雖然熱中這筆國際交易，卻也擔心，她們除了美金之外還會附帶賺進美軍從越南帶來的超級梅毒——別號「西貢玫瑰」。爲妓女講授衛生課程的惲醫師再三警告：「西貢玫瑰。西貢玫瑰。這名字取得實在好。大家都曉得玫瑰是很美麗的花，但你要小心，玫瑰是有刺的。各位，請千萬小心，這種西貢玫瑰，這種最毒的西貢玫瑰，你們千萬不可以去摘哦！千萬不可以去愛哦！——」（頁二五七—二五八）玫瑰有刺傷人，而刺的英文 prick 正巧隱喩男人的性器！《玫瑰》描寫一宗玫瑰對玫瑰的國際交易，間接諷刺臺灣長久被殖民歷史培育出來的臺灣人急功近利，不作長久打算的心態。小說諷刺臺灣人甘爲美國次殖民地的奴性和種種醜態，但這種被殖民心態其實根於臺灣悠久的被殖民史。

小說結尾是個五彩繽紛的高潮。董斯文眼前出現一個異象：「五十名他一手精心調製出來如包裝講究的日本商品的 Bar-girls 穿著顏彩繽紛珠光四射的旗袍，穿著色澤奇麗原始味濃的山地服飾，每一個 Darling Bar-girl 都頭簪一朵盛開的鮮玫瑰，胸別一株嬌麗的紅玫瑰，整整齊齊排成三行隊伍站在碼頭上……」（頁二六四）在百人樂隊響亮的伴奏下，吧女們齊聲歡唱〈玫瑰玫瑰我愛你〉，歡迎來自越南，可能懷有「西貢玫瑰」的美軍。小說敍述裏，〈玫瑰玫瑰我愛你〉的歌詞和教堂裏莊嚴的禱告詞交織進行。小說在此聲色俱全的戲劇高潮戛然而止。吧女速成班的開訓典禮轉化爲一場宗教儀式，吧女們隱含性喻的歌詞諧擬教堂裏的禱告。不論歌詞或禱告詞都表達了一種渴望，美軍的到來和上帝國度的降臨混爲一體，臺灣人民面向西方，唱出他們渴望「得恩」的祈求。

典禮開始時，牧師娘吟唱〈來信耶穌〉。在基督教信仰裏，耶穌是上帝和人之間的媒介。信耶穌者有福了。小說裏，擔任耶穌角色，進行穿針引線工作，精心設計這宗國際貿易的正是董斯文。董老師把吧女帶入具有文化交流功能的禮拜堂，在引介西方上帝的同時也引介美軍，使吧女同時認識上帝和美軍，她們的禱告也同時對上帝和美軍發出。董老師教導吧女英文，正如耶穌傳播福音，把上帝的話語傳遞給世間子民。耶穌董斯文立志把臺灣妓女送進福樂天國，脫離貧窮苦難：

> ……最叫斯文想不到的是：搬進飯店才不到幾個小時，他竟猛然記起大學上「西洋文學概論」時教授講到聖經那一段耶穌治療痲瘋病人的奇蹟。耶穌往耶路撒冷去，經過撒瑪利亞和加利利，進入一個村子，有十個長大痲瘋的迎面而來，遠遠站著，高聲說：耶穌！夫子！可憐我們吧！耶穌看見，就對他們說：你們把身體給祭司察看。他們去的時候就潔淨了！記得這麼樣清晰！彷彿他曾親眼見過，親耳聽到。還有讓他想不到的是：記起這段故事後，他就緊接著目睹到一個異象——四、五十位四大公司的小姐，迎面而來，遠遠站著，高聲說：老師，可憐我們罷！然後他眞地開口說：啊啊！我非常十分可憐你們啊！所以我要盡我所能救贖你們啊！潔淨你們啊！傾囊相授要成功地把你們訓練成最具水準的吧女啊！每一位的你們都要用功努力，以期獲致最大的成就，職是之故，啊啊！你們的社會地位可以獲得升高啊！你們的生活可以期許改善啊！……（頁六四—六五）

值得注意的是，處處流露媚外心態的董斯文雖是作家嘲弄挖苦的對象，但這個角色亦有他正面的意義。在小說裏，董斯文推動了整個小說世界，活絡了局促一隅的花蓮，他代表的正是文化更新綿綿不絕的一股活力。這也是後殖民論述者所需思考的問題：被殖民經驗既是臺灣歷史過程，與其懷抱回歸史前淨土的烏托邦幻想，繼續彼此的仇視鬥爭，不如思考如何把歷史裏多數文化衝突對立的負數轉化成文化上的積極意義。而進行後殖民文化整合的第一步：典律的反省與重建。

參考書目

一、中文部分

王禎和《玫瑰玫瑰我愛你》（遠景，一九八四）。

王德威〈玫瑰，玫瑰，我怎麼愛你？一種讀法的介紹〉，收於《眾聲喧嘩：三○年與八○年代的中國小說》（遠流，一九八八），頁二五一—二五六。

王德威〈現代中國小說研究在西方〉，《聯合文學》八十七期（一九九二年一月），頁八—一六。

李喬〈寬廣的語言大道：對臺灣語文的思考〉，《臺語文摘》革新一號（一九九二年一月），頁一四—一六。

李鴻禧〈臺灣經驗四十年叢書序——人類寶貴的臺灣戰後歷史經驗〉，收於《臺灣經濟發展四十年》及《臺灣新文學運動四十年》文前。

林鐘雄《臺灣經濟發展四十年》，自立晚報臺灣經驗四十年叢書（一九八七年初版）。

彭瑞金《臺灣新文學運動四十年》，自立晚報臺灣經驗四十年叢書（一九九一年初版）。

彭瑞金〈請勿點燃語言的炸彈〉，《臺語文摘》革新一號（一九九二年一月），頁一七—一八。

葉石濤〈臺灣鄉土文學史導論〉，收於胡民祥所編《臺灣文學入門文選》（前衛，一九八九），頁二一—四三。

葉石濤《臺灣文學的悲情》（派色文化，一九九〇）。

尉天驄《鄉土文學討論集》（遠景，一九七八）。

龍應台〈王禎和走錯了路——評《玫瑰玫瑰我愛你》〉（爾雅，一九八五），頁七七—八二。

蕭錦綿〈滑稽多刺的玫瑰——細讀王禎和新作《玫瑰玫瑰我愛你》〉，收於王禎和《玫瑰玫瑰我愛你》文後，頁二七九—二九五。

《天下雜誌》發現臺灣專刊（一九九一年十一月）。

馬森〈「臺灣文學」的中國結與臺灣結：以小說爲例〉，《聯合文學》第八卷第五期（一九九二年三月），頁一七二—一九三。

二、英文部分

Altieri, Charles. “An Idea and Ideal of a Literary Canon,” *Canons*. Ed. Robert von Hallberg. The University of Chicago Press, 1984. pp.41-64.

Ashcroft, Bill. Gareth Griffiths, Helen Tiffin. *The Empire Writes Back: Theory and Practice in Post-colonial Literatures*. London and New York: Routledge, 1989.

Bakhtin, M. M. *The Dialogic Imagination*. Trans. Caryl Emerson and Michael Holquist. Austin: University of Texas Press, 1981.

——*Rabelais and His World*. Trans. Helene Iswolosky. Bloomington: Indiana UP 1984.

Gates, Henry Louis, Jr. "On the Rhetoric of Racism in the Profession," *Literature, Language, and Politics*. Ed. Betty Jean Craige. Athens and London: The University of Georgia Press, 1988. pp.20-26.

Guillory, John. "Canon," *Critical Terms for Literary Study*. Ed. Frank Lentricchia and Thomas McLaughlin. Chicago and London: The University of Chicago Press, 1990. pp.233-249.

Hutcheon, Linda. *A Poetics of Postmodernism: History, Theory, Fiction*. New York and London: Routledge, 1988.

——*The Politics of Postmodernism*. London and New York: Routledge, 1989.

Kermode, Frank. "Institutional Control of Interpretation," *The Art of Telling*. Cambridge: Harvard UP, 1983. pp.168-184.

Kolodny, Annette. "A Map for Rereading: Gender and the Interpretation of Literary Texts," *The New Feminist Criticism*. Ed. Elaine Showalter. New York: Pantheon Books, 1985. pp.46-62.

Krupt, Arnold. "Native American Literature and the Canon," *Canons*. pp.309-336.

——*The Voice in the Margin: Native American Literature and the Canon*. The University of

California Press, 1989.

Macdonell, Diane. *Theories of Discourse: An Introduction*. Basil Blackwell Ltd., 1987.

Montrose, Louis. "The Work of Gender in the Discourse of Discovery," *Representations* 33 (Winter 1991). pp.1-41.

Said, Edward W. *Orientalism*. First published by Pantheon Books in 1978. New York: Vintage Books, 1979.

——"An Ideology of Difference," "*Race*," *Writing, and Difference*. Ed. Henry Louis Gates, Jr. The University of Chicago Press, 1985. pp.34-56.

——"Representing the Colonized: Anthropology's Interlocutors," *Critical Inquiry* 15 (Winter 1989). pp.205-225.

Saldivar, Ramon. *Chicano Narrative: The Dialectics of Difference*. Madison: University of Wisconsin Press, 1990.

Schweichart, Patrocinio P. "Reading Ourselves: Toward a Feminist Theory of Reading," *Speaking of Gender*. Ed. Elaine Showalter. New York and London: Routledge, 1989. pp.17-44.

Showalter, Elaine. *A Literature of Their Own: British Women Novelists from Bronte to Lessing*. New Jersey: Princeton UP, 1977.

Spivak, Gayatri Chakaravorty. *The Post-colonial Critic: Interviews, Strategies, Dialogues*. Ed.

Sarah Harasym, New York and London: Routledge, 1990.

Zentella, Ana Celia. "Language Politics in the U.S.A.: The English-Only Movement," *Literature, Language, and Politics*. pp.39-53.

在解構與解體之間徘徊

——臺灣現代小說中「中國身分」的轉變

廖咸浩

一

「身分」(identity)在當代文化論述中是一個備受矚目與討論的議題。這個議題在當代的顯學地位，得自於兩方面的刺激：一方面是後結構論述對西方傳統主體觀(subjectivity)的全面檢討，另一方面則是前述檢討動搖了傳統文化霸權後，新興社羣對主體位置的欲求。因此，當代關於身分的論述，可以說是環繞著「身分的危機」而形成。也就在這種舊身分已動搖，新身分未確立的身分危機中，產生了從極好到極壞的各種文化可能性。比如文化的多樣性受到鼓舞與肯定，便是大利之一；但是，如雨後春筍般勃興的草根復興運動(grassroots revivalist movement)與民族主義運動所呈現的排他現象，則又具有相當的毀滅性(南斯拉夫的例子可謂典型)。因此，如何在此一關鍵時刻，化危機爲轉機，是當代知識份子多所思量的要務。

在此一勢不可當的全球性潮流的衝擊下，身分的危機無可避免的也成爲臺灣當代文化的重要課題之一。而其出現的模式也與當前全球性趨勢類似：一方面，霸權文化意識的鬆動，提供了多元文化的可能性；另一方面，新興的社羣意識隱然有排他與「自閉」(ghettoization)的趨勢。具體的講，臺灣的身分危機表現在兩方面：一方面，傳統「中國人」身分觀打平一切(levelling)的傾向受到了挑戰，而使原先被忽視或受壓抑的各次團體間的文化差異(cultural differences)得以顯現，但是另一方面，「吃臺灣米，喝臺灣水四十年而不會說臺語」的說法，也開始成爲知識份子的口頭禪，而使得許多人一夕之間成爲臺灣的邊緣人。到底「中國人」的屬性將如何繼續影響我們的生活，而「臺灣人」的意涵又將如何使其更周延，顯然已成爲整合臺灣社會所必須面對的迫切問題。

搖撼傳統霸權式身分觀的利器，主要來自「解構主義」式的身分觀。而排他與自閉的新社羣意識，則傾向於新本質論。後者視身分爲血統所決定，天生自然。前者則認爲身分乃是社會化的結果，並無本質。姑不論這兩種態度理論上是否完全成立，在實踐上，兩者未必全無重疊之處。「身分」其實是由「文化情感」與「現實策略」所交織而成。文化情感之中帶著一種無以名之彷若天生的固執，而現實策略則壓低包括情感在內較偏向「本質」的因素，強調以福祉或利害爲依歸。身分的形成，便是建立在這兩種態度的辯證發展上。安德森

(Benedict Anderson)所謂的「想像社羣」(imagined community)的建立，固然說明了身分的社會化根源，但是此一建立過程背後所訴諸的情感，以及以此情感爲基礎的本質論態度，也因而自然隨此過程被凸顯❶。

因此，我們在談論身分認同的時候，固然必須時時以解構的警覺，提防墮入本質論的陷阱，但也不能忽略本質論的建構能力。質言之，身分的建構一方面必須以社羣的福祉爲依歸，不能任意以各式暴力決定社羣的性格與範圍。但另一方面也必須注意，情感因素載舟覆舟，絕不可忽視。畢竟，社羣的結合的過程中，實利與感情兩種因素，本來就處於不斷互動與互相糾結的狀態中。

從較爲存在的觀點而言，身分對任何人而言本都不是明確不變的。但較大範圍的文化或政治性身分危機，則往往是在社會產生大變動的特殊狀況下較容易出現。在中華文化圈之內的社羣，自與西方接觸以來，身分已屢次出現危機。這類危機曾是某種意義上的轉機，也就是造成了民族意識的高漲，從而強化了「中國身分」的塑造❷。然而，近代中國的始終積弱，畢竟在許多方面對中國人造成了無法彌補的身分衝擊。身處中共統治範圍之外的當代「中國人」（尤其是身居臺灣與香港者）對此感受應特別深刻。

不過，雖然臺灣與香港兩者都有長久的被殖民經驗，都屬於非主流且開放性格較強的南方文化系統❸，而且都已漸具「流散文化」(diasporic culture)的面貌，但臺灣歷史上「分裂主體」(split subject)的現象似乎比香港嚴重得多[4]。並且因此形成了臺灣在中華文化圈之內罕見的身分危機。不論對急統與急獨之間的任何政治立場而言，這樣的危機其實都含蘊著空前的轉機，但若不審慎因應，對臺灣卻可能造成不可彌補的傷害。因此釐清臺灣的身分問題，應是討論臺灣前途不可或缺的一步。而本文的目的便是企圖從臺灣當代小說中尋找身分變化的脈絡，並經此對臺灣的身分意義進行建設性的省思。由於臺灣住民的身分問題，主要表現在漢人的文化現象中，因此，本文對此問題的探討，將從漢人的觀點切入。

臺灣漢人的身分問題與臺灣地處大陸邊陲有密切關係。由於地處邊陲而不受中央政府重視，以致臺灣雖早有漢人移民，但相當一段時間都在異族的統治之下。而在本族或本國的統治時期，除了明鄭以外，本地漢人也並不完全心悅誠服。因此在臺灣漢人四百多年的歷史中，民間反抗頻頻。而且，這些反抗至少在表面上都與身分認同有關。然而這並不意味著一個相對於「非臺灣」(包括中國在內) 的「臺灣身分」早已有跡可尋。事實上，除了二二八事變以外，所有的反抗運動都是以漢人意識，甚至中原意識爲基礎的反異族運動[5]。在鄭成功治臺期間，一度對朝中相對於「北伐」政策的「南進」主張，予以積極考慮，而予人官方主動對身分重新評價的印象，但這也未必等於意欲放棄「中國」的身分，雖然放棄「中原」身分的意義的確有之。因此，在臺灣歷史上，身分眞正成爲問題的時候應該是日據時代。而在當時，這個問題最具體的表現當然是吳濁流的小說《亞細亞的孤兒》[6]。

吳小說中的男主角胡太明生於相當傳統的家庭。祖父是舊式學者，對傳統文化的價值崇敬有加。胡耳濡目染，自幼即有強烈的漢人（中國）意識。然而，及齡後因爲受的是日文教育，而不免使他在科技較先進的日本文化面前感到自卑。後來甚至不知不覺對日本文化感到心儀。尤其是在他到日本求學，面對第一手的日本文化之後，更是如此。然而，日本人對臺灣人的種種歧視作風與政策，使他了然他畢竟不能眞正被日人接納。於是，他來到了他夢中的祖國。但是，有了日本經驗之後，祖國的落後讓他難以面對與接受。而且更糟糕的是，臺灣人在當時的大陸上，往往也不能被誠心接納：有時候臺灣人被認爲過於日化，不能算純粹的中國人；有時候還可能被懷疑是日本間諜而賈禍。因此，胡太明最後還是回到了臺灣，但是此刻的他對自己的身分產生了極大的疑問。故事的結尾有些曖昧，似乎暗示胡最終還是接受了中國的身分，並且偷渡回中國大陸繼續抗日。但亦有其他解釋的空間。

這本書可以說是相當能代表當時臺灣漢人在身分思考上必經的心路歷史。本書以不明確的方式結束，一方面可以看作是作者對身分思考尚無定論下的產物，另一方面也說明了當時臺灣漢人對自己身分的難以捉摸。

大致而言，臺灣的漢人住民是在眞正的異族統治了全臺之後，也就是日本人來到之後，才在以日本人爲對比（other）的情況下，超越了漳泉客家的社羣意識，產生了在臺漢人乃是一共同體的意識。這種臺灣內部身分認同的整合，原本可以只停留在一種地方或區域意識的層面，不必與中國身分有所牴觸。然而，不幸的是光復之初，正當在臺住民中國意識逐漸恢復的時候，爆發了二二八事變。這個事件可以說在相當意義上而言，是臺灣身分認同的分水嶺。這個事件雖然沒有完全摧毀臺灣漢人的中國認同，但是臺獨運動從此出現卻是不爭的事實。而且，一種對「中國」具有疏離感的「臺灣人」就在這個「創傷」(trauma)中悄悄誕生；「臺灣意識」也像拉崗筆下的嬰兒一樣，從此以這個事件爲「誤識」(misrecognition)自我的鏡子，逐漸成長。這個事件雖然事後有相當一段時間被淡化，而使臺灣意識發展地下化，但此後關於在臺住民身分認同取向的紛爭，多半都隱含了某種程度「中國」與「臺灣」的對立。包括中國民族主義氣息濃厚的鄉土文學運動，也不例外。換言之，在臺住民的認同問題，可以說是在此刻種下了遠因。

從一九四七年二月二十八日到一九八七年開放大陸探親，在臺住民對身分的態度，受到了許多其他的影響而幾經改變。這些影響中有些對中國身分有強化作用，有些則形成負面衝擊。有強化作用的影響包括中原中心的教育政策，本省人與外省人關係的改善。負面的衝擊則來自臺灣的反共政策所形成的反華情緒，中共對臺灣的孤立，以及草根反對運動的興起。

中原中心的教育政策相當成功的強化了本省人的中國意識（雖然也相當程度減低了對本省鄉土的注意力）。國語的普及則減少了本省人與外省人之間溝通的困難，並增加了相互的了解。但另一方面，反共的政策則完全把臺灣與中國大陸隔絕。而且官方對中共政權的抨擊，也不知不覺的形成了一種「反華」的情緒，使得臺灣的住民對整個大陸產生反感。當然，中共的國際形象以及其一貫打壓與孤立臺灣的政策，更「落實」了上述的反華觀感，並且間接使得臺灣的地域觀念逐漸升格成了一種自主觀。對中國身分形成負面衝擊的最後一個而且也可能是最重要的因素，則是草根反對力量的興起。無可諱言的，反對運動基本上是一個以本省人，尤其是閩南人為主的社會運動。其早期的運動策略以訴諸省籍情緒為主，並常以「外來政權」描述外省人主導的國民黨政府。其較極端的表現形式，往往誓言劃清一切與「中國」的關係。此為前述反華情緒最具體的表現。

開放探親，以及其他諸多對大陸政策的開放，則是最新的一波對身分的衝擊。能親訪大陸使得本省人能有第一手的機會了解想像中的「中國（大陸）」與實際的「中國（大陸）」之間的差距。同時這也是外省人第一次強烈的感受到身分的問題。大陸旅遊所造成的衝擊，因人而異。有些人因此而對統一前景感到悲觀。有些則因而多了一份對大陸土地及人民的感情。但不論個人的感覺有多大歧異，大陸旅遊開放之後，臺灣的住民的確較明確的醞釀出了一種相對於大陸政治現實，甚至於文化現實的新的「臺灣身分」。

上述的回顧說明了，臺灣住民的身分問題與其邊緣的地位有密切關係。在過去這種地位並不曾因為統治族羣的更迭有所改變。而且，同族人（包括來臺的國民黨政權，以及當今的中共政權）對臺灣的邊緣化行為，對臺灣住民中國身分的破壞性似乎尤其顯著，而對各種形式（相對於「中國身分」的）「臺灣身分」的建立，則有強烈催生作用。

二

由於身分出現了無法輕易止息的紛爭，自吳濁流的《亞細亞的孤兒》之後，臺灣的現代文學作品便對身分的問題不斷的探討與省思，並且多多少少影響到了整個社會對這個問題的思考。本文將就三篇現代小說來探討臺灣地區身分觀的演變。這三篇小說分別是：陳映眞的〈趙南棟〉，宋澤萊的〈抗暴的打貓市〉，以及林燿德的《高砂百合》❼。選擇這三位作家的這三篇作品做爲討論的對象，一方面有文化屬性上的考慮（陳映眞是閩南裔本省人，宋澤萊是閩南化客家人，而林燿德則是閩南裔外省第二代），但更重要的是，在相當程度上，這三位作家的這三篇作品，代表了三個世代，以及三種典型的對身分的態度❽。

陳映眞在四九年後臺灣現代文學史上大概是最早的一位「政治作家」。在他的小說中，族羣關係一直是最主要的關懷之一。陳映眞本人是閩南人，而且，對自己的文化背景也深深引以爲傲，但是，他的鄉土之愛卻沒有膨脹成排他的地域情緒，從而妨礙他對其他族羣的關愛。而他強烈的民族主義情緒，以及堅定的社會主義信仰，與他的鄉土之愛結合之後，更在他審視臺灣的社經政治問題的時候，提供了一個寬廣但又不忽略臺灣特殊現實的視野。

在他創作生涯的早期，他已經意識到，在臺本省人與外省人之間的隔閡，將是臺灣社會潛在的最大威脅。因此，他的小說有相當篇幅都致力於探討有關省籍的種種問題。衆所周知的短篇如：〈將軍族〉，〈夜行貨車〉皆是。而〈趙南棟〉則可視爲此一主題的極致發揮。

這篇小說一如陳其他的小說一樣，著力於本省人與外省人之間互相了解的必要，以及相互扶持的民族情感。不過本篇以左翼知識份子爲主角，特別凸出社會主義改革者的理想主義氣質，以對比當前社會的功利與墮落。故事是從一位臺籍的女性政治犯春美與趙姓大陸籍政治犯夫婦的友誼展開。前者在獄中與趙太太宋蓉萱相識，並在宋遭槍決前答應宋照顧她甫出生不久的二兒子南棟。但在宋遭槍決後，南棟被送給趙家的一位臺籍朋友收養，而春美並不知情。因此，三十年後她一出獄，便專心致志的四出尋找南棟的下落。後來她雖然聯絡上了南棟臥病住院的父親，並且還親自前往探訪，但始終沒見到南棟本人。儘管如此，文中提到南棟之處讓我們很清楚的看到，南棟雖是個溫柔俊美的男子，但卻毫無意志力可言。而且在成長的過程中，他更是一步一步的陷溺於感官的刺激中無法自拔。故事接近尾聲時，春美在醫院附近找到服過迷幻藥而意識不清的南棟，並且如在獄中的約定，如母親般把他帶回家。

但是我們若說南棟是這篇小說的男主角，不如說他是他雙親所代表的理想主義在我們這個時代的命運。他的雙親都是左翼的知識份子（或運動份子？）。這批人以及他們所秉持的理想主義，戰後在政治迫害與資本主義的夾擊下，逐漸凋零。因此，我們在戰後成長的趙家兩兄弟身上，意味深遠的看到理想色彩的不再。在老大爾平的身上，依稀還可以瞥見傳統的工作倫理，但在小弟南棟身上，則似已無可期待。然而本書所呈現的局面也不盡然完全絕望。事實上，監獄中本省政治犯與外省政治犯間的相濡以沫，已經隱約指出了救贖的可能途徑。故事的結尾——臺灣的母親收養了南棟——一對充滿理想主義色彩的外省夫婦所遺下的孤兒——充分說明了陳對救贖的看法。而且，也正是他對本省外省之間相濡以沫的描述，透露了他對中國身分的看法。

這段獄中生活的時代背景大約是韓戰期間。多數下獄者都是共產黨人或社會主義信徒。他們不論是本省人或外省人，幾乎都是民族主義者。對他們而言，信仰社會主義的目的就是爲了建設中國。然而，這並不表示這些本省進步青年，從來不曾因建設中國的使命過於龐大而卻步過。更何況在臺灣人的歷史經驗中，曾有多次被中原政府背棄與傷害的例子（二二八事變甚且記憶猶新）。然而這篇小說的動人之處也就在此：在如此惡劣的條件下，一個強盛公義，昂首國際的社會主義中國的遠景，便足以使他們消除任何的疑慮，繼續勇往直前。小說中的一位臺籍政治犯曾把這樣的心情做了精簡有力的表達：「一旦又找著了中國，死而無憾」（頁八一）。

不過陳畢竟與某些不明就裏的外省人以及政府官員不同。他雖強調中國的身分，卻不曾將之視爲一種打平一切特殊性的霸權意識。事實上，小說中日本對臺灣的影響一再被凸出。

日文語句不時出現在臺籍政治犯的談話中。而且，許多社會主義的觀念原本也都是經由日本的管道傳入臺灣。此外，在被處決之前，臺籍政治犯多曾以日文道別並高呼口號。這些細節往往幾乎讓人覺得是兩個異文化互相對立的體現；而且，雙方必然有正邪之分。然而，陳的目的卻恰好相反。這些細節的描述，主要是爲了凸出臺灣人民族主義情之強烈：雖有如此特殊歷史，亦無法稍減其中國情懷。

爲了避免予人本省外省之間有正邪的本質之分，陳也處處提醒讀者勿將外省人簡化爲一種類別，即一概視爲壓迫者。因此每當一個外省角色出現的時候，他一定會點出他或她的省籍，而且，他們所扮演的角色也有各種善惡的可能性，絕不只是當權者的走狗而已。

陳對尊重「差異」(difference)以及保存多元的呼籲，在趙青雲學習臺灣閩南語的企圖中，尤其明白可見。趙雖然已經會說福建的閩南話，但仍覺得有必要學習臺灣閩南話。雖然這也可看作是趙做爲一個社會主義運動者深入羣衆的決心，但從本書其他所在的一些證據看來，作者的意圖中較重要的應是，強調外省人對臺灣的特殊現實應有所體察。

雖然陳所呈現出的中國身分觀，與官方的說法一樣以其神聖不可侵犯爲基礎，但陳的版本與前者有一個重大的區別，那就是，前者忽略甚至掩蓋地方差異，後者則特別強調差異必須受到尊重。

宋澤萊與陳映眞相差十六歲，但是由於宋是戰後出生的一代，這十六歲的時間距離，遂造成了兩者對中國身分在態度上的極大差異。雖然說宋的態度在他那一代，並無代表性，但他卻的確代表了一種新出現的，對於臺灣與（觀念或現實上的）「中國」關係的看法。宋與陳一樣，曾經是現代主義的作家。也就是說他早期的寫作題材以表達個人內在情懷為主。但是在出版《打牛湳村》之後，他開始大力介入現實問題，並且積極提倡他所謂的「人權文學」❾。

宋對身分的看法與陳幾乎完全相反。對他而言，臺灣身分應置於中國身分「之上」，更精確的講應是「之外」。由於過去主導臺灣政治的大陸人過度強調中國身分，而忽略了臺灣現實，以致弊端叢生，使得宋以及部分臺籍知識份子逐漸認為，非凸出臺灣獨立於中國之外的事實，不足以救時弊。彼等遂倡議臺灣在政治上應然的、甚至文化上本然的獨立。就文化而言，他們認為臺灣文化不但向來獨立於中國文化之外，且遠優於中國文化。外省人對臺灣的宰制不但使臺灣文化遭到壓抑，也不知不覺「腐化」了臺灣文化。這大抵而言就是臺灣所有社經問題的源頭。宋的憂慮與危機意識，使得他的寫作逐漸有說教與化約的傾向。而〈抗暴的打貓市〉便是這個傾向的一個明證。不過，這篇中篇小說雖然觀念上過於簡化，且技巧上也不夠細心，但卻被選為本文的討論對象，其原因有二：第一，知名作家為數不多的反華色彩作品中，態度之激烈尚無出其右者，因此易於凸出這種身分觀與陳映真之不同。第二，這是第一篇「完全」以閩南話寫作的中長篇幅創作❿。

本文是以笑鬧劇（burlesque）的誇張形式寫成。故事敘述兩位臺籍兄弟因爲受了居留過大陸（因此，根據宋的邏輯，便是已受到「中國人」腐化）的父親不良的影響，在二二八事變中與國府合作迫害本省人，並從此一帆風順，成爲國府倚重但徹底腐化的官員。俟後，二人因爲多行不義而被一憤怒青年狙擊於鬧市。兩人都沒有因爲這次事件而馬上喪命，但是他們極爲不堪的慢性死亡卻從此開始。

宋在本文中的重點並不在故事，而在列舉「中國文化」如何一步一步的腐化了這對本省兄弟。宋這番努力無可否認與當時剛萌芽的反對運動中部分成員的反華情緒有關。宋代表的應是其中最激進的，也就是支持隔絕式臺獨的這一支流。因此，對宋及其同志而言，區分「好」的臺灣文化與「不好」的中國文化，並且自前者中把後者清除，便是臺灣走向獨立的第一步。至於區分臺灣文化與中國文化的方式，通常是從界定中國文化入手，然後再以消去法得出臺灣文化。本文便是一個具體的例子。雖然本文在中國文化的認定上，顯得混亂——有時候是與官方意識形態有關的（傳統）事物（如普通話、舞龍、民族舞蹈、長袍馬褂、書法等）；有時候又是非傳統的事物（如西方社交舞，與女性約會的行爲，西式髮型等）；有時候則是傳統文化中的「落伍」成分（如「順天者昌」的想法，傳統治學方式，民間信仰等），但區分的原則卻非常清楚，也就是臺灣現有文化中凡可視爲不良成分者，皆屬中國文化之範疇，而其餘便是臺灣文化。此一原則確立之後，瓦解中國身分，重建臺灣身分的志業似乎便易如反掌。

在陳文中中國身分的神聖不可侵犯本質，在宋文中被完全否定。中國身分對宋而言，不是天生本然，而是由外力所強加。神聖性在宋文中也由「全世界最醜惡的歷史」所取代。對宋而言，這個歷史之所以能持續，完全是因爲那艘一再出現的「紅色蝙蝠船」——在本篇中乃是「中華帝國」以血腥手段擴張的象徵。

第三篇小說的作者林燿德生於一九六二年，比宋澤萊小十歲。在這十年間，臺灣住民的身分認同又有了新的發展。林的這一代成長在經濟富裕，省籍關係漸趨和諧，本省人與外省人所共有的新本土文化逐漸茁壯成形的環境中。因此，在這一代之間也逐漸發展出了一種本省人與外省人都能接受的臺灣身分意識。比起陳或宋，林這一代一般而言對臺灣的種種都比較自信。因此，一方面他們對中國身分不再似陳般狂熱執著，另一方面，他們也不似宋爲肯定臺灣身分而產生明顯的焦慮與排他情緒。

因此當林這一代的人從事身分的檢討時，他們雖也如陳宋以發掘被淹沒的臺灣歷史爲主，但是種種跡象顯示，這一代「恢復歷史」(reclaiming history)的方式與陳宋漸有不同。一方面，他們似乎已逐漸注意到了宋澤萊式閩南沙文主義（即以閩南人爲臺灣歷史的主體）的問題，而試圖以平等對待所有種族及語言族羣。另一方面，他們的態度雖然接近陳映眞的多元文化觀，但就定義身分的策略而言，卻較陳實際取向。說得更精確一點就是，他們對中國身分的看法似乎比陳映眞更以臺灣爲中心。閩南裔的外省第二代林燿德在他一九九〇年所出版的《高砂百合》一書中，可以說相當程度上體現了這樣一種新的身分態度。

本書的時間基本上以二二八事變前的那一天爲基礎。但是在角色的心理時間上，本書則依各人背景的不同而各自上溯百年千年，以說明各族裔與臺灣歷史的糾結。故事開始的時候，我們目睹一位已不爲部落所信任的原住民巫師，正與該部落的祖靈進行溝通。在這場超自然的精神對話中，我們看到該部落（也就是臺灣原住民的象徵）是如何被迫進入「世俗歷史」(secular history)。同時，我們也看到了二二八事件的不祥預兆。然後，故事的焦距移到了一位在原住民地區傳教的西荷混血教士身上，接著又轉移到了兩名拒絕向盟軍投降的日兵身上。隨著二十七日的時間分秒逐漸過去，故事劇情的各條軸線也開始聚攏。教士，日兵，前述巫師擔任教士助手的兒子——這些臺灣史上的各種歷史脈絡的象徵，都聚在了一起，以「目睹」二二八這個讓兩個漢人族羣傷痛的時刻。故事結束的時候，離開了部落而在某漢人處習醫的巫師之孫，自其祖父的靈魂得到了關於部落及全臺灣命運的啓示。此刻正是二月二十七日晚間十一時五十九分。

本書中對身分的理解與「百合」的意象有密切關係。這個意象首先出現在老巫師瓦濤・拜揚與祖靈溝通的時候；瓦濤曾一度在幻覺中看到高山上整片百合枯萎的景象。在本書結束的時候，百合再度出現在一段想像的對話中。這段對話發生在古威・羅洛根（巫師的孫子）與路依（他一度愛戀但後來被教士勾引，且可能已流落漢人世界爲妓的部落女子）之間。因此，百合顯然象徵的是原住民經過一連串外族宰制之後，所喪失的尊嚴與純潔。但是當這個意象在本書標題中與一九四七並置的時候，它的象徵意義更可引申為二二八事件以來因此受害的臺灣所有住民。

然而，從作者所提供的長程歷史視角看來，巫師心中滿山百合花同時凋萎的意象，也可視作是部落祖靈對平地人的懲罰。原因是平地人為了財富與權力等世俗目的，任意殺人「流血」，徹底摧毀了原住民獵頭行為所涵蘊的「流血」的儀式意義。因此，部落祖靈在二二八前夕召示巫師之孫獵頭的儀式涵義，並諭令秉此達成部落中興的一幕，與即將發生的二二八事件本身，遂形成一強烈對比。其令人深思之處，自不在話下。

本書把臺灣置入了恰當的歷史情境之後，一個全新的身分觀也隨之建立。首先，我們發現，本書不再似前兩篇小說一樣，受制於一種二選一的困境中。也就是說，必須在兩種漢人的身分——臺灣人或中國人——中做選擇。原因是，一方面，臺灣脫離了歷史上那種中華文化邊緣小島的邊陲身分，而成了它自己獨特歷史的中心。換言之，本書中所建立的身分是相當「臺灣」的身分。但另一方面，這個以臺灣為中心的身分觀，卻不再有宋小說中瀰漫的「中國恐懼」；「與中國不同」的宣示也就不再是那麼迫切。因為，不管是在中國性之內或之外，這個身分都將具有中心的地位。但更重要的是，在這個新身分觀中原住民觀點的中心位置。原住民觀點出現在小說中，這並不是第一次。但在書中將這個觀點變成中心觀點，並以此有效的破壞漢人沙文主義歷史觀的做法，則本書應是先驅。此外，在本書中原住民的觀點又與「聖靈世界」(the sacred)是同義詞，因此，書末更暗示國族的中興（此處所指應不只是原住民的中興；事實上狹義種族意識上的中興，就原住民而言幾乎沒有可能）繫乎全臺灣住民對身分的「儀式意義」的了解。以儀式意義爲基礎的身分則必是超越權力欲望與社羣私利，而以「聖靈世界」——也就是大羣體的再生——爲目的。

身分認同的問題在當代臺灣社會中，的確是一個愈來愈醒目的問題。由於臺灣住民結構的複雜，及其歷史背景與政治環境與中國其他漢人地區的迥異，使得其身分問題殊爲難解。上述對身分態度轉變所做的討論，雖然看似自其中歸納出了一個辯證的過程，實則這並不是一個全島性的現象。視中國身分爲神聖不可侵犯的態度（不論是官方說法，或是陳映眞式說法）似乎仍然有相當大的市場（或可以國民黨的得票率爲指標）。宋略具閩南沙文主義的隔絕式臺灣身分觀則多爲反對黨中的閩南裔成員所倡。而林的多元文化身分觀則在年輕的知識份子中逐漸受到重視。但是到底哪一種身分觀最後能爲全臺住民所普遍接受，或者還會有其他身分觀出現，則仍在未定之天。事實上，臺灣與中共的互動可能會對臺灣的身分觀起關鍵性的影響。雙方敵意的深淺，了解的程度，中共改革的意願，以及臺灣領導階層內部的權力鬥爭等，都會衝擊到未來臺灣社會身分態度的演變。而這些變數幾乎無一是可預料的。因此，我們務必開放心胸面對此一問題，其餘的或只能讓時間來說明了。

註釋

❶這是 Benedict Anderson 在 *Imagined Communities* (London: Verso, 1983) 一書中的基本論點。

❷請參考林毓生在其力作《中國意識的危機》（穆善培譯，貴陽市：貴州人民出版社，一九八八）一書中對此的討論。

❸南方沿海各省與外國接觸經驗豐富，海洋傾向濃厚，因此向來較北方等內地開放。

❹所謂「流散」(diaspora) 指的是：任何一個文化通常都被假設有所謂「中心地區」，而遠離該中心之有效影響的文化區域或文化社羣，遂被稱爲流散文化。但筆者使用此一詞彙時，並無價值判斷的意味。

❺臺灣史上的反抗運動常被任意賦與反中國的意涵。實則包括反清起義在內的各個反抗運動，都是從漢人意識出發，以反異族爲目的。但當時臺灣漢人的各社羣（漳泉客）對「異族」的認定並不一致，因此才會造成如林爽文事件中，漳人反清，而泉人客人擁清的現象。

❻吳濁流《亞細亞的孤兒》（臺北：遠行，一九七七）。

❼陳映眞《趙南棟及陳映眞短文選》（臺北：人間出版社，一九八七）；宋澤萊〈抗暴的打貓市〉，收入《弱小民族》一書（臺北：前衛出版社，一九八七，頁一七三—二六三，閩南語版；頁二六五—三三六，普通話版）；林燿德《高砂百合》（臺北：聯合文學，一九九〇）。

❽但筆者這樣的安排並無面面俱到的意味。也就是說，這三位作者並不各自代表臺灣的三大漢人族羣。筆者只不過認爲這三者背景同中有異，或許對文化屬性與身分態度間關係的思考，能有所啓發。

❾宋的激進或與他的文化屬性（也就是他做爲閩南化客家人的背景）有關。「改宗者」(convert)往往特別投入，以顯示自己的忠誠。

❿以閩南話寫作的行爲，本身就是一種對大陸人主導政治，及其中原中心文化取向的一種反彈。相對於國府在語言的政策上，一味的提高普通話（國語）爲「中國性」(Chineseness)的象徵，並且以不當的方式把臺灣的地方語言邊際化，宋（及大部分以閩南語寫作的人士）則強調後者的中心地位，並且貶前者爲次要，企圖藉此達到顛倒原有位階，置「臺灣性」(Taiwaneseness)於中國性之上的目的。

在臺灣談後現代與後殖民論述

廖炳惠

一

傅柯（Michel Foucault）在《字與物》（英譯《*The Order of Things*》）最後一章裏，談到以精神分析與民族人類學研究兩種方法，去掌握他人文化。對他來說，精神分析是針對無意識的面向，以對話移位的方法，將他人視作本身，同時要被分析者將本身當作是他人，透過訴說的語言行爲，表達出他人的「眞正」面目；而民族誌則是對他人的客觀研究（如神話、風俗、禮儀等事與物之間的類比），將他人視作歷史對象的實際紀錄。傅柯認爲，結合了這兩種主觀與客觀的方法，他人文化便顯得容易理解，幾乎是透明而毫無疑義（頁三七六）。

《字與物》主要是想去解釋十八世紀以降經濟、生理、語言學等科學，藉確認本身的限制與自足性，而奠定其科學地位的發展過程。傅柯以畫家在畫中再現自己，在同一空間中，呈顯同時性的自我反省這一個「空前未有」的現象（頁三—一六），作爲全書的「領導母題」，說明了西洋現代科學與現代性(modernity)的特殊風格：同時假想其本身的局限與自足性，藉此將局限化爲可能性。有關這個「同時性」(simultaneity)及將異時地加以同質化、同一空間化，以至於遺忘了西洋的經濟、生理、語言學與西方殖民主義相輔相成的另一段歷史，不少學者已指出傅柯的盲點(如 Bhabha, Harootunian, Nandy)。

事實上，這種同時性與同質空間化的傾向，也正是西洋現代政治文化的精神所在，安德森(Benedict Anderson)便在他的《想像社羣》裏，提出「印刷資本主義」的觀點，主張書籍（特別是小說）在十八世紀以後創造出在同一時間內設想同一個世界讀者，因而促成了民族主義或國家的認同過程；瓦納(Michael Warner)更進一步以這種「文字的共和國」去分析美國早期的文學對民主化的影響；在另一方面，哈伯瑪斯(Jürgen Habermas)則以「公共場域」(the public sphere)的觀念，去解釋十八世紀以來在公共場所進行的書報討論，如何強化了公共政策的論辯與形成過程。最近，在一次演說中，泰勒(Charles Taylor)更將這種同時性的思索推到極致，將西洋現代的政治文化區分爲四種模式：①人權社羣；②市民社會；③經濟供需；④公共場域，就人們均需要基本人權，想建立國家與家庭之間的媒介社會，滿足經濟需求，或透過公共討論去奠定公共政策等形式，去了解社羣及民族認同感。

然而，不管採取任何一種形式，這種西洋政治文化均假定某一羣人是在同一時間內想像、促成同一件事情——基本人權、經濟或公共政策。這也就是泰勒何以堅持共同的「社會想像」(social imaginary)的原因。泰勒的「社會想像」與民主之內在矛盾說大致上是來自卡斯托黎亞第士(Cornelius Castoriadis)與雷佛(Claude Lefort)等人，但是並不如其他學者那麼強調異時及異質性(Castoriadis 頁二〇二—四〇，Lefort 頁一八一—二七二)，因此他的西洋現代的政治文化四大模式遂陷入大正統論述(grand narrative)，無法解決多元文化的問題。這一點在「市民社會」的討論以及〈體認他人的政治〉一文裏，均以黑格爾式的辯證對話邏輯，將他人設想爲對應的另一個主體，因此基於平等地位，可進一步達成彼此的相互體認與尊重。雖然泰勒相當同情歐美主流之外的其他文化，但是仍是在我們上述的同時性或同質空間思考架構中，將文化差異簡化爲在同一空間中的彼此交流，仍不脫西方啓蒙以來的現代文化邏輯，以至於他重新註釋黑格爾的「主奴」理論時，會認爲奴隸與主人其實是朋友與互惠的關係(見“The Politics of Recognition”)，因此忽略了歷史中諸多殖民者及主人迫害他人的事件。

我將傅柯與泰勒的同質空間想像特別在此提出，是因爲有關這種現代情境與現代文化或政治形成的敘事體主要源自康德等人的啓蒙理論，而且在許多後現代的文化論述中，也依舊擺脫不了這種思考方式。最明顯的莫過於以跨國資本的文化邏輯去分析世界各地的後現代的文學、文化表達，或者表面上似乎完全相反，但實際上仍在同質空間中運作，以抗爭、對立的本土論述去發展後現代的另一個空間。因此之故，如何在現代論述中剔出其中的殖民論述，在同質空間的思考裏找到其他時間的衍生譜系（genealogy），藉此將後現代與後殖民論述作一番釐清與區分，然後進一步去探討東亞及泛亞太地區談後現代的可能性及局限，可能是更加基本的工作。

二

要探討西方的現代情境（modernity），自然得回到啓蒙（the Enlightenment）的思想上，而康德（Immanuel Kant）的〈何謂啓蒙？〉尤其是一大線索，由康德到傅柯，可說啓蒙的思想有跡可尋，而另一方面哈伯瑪斯則希望將啓蒙之後的哲學及科學加以重新闡述、揚棄，想發展出啓蒙未完成的溝通理性。因此，我們必須了解一下康德的見解，以及傅柯後來對啓蒙的看法轉變。

對康德而言，啓蒙意謂「反對迷信的革命」，也就是個人有勇氣去運用自己的理性，打倒別人所賦與的概念與偏見（頁三—四）。也就是由於公共與私人知識領域的區分，這種運用理性的自由才得以施展。例如一位教師或神職人員，只對少數人講授自己的心得時，在這種私下的場合裏知識勢必要受到職位及環境的限制，沒有絕對的自由；但是如果這位教師是對大衆負責任，要將自己的論述公諸於世，他就有「無限制的自由，去運用自己的理性，以自己的身分去說話」（頁六），擴大知識領域，糾正種種錯誤，使大衆得以進一步獲致啓蒙。知識的傳播者因此不但要爲大衆負責，同時也有義務啓迪後人，不能讓後人喪失知道眞理的機會，而學者的身分即是如此。矛盾的是，康德一方面歌頌個人運用理性的自由，另一方面卻暗設限制，對國家、政府的權力備加稱揚，儼然大衆需要監護。他在結論說：「民間得到愈大的自由似乎對人民的心靈自由愈有好處，但是也難免要對之設限；反而是較少的民間自由倒能使得每個人盡其所能發揮才能」（頁一○）。因此，康德這篇看似歌頌心靈自由的著作，實際上卻替統治階級與其尊嚴作合法化的說明。當然，心靈自由並非無條件能成立的，但是理性是否得在政府設下限制之下運作，發揮其公共場域之中的功能，則令人懷疑。康德對公私的劃分，除了矮化私下的空間，將教室、教堂、家庭一律視作私下知識與個人職位、利益妥協的空間，而且把國家與社會（公共場域）、世界與歐洲（或德國）化約爲同一個施展知識與權力支配的霸權機構。李歐塔（Jean-François Lyotard）認爲康德的歷史觀是一種批判反省的哲學，因此康德常以法官的比喻來說明歷史是一件只能以目前的司法詞彙受理的案子，但是透過接受與反省司法詞彙的限制的處理與協商過程，卻可邁向另一個自由原則，擺脫歷史的機械因果（The Sign of History 頁一六八—一六九）。如果李歐塔的說法可以成立的話，那麼康德是在他的時代限制下，以相當矛盾而有點反諷的方式，道出心靈自由的限制及其可能性。

不過，也因此，康德的反省哲學有其歷史組構條件，同時也讓他的歷史觀與德國以外的其他文化（尤其其他被殖民、正被「啓蒙」的社會）形成某種關係。基於這種歷史關係，康德的啓蒙論便在歐洲歷史主宰權上奠定定位，不僅面對其他文化、文明，更是針對本身的限制與轉折。

精神分析、民族人類學此兩門學科何以會在西方現代化的過程中崛起，傅柯即認爲是一種西方歷史的限制與組構，以便因應本身文化及其他社會的問題，他說：這種理論雖與所有人類的歷史有關，其實只應屬於西方歷史，而且是在「純粹理論的模式中與其他文化產生關聯」（*The Order of Things* 頁三七七）。雖然殖民主義在這段西方現代歷史中是存在而近乎「不可避免」的事實，但是西方人文科學的興起卻將之轉變爲「某種特殊的關係及移位作用」的「冷靜暴力」（calm violence）。然而，這一種「冷靜暴力」的策略是否可以使得西方的現代文化與政治形式脫離其他社會所造成的都會文化夢魘？是否在有意識地加以壓抑並加以合理化、「淡化」的活動中，反而道出眞正的歷史暴力不斷以「遭壓抑的始終要回頭來困擾人」的方式，在大都會的無意識文化（如現代文化的文學與學術表達）裏再現？這一段理性與非理性、意識與無意識、自我與他人（啓蒙者與被啓蒙者）之間的「特殊關係」及其歷史性，是否恰可構成了精神分析及民族人類學理論及作爲，同時也是西方有關現代性論述的盲點以及另一個可能的新起點？

傅柯於一九八三年在法蘭西學院的院士致詞演說中，即以〈何謂啓蒙？〉爲題，指出康德側重現在，把現在視作是思想、知識與哲學的內涵過程。由於是將現在與過去完全分開來，現代情境的問題遂應運而生，因爲現代人開始探索現在的特性，這種現代性既是所有人一起參與的知識轉變過程，同時也是由個人憑其勇氣運用一己的理性及其權威去達成的心靈自主活動。值得注意的是，傅柯一方面說啓蒙是西方的特殊歷史事件，另一方面他卻認爲啓蒙是個歷史變遷，影響了全人類的政治與社會存在（頁三五），因此是個波及全人類的「普遍問題」及「政治問題」（頁三七）。啓蒙可說是一種態度上的改變，而由於這種態度的改變，現在及當今的現實成了刻不容緩，急需了解、反省及批判，以免理性淪爲獨斷與異質的權威，因此產生了現代情境的感受。傅柯反對分期（如前現代、現代、後現代），而把重點放在現代的態度上，也就是現代如何與反現代（Countermodernity）的態度彼此糾纏、抗爭的過程。在此一個重要的關鍵上，波特萊爾（Charles-Pierre Baudelaire）是個代表人物，因此傅柯從康德跳至波特萊爾（其實尼采更是此一典型）。波特萊爾筆下的現代人並非是個浪遊者（flâneur），而是不斷在人類的大沙漠上穿梭，尋找一種普遍的持久的歷史詩歌，並透過轉化現實世界的英雄行爲（抒情詩及歷史的寫作），創出新的自我：在藝術、詩中自主存在的新自我。

討論了康德的理性自主性及波特萊爾的自我自主性之後，傅柯接著以正、反面的立場，去評估啓蒙的歷史條件及其影響。他提出知識衍生學（genealogy）的設計及知識考掘學

(archaeology)的方法，希望藉此找到一途徑，以便「處理一些訴說出我們的想法、言語及行爲的論述情況」，並發展出新觀點、動力，釋出已被確切定義的心靈自由活動，避免重複傳統的思考模式或運用那些傳統去爲另一文化、社會、思維方式、世界觀強作解人（頁四六）。換句話說，啓蒙方面是歐洲某一特定時期的歷史事件，另一方面則是一種「歷史與實際的局限考驗，要我們透過自我的批判本體論，去超越限制，從本身的限制中理解那一層限制並進一步完成自我解放的工作，使自己成爲自由的人」（頁四七）。針對這種自我批判的本體論，傅柯指出學科、訓練與教化的知識技術與權力關係不但密邇不可分，而且逐漸加強中，知識、權力、倫理這三面向因此是我們在了解自我是知識（權力或道德）主體時，必須反省的課題，尤其碰到如理性與瘋狂、疾病與健康、犯罪與法律、性別關係角色等的區分與排斥他人的作法。

有趣的是傅柯的知識衍生學與考掘學是一種歷史的「重複衝動」(the repetition compulsion)，而且是尼采式的重複模式，想藉重複歷史的限制，從中找到英雄人物及權力意志的取代片刻，這種重複衝動不斷針對歷史本身限制，並透過重複去展現差異(repetition with difference)。在十九、二十世紀的歐洲思想史上，除了尼采式的重複之外，仍有佛洛伊德(Sigmund Freud)及齊克果(Soren Kierkegaard)的重複衝動說。齊克果主張以重複去回味神與基督、基督與人之間的宗教與倫理關係，而佛洛伊德則提出「重複衝動」說明分析者與被分析者如何運用這種衝動，去推展（而不是解決）心理與精神的創痛。被分析者一旦進入重複衝動，則勢必去重新經歷舊有的創痛。不過，事情已變得極其複雜，因爲創痛已轉化、約縮爲其他的象徵、夢或症候，因此重複衝動要選擇其中的某些符號加以重複，並在重複之中，又推出更多的問題或自我分析。

傅柯對康德的〈何謂啓蒙？〉及自我的演說，先後以重複衝動的方式，去重新探討現代情境。在他去世之前不久，他又改寫了自己的文章，以重複但有所不同的方式，將文章易名爲〈講述眞相的藝術〉，這篇修正稿可說是傅柯從尼采式的重複邁入佛洛伊德式的重複衝動：無意識的歷史及符號價值成了眞正的要點，而不再是理性或自我的自主性。對現代情境這個問題，傅柯基本上仍採批判哲學的立場，探索主體在現代的歸屬、關聯及地位，但很明顯的不同是，傅柯指出歷史因果的問題：要由果溯因，得先讓某個歷史事件先成立才行（頁九〇）。他接下去便說：「我們不能只探索什麼推動了進步的前因後果；我們得在歷史之中，孤立一個事件，找到有個符號價值的事件。」因此之故，事件與符號價值的關係變成不再那麼容易決定，例如啓蒙對下層階級或其他民族而言，是否構成事件？是否具有不同的符號價值？傅柯也指出康德除了寫〈何謂啓蒙？〉之外，也是〈何謂革命？〉的作者，在〈何謂革命？〉裏，康德碰到的問題是誰的革命？誰的意義？這一連串的問題。歷史似乎已不再是可理性預期或由上而下的方式去理解，歷史反而是由下而上的活動，符號的價值不斷變更，因此對這些變數，如何孤立某一事件，以誰的論述，根據誰的立場或利益，便成了批判哲學及有關後現代或後殖民研究的難題了。

三

如果我們採傅柯最晚期有關啓蒙（講述眞相的藝術）此一看法，那麼很明顯，不僅西方現代的文化論述並未觸及其他社會，而且連最新的後現代或後殖民理論也無法用來描述或解釋一些未受啓蒙直接影響的其他文化。因此之故，以歐美後啓蒙、後現代的觀點，或以非洲、印度、中南美洲爲準所發展出的後殖民論述，自然無法宣稱其普遍確效性，尤其在臺灣或亞太地區去檢視這些論述，難免要覺得這些理論格格不入，或者覺得這些理論只能描述、解釋、預期或預設某些層面而已，並無法深入了解我們社會目前的狀況。由於理論的失當以及部分學者長期以來的實驗、試用、引介與強作解人，從臺灣來談後現代或後殖民經驗已不再那麼簡單；更不是提倡本土論述，揚棄理論，即能解決。要切入理論與社會現實的爭辯空間之前，我們得先整理一下後現代文化論述的脈絡，並將這些理論與西洋現代的文化或政治形式作某種程度的關聯。透過這種整理，我們或許會明白後現代的描述(descriptive)及先導(prescriptive)策略有其內在的矛盾，同時也可看出後現代文化論述如何將他人文化轉化爲「正被弱勢化」(minoritizing)的族羣與風尚，以至於未能具體面對與自己完全不同的其他社會。基於這種領悟，我們可進一步瀏覽西洋人類學的演變及人類學與殖民政策（或就一目前的傾向而言，後殖民論述）的微妙關係，然後能對某些後殖民批評家的論述提出修正的意見。

後現代的文化論述崇尚多元、流動、異質、反諷、演現功能(performativity)等，已成了學者耳熟能詳的慣用語彙。在這些詞彙底下是跨國經濟及文化交流所形成的資訊消費及族羣認同膨脹內爆(implosion)的現象，因此時尚、設計、程式及建築成了最明顯的指標，讓世人運用日愈濃縮的時空及歷史意識，企圖去描述當前無以名之或表陳(unpresentable)的文化現象，準此，語言與現代藝術橫跨資訊網絡所達成的新格局及其演出是李歐塔的「後現代情境」；由影視媒體所創出的超現實及擬像作用構成了布希亞(Jean Baudrillard)的後現代社會消費美學；公共性及公共場域淪爲公共形象(publicity)則是哈伯瑪斯不斷想糾正的後現代與新保守畸形文化；歷史深度的喪失，以及個人莫名所以的「懷舊」(nostalgia)底下所暗含的欲求與敍事之間的無意識張力，是詹明信(Fredric Jameson)綜採法、德、美的後現代文化論述，將之納入遲來的馬克思社會批評「二度演繹」(secondary elaboration)，所嘗試要組構出的後現代烏托邦衝動；而一切則以美國公共建築及國宅的毀於一旦作爲後現代解放的開端，女性主義、同性戀示威及多元文化問題則是在這一連串運動及文化與主體解構過程之中的幾項成就，雖然在後現代的社會中，大衆通常是以冷漠、不解或兩難矛盾的(ambivalent)

態度看待這些「新社會運動」，或弱勢團體的「市民權力抗爭」。這些後現代的活動及解釋方式可說不一而足，反對的聲音在分量上也頗爲可觀，因而形成後現代已經死亡或已經後後現代的說法。

平心而論，後現代文化論述是當代社會面臨公共與私人場域不分，個人的視覺與想像思維不斷被媒體所感染；另一方面，由於歐美國宅與公共住宅建築的失敗，商業及居住空間成了跨國經濟、設計、素材(materials)及居住者之間的建構與協商此一無法透視的空間：一大片的玻璃體，卻只迴映周遭的事物，外人卻看不透，或者住宅內部十分繁複，個人的歷史與社會或家庭的過去及未來等成分交織，而在半公共空間（如客廳）之中，又開拓出私人的地理位置及社會態勢等。雖然後現代文化論述放棄了普遍的宣稱，將焦點放在小敍事體、本土的知識或大小傳統交匯並置的局面，但是後現代文化論述的古典代表人物（如李歐塔、布希亞等）卻由描述邁入先導與預示的模式，以至於無法面對其他文化，如布希亞的《美國》純是他個人後現代的想像及其描述美學的投射，或如李歐塔始終以康德的「雄渾」或前衛藝術的「非人化」去了解當代的文化與政治；甚至於如詹明信，不斷以跨國經濟與第三世界魔幻寫實的觀點去處理南非、西非、中國大陸、臺灣或中南美洲的小說、電影，已將先導式的後現代文化邏輯推至走不通的路上去。

事實上，較有趣而可能較有意義的作法，是探討跨國經濟與文化交流所造成的多種正面與反面影響，其中一個重點是非歐美國家的雙語(bilingual)知識份子或多語資訊的消費與再生產行爲，其他幾個重點尚有不少，如(一)、研究非歐美國家迅速而飢不擇食地現代化後，如何保存或調整傳統生活方式與意識形態(在部分東亞地區，如新儒學；在南亞地區，如印度教；在中東地區，如回教)，也就是在這種邁入新殖民主義所左右的地區，不同訓練背景(如留歐、美或本土)及譜系(年代、身世等)的學者如何在跨國經濟、學術架構下，針對本地的政治、社會、文化問題，提出自己的看法；(二)、在國際公共場域的勢力不斷以媒體、救援、醫衞、技術轉移(含學術、藝術)、調查報告、軍事行動等方式形成國家、政府、民族、族羣的認同問題時，如何因應這種認同政治(identity politics)的危機，而依舊能夠、面對迫切的認同問題？(三)、相應於日益頻繁的去中心、去經典與移民或文化交流等活動，非歐美的地區如何翻譯、運用其他世界的資訊，同時非歐美地區的文化資訊又如何被翻譯到歐美世界，其領受(reception)的情況又如何？什麼是翻譯與領受的標準？(四)、藝術演出與公共論述(public discourse)在逐漸國際化同時也愈來愈凸顯國際不均勻的文化政治局勢下，如何定位並發揮其作用？都市及其公共空間(如藝術館、廣場、劇場、街道、咖啡館內部、地下音樂與影視空間等)如何呈現其新形象或功能？而面對這些變化，舊有的文化評論形式(如副刊、書評、藝評、樂評)如何與逐漸喪失興趣的本土大衆或開始感到興趣的外地文化社羣產生互動？(五)、跨國藝術贊助機構在促進某種文化或政治形式的交流上，如何發揮其作用

(如在學術典範、外交、軍事、政治等)?類似或其他重要的研究項目可以說仍很多。我認爲一大關鍵在於，非歐美世界中雙語知識份子及雙語以上的消費行爲目前不斷增加，這些知識份子(學者、新聞媒體的專欄作家、編輯、貿易商及代表、文化工作者等)來往於歐美與本地之間，以種種語文、文化、政經的表達，已使得後現代的情境比李歐塔等人想像的還複雜，因此如何看待這種雙語或雙語以上的文化現象，分析並反省其中所蘊含的不同文化衍生譜系(genealogies)，便成了研究其他文化或社會一大要點。就這一點，也許我們可回到一開始對傅柯的評論，並回顧一下西方民族人類學的發展，然後再探討後殖民論述在其他社會的可行性。

四

傅柯在《字與物》結論，將殖民的經驗說成是「冷靜的暴力」，而且是以同質空間想像去處理西洋的現代人文科學史，他提出精神分析與民族人類學作爲了解他人文化的兩大方法。他這種考掘學其實是將其他社會存而不論，並將存而不論的抹除活動視作是人文科學自身的局限及其達成自足性的矛盾條件。我們提過，可用精神分析的方式去重新反省傅柯對現代情境的論述，而一個重點就是西洋的現代情境與殖民作爲其實是文化意識與無意識的兩面活動。

西洋現代的人類學，如史達金(George Stocking)等人指出，是與殖民者在異地蒐集奇怪、陌生的對象，並進行分類、展示、綜合，而發展出的學科，進入二十世紀之後，人類學家仍以田野調查、民族誌去記錄其他社會的儀典、社會及文化行爲，要到了象徵（或文化）人類學興起後，對文化的研究才從蒐集、描述，進入較深入的文化價值系統研究，而在另一方面，結構主義人類學則促成了人類行爲的意義體系的解釋與比較，象徵人類學雖不像以前的人類學家那麼實證、客觀，卻也繼承了功能主義社會學的傳統，而結構主義人類學家則更將客觀性放在人類的底層結構及語言、神話的因素上。從七〇年代末期，尤其到了八〇年代時，一些人類學家及民族誌學者（大部分在芝加哥大學出現）開始吸收文化研究與文學批評者的論點，將焦點轉移至再現與權力、族羣或性別的文化建構過程，逐漸挑戰傳統所謂的客觀及對人的研究；影響所及，民族誌的歷史性(historicity)及文本性(textuality)，特別是維持民族誌的機構（如美術館、自然科學館及學院），突然變成了問題。這時也碰到以往在歐美受教育的非歐美族裔學者開始以歐美語系的論述，針對再現的文化政治，提出尖銳的批評(如Edward Said, Trihn Mihn-ha等），而更有來自後殖民地（如非洲、印度）的學者，紛紛闡述被壓下去的聲音，後殖民論述與歐美（尤其美國）的多元文化論述霎時透過新社會運動的推波助瀾，變成了人類學上的後現代式扭轉(相對於六〇年代的象徵語言式扭轉)。如此一來，

「我們」的客觀性已就其內部（性別、主體、認同、族羣意識、階級等）起了分歧與差異，到底「我們」是誰已成了疑義，同時「他人」（the Other）也是個問題。

對於他人的問題，薩伊德（Edward Said）針對刻板印象與西方歷史、政治、學院之間的相互強化意識形態結構，去批駁帝國主義；女性及第三世界的女性論述更進一步解構殖民與父權體制的沆瀣一氣；在這些人的論述裏，「他人」基本上是西方論述的組構，因此只能由「他人」自我的觀點才能眞正表達。反諷的是，這種作法反而陷入多元文化之中的「弱勢化」，自居於弱勢，以至於淪爲不再被表陳，或就其本身而言，不再能作自我反省的困境。如何有聲音，就自己的「經驗」訴說，而不至於被強勢文化容忍、挪用，或一味強調本質，而忽略「本質」的歷史及論述組構過程，遂成了一大問題。

後殖民論述者企圖擺脫從 Albert Memmi，Frantz Fanon 到 Subaltern group 的強調本質作法，但又得提出面對現代化時，本土文化如何倖存的策略（如 Homi Bhabha），或針對第一世界所形成的「暴力結構」，就其內在的矛盾加以定位，並重新與之「協商」，透過解讀去重組權力關係（如 Gayatri Spivak），或重新檢討殖民時期的翻譯活動（如 Tajaswini Niranjana）、宗教儀式的作用（如 Michael Taussig），及歷史記憶等（見 Nicholas B. Dirks et al.），目前，已是學院內外的一股大力量。

然而，這些後殖民者的論述大致上是以非洲、印度的經驗爲準，這些地區主要是英、法、德、美的殖民地，殖民經驗與許多亞太地區的殖民經驗並不相同。以香港為例，香港雖是英國最後一個殖民地，其地位卻因財經、文化地位的特殊，更因面積的狹小，公共政策的容易成功，比起十九世紀的印度，眞有天壤之別。但是經濟與教育條件好卻不能擔保香港有朝一日會成為後殖民地，因為一九九七年香港又得成為中國大陸的一部分，就某一程度上說，將淪為中國的殖民地，亦即後殖民之日在可見的未來並不會降臨香港，而且這個不可能成為後殖民的殖民地卻遠比它的殖民者（中國大陸）要現代化許多，這乃是非洲、印度所沒有過的殖民經驗。因此，對香港或臺灣等地來說，後殖民論述未必能成立。臺灣的過去有很多面向是香港在一九九七年才會遇到的經驗，而由於族羣、政治認同的問題，在各種原住、移民階段的歷史及文化差異上，更顯得難纏。在此地談後殖民、後現代，事實上已有幾分新殖民的味道，是在推介或進口歐美理論。

為了避免盲目地陷入後現代或後殖民的論述，但又不能不兼容這些論述，並對其歷史論述塑造過程有所反省，我想在臺灣談後現代或後殖民得明白：㈠、後現代（至少古典後現代）有其西方現代情境下的局限；㈡、後殖民是在具體歷史經驗中發展出的論述，對其他社會不一定適用；㈢、目前在亞太地區所發展出的雙語（或雙語以上）的資訊消費與再生產現象，已非這些理論所能掌握；㈣、如何以亞太文化經驗，在後殖民與後現代的差距之間，找出另一條路，至少對雙語知識份子而言，可能是個挑戰。

引用書目

Anderson, Benedict. *The Imagined Community.* 2nd Ed. London: Verso, 1992.

Arac, Jonathan, Ed. *Postmodernism and Politics.* Minneapolis: U of Minnesota P, 1986.

Baudrillard, Jean. *America.* London: Verso, 1988.

Revenge of the Crystal. London: Pluto, 1990.

Benjamin, Walter. *Charles Baudelaire.* London: NLB, 1968.

Bhabha, Homi. *The Location of Culture.* New York: Routledge, 1993.

Calhoun, Craig. Civil Society and Public Sphere. A paper presented at the Internation-alization of the Public Sphere Conference, Center for Psychosocial Studies, Chicago, July 29-August 3, 1992.

Castoriadis, Cornelius. *L'Institution Imaginaire de la société.* Paris: seuil, 1975.

Dirks, Nicholas B., Ed. *Colonialism and Culture.* Ann Arbor: U of Michigan P, 1992.

Foucault, Michel. *The Order of Things.* New York: Vintage, 1970.

"What Is Enlightenment?" *The Foucault Reader.* New York: Pantheon, 1984.

"The Art of Telling the Truth." *Politics, Philosophy, Culture.* New York: Routledge, 1988.

Habermas, Jürgen. *The Structural Transformation of the Public Sphere.* Cambridge: MIT P,

1962(1989).

The Philosophical Discourse of Modernity. Cambridge: MIT P, 1987.

Jameson, Fredric. *Postmodernism.* Durham: Duke UP, 1991.

Kant, Immanuel. "What Is Enlightenment?" *On History.* London: Macmillan, 1963.

Karp, Ivan, and Steven Lavine, Eds. *Exhibiting Cultures.* Washington: Smithsonian, 1992.

Karp, Ivan et al. *Museums and Communities.* Washington: Smithsonian, 1992.

Lefort, Claude. *L'Invention democratique.* Paris: Fayard, 1981.

Lumley, Robert, Ed. *The Museum Time Machine.* New York: Routledge, 1988.

Lyotard, Jean-François. *The Postmodern Condition.* Minneapolis: U of Minnesota P, 1984.

——"The Sign of History," *Poststructuralism and the Question of History.* Cambridge: Cambridge UP. 1987.

——*The Inhuman.* Stanford: Stanford UP, 1991.

Milner, Andrew, et al. *Postmodern Conditions.* New York: Berg, 1990.

Niranjana, Tajaswini. *Siting Translation.* Berkeley: U of California P, 1992.

Spivak, Gayatri C. *The Postcolonial Critic.* New York: Routledge, 1991.

Stocking, George. *Race, Culture, and Evolution.* New York: Free, 1968.

Taussig, Michael. *Shamanism, Colonialism, and the Wild Man.* Chicago: U of Chicago P, 1987.

Taylor, Charles. "Modes of Civil Society," *Public Culture* 3, 1: 95-118, 1991.

——"The Politics of Recognition," Working Paper No. 50, Center for Psychosocial Studies, Chicago, 1992.

——1992-93. "The Political Culture of Western Modernity," A paper presented at the International Conference on Cultural Criticism, Chinese U of Hong Kong, Dec. 29, 1992-Jan. 10, 1993.

Warner, Michael. *The Republic of Letters.* Cambridge: Harvard UP, 1990.

「後東方」視點
——穿越後殖民化的歷史表象

陳曉明

自工業革命以來，西方就在人類文明的發展中占據著主導地位，西方／東方之間的二元對立，構成了人類文明衝突的基本模式。早期資本主義憑藉武力優勢對落後的東方進行大規模的征服，晚期資本主義則憑藉經濟優勢對第三世界實施更爲內在的滲透和控制。武力侵略和軍事占領，它必然引起被壓迫民族的仇視和敵對，而經濟滲透則逐步形成精神方面的控制。文化霸權不過是經濟霸權的必然延伸。工業革命把世界帶入經濟神話（和科學神話）的時代，正是科學給人類文明描述了一個至福的前景，當然也是這個前景誘導著發展中國家（或第三世界國家）跟著發達的西方進步。那些高科技電子產品，與之相適應發展出來的後工業文化，例如，影視傳媒，讓人們彷彿親臨其境目睹了西方的富裕生活。西方的產品質量是如此值得信賴，以至於發展中國家的人們很容易相信那裏一切東西都是令人羨慕的。人們有理由認爲，那裏是生活的天堂。在現實生活領域，發展中國家的民衆已經無法拒絕發達國家給與的價值觀念，只要看看人們是如何不顧有限的消費能力，而搶購發達國家的各種產品；只要能夠移居發達國家，人們不惜採取任何手段。

「現代化」、「經濟起飛」已經成爲發展中國家的幸福前景，這個西方資本主義創造的神話，日益成爲引導第三世界進步的聖經。甚至「奧林匹克運動會」——這個西方在其經濟危機和精神危機時期創造的神話，也已經推廣爲人類的理想，它超越了東西方界線，超越了發達與落後的根本對立，超越了種族和意識形態，成爲這個時代的超級神話。大部分發展中國家深信不疑，只要獲得「奧運會」的主辦權，就會創造經濟騰飛的奇蹟，就可以和發達國家一比高低，或並駕齊驅。那些體育盛會的開幕式，經常是東方民族主義景觀的全面檢閱，在這樣的瞬間，這個宏偉、狂熱、整齊而步調一致的場面，是一次「騰飛」的模擬實驗，當然也是「騰飛」的最充分的想像性滿足。

沒有理由去質疑發展中國家盲目聽信西方講述的神話，與其說這是一種命運的安排，不如說這種期望植根於人性的深處。每個民族都渴望發展，正如每個人都夢想過上好生活一樣。現代西方文明給出了幸福承諾，那些第三世界民族又如何能拒絕呢？正如詹明信在八〇年代初就注意到的那樣，「……多國資本主義新的大規模擴張是如何滲透入前資本主義飛地（自然和無意識）並使之殖民地化的，這些領地曾爲批評的有效性提供了享有治外法權的阿基米德式的立足點。」❶然而，在經濟和現實的價值選擇方面對西方的趨同，並沒有使中國這個文化源遠流長的國家放棄民族認同，相反，在九〇年代更加激進的現代化進軍中，「民族性」（和「東方性」）得到特別充分的強調。我們的文明（文化）處在這樣的歷史階段，準確地說處在發達資本主義／發展中國家的二元對立關係中。這就使我們在考察當代文化的那些最本質的方面時，有必要考慮到這一參照系。同時以肯定和質疑的方式去思考當今中國的文化現狀，既考慮到這種文化正置身於一個前所未有的轉型時期，也看到它所面臨的深刻危機和嚴重錯位——「眞正辯證的、在歷史之中思考人們的現時代的嘗試」（詹明信語）。

顯然，關於「東方」的神話是在這樣的歷史前提之下被講述的，這個神話一開始就具有抗拒和屈從西方強權的雙重色彩。對於中國民族來說，這個神話在近現代和當代講述了二次。重複當然有其內在的聯繫，然而卻更多顚倒、錯位和似是而非的內容。現代中國曾經發生過一場聲勢浩大的東／西方文化論爭，重新評價這場論爭非本文力所能及，但是有一點是可以指出來的：爭論的雙方並不像他們設想的那樣截然對立，他們的出發點固然不同，但殊途同歸，都是要製造一個強盛的中國與西方列強抗衡。然而，爭論這個行爲使他們各自走到了自己的反面。「全盤西化」派則臣屬於西方的「德先生」、「賽先生」的神話之下，因爲學習西方將是一個無限制的歷史過程，它的最終目的是把落後的中國變得和西方一樣「進步」或「強大」，這樣的中國在多大程度上還是東方的中國，這是否有可能或有必要與西方對抗，是值得懷疑的。至於固執傳統價值立場的人們，對傳統的維護和闡發，顯然再次陷入自我封閉的怪圈。這樣一個被理想化的，當然也是被誇大的東方傳統，它在文化上的優越性禁不起歷史和現實的最基本的檢驗，它除了在文化上提供一種想像性的滿足外，不可能解決任何實際的問題，這與它企圖爲中國民族找到立於不敗之地的初衷，很有可能適得其反。那些理想化的「東方價值」既不可能拯救半封建半殖民地的中國，更不可能引導世界文明走向圓滿的極地。

在某種意義上，歷史條件具有不可超越性，這並不是說我們信奉歷史宿命論，聽任看不見的歷史之手擺弄。有必要意識到一個民族在世界文明發展進程中所處的眞實位置，有一種被給定的歷史境遇是無法繞道而行的。就文化而言，一個民族在特定的歷史時期有一種無法擺脫的文化命運。近現代以來的中國一直就是在西方的陰影底下尋求自強之路，它的那些重大的歷史選擇無不用於抵禦那個強大的具有侵略性的西方。建國以後，這種形勢並沒有改變，相反，它在某些方面變本加厲。那些內部的權力鬥爭，它的最隱蔽的心理和最直接的口號，都可以看到對西方帝國主義的恐懼在作祟。至於那些文化策略和意識形態的核心內容，五、六〇年代的中國基本上可以概括爲「反帝防修」。史無前例的無產階級文化大革命，它在西方的歷史學家那裏被描述爲權力鬥爭，而它喚起民衆的歷史責任感的主要口號是基於對帝國主義的恐懼和敵視，所謂「國家變色」，「吃二遍苦」，「受二茬罪」等等。如果說東西方陣營的意識形態衝突不過是東西方文化衝突的一段揷曲，它的簡明扼要的形式把複雜的文化改寫爲少數人的工具；那麼持續一個多世紀的東西方文化衝突，則顯得極其複雜而耐人尋味。它的最無法克服的矛盾就是，對東方文化自足性的強調，總是導向對這種自足性的顚覆。

強調「民族性」（東方性）在中國現代歷史語境中，並不像主張者所表達的那樣純粹立足於中國民族本位。早期的東方文化研究者，強調東方文化的價值是以懷疑西方文明爲前提的。自梁啓超的《歐遊心影錄》爲始，強大的西方在文化上就受到懷疑。然而，那些懷疑西方文明而維護東方文化固有價值的國學大師，與西方文化早已結下不解之緣。事實上，對西方文明的質疑本來就是西方傳統中的一股重要思潮，而現代中國的保守派在很大程度上受到這股勢力的影響。辜鴻銘、梁啓超、梁漱溟以及張君勱諸大師，儘管各自的出發點和設想的文化目標不盡相同，但都受到西方文化的影響和鼓勵。不管強調東方還是懷疑西方，並沒有逃脫西方給定的臣屬地位，至於在那反抗和懷疑的背後，拖拽的不僅是一根東方的小辮，還有對西方傾羨的隱祕心理，則足以看出東方主義之不純粹。問題的實質在於根本就不可能純粹，這才是文化的悲劇命運所在。

強調「民族性」（東方文化的優越性）與其說是被壓迫民族頑強抵抗帝國主義的文化策略，不如說是第三世界國家一直試圖保持文化自尊的一種方式。如果說在現代中國，這樣一種努力還具有歷史的眞實性，那麼，歷史經過重複的表現已經徒具形式。正如馬克思在對黑格爾的某個觀點作補充說明時指出的那樣，一切偉大的世界歷史事變和人物，可以說都出現兩次。第一次是作爲悲劇出現，第二次是作爲笑劇出現。「當人們好像只是在忙於改造自己和周圍的事物並創造前所未聞的事物時，恰好在這種革命危機時代，他們戰戰兢兢地請出亡靈來給他們以幫助，借用它們的名字、戰鬥口號和衣服，以便穿著這種久受崇敬的服裝，用這種借來的語言，演出世界歷史的新場面。」❷我們可以看到，現代中國強調的中國文化的「東方性」特徵，在八、九〇年代的中國又再次被強調。儘管這種「強調」並不具有馬克思所描述的企圖「演出世界歷史新場面」的宏偉構想，也不存在「戰戰兢兢」的姿態（相反的是以冠冕堂皇和理直氣壯的面目出現），在這文化危機的年代，中國文化的「民族性」和「東方性」以各種方式被強調。在這裏，人們並不是有意識地請出亡靈幫助，而是被歷史之手套上那身古舊的服裝，去表演給發達資本主義的看客觀賞的文化節目。

當代中國的文學、藝術乃至學術已經形成這樣的不成文的絕對標準，那就是得到西方權威的認可才算是（當然也就無可爭議是）獲得成功。所謂「牆外開花牆裏香」，乃是已經定型的成功模式。毫無疑問，張藝謀是這種成功的典範，一個人人羨慕的表率。張藝謀曾經在第五代的深度模式裏摸索，《老井》在日本獲得首次成功給他以啓示。第一次執導《紅高粱》其藝術目的就十分明確，就是衝著西方的大獎。足可見其氣魄不凡，有著堅定而崇高的革命理想。《紅高粱》那些具有商業性的觀賞場面：顛轎、搶親、野合等等被注入「民族性」（東方性）的內涵。《紅高粱》獲得巨大成功，鼓舞著張藝謀在奪取西方大獎的道路上繼續前進。就電影藝術本身的發展來說，《紅高粱》在走出第五代的困境方面還是作出值得讚賞的探索。到了《菊豆》，則可以看到更加圓熟的張氏手法和純淨的東方風格。《菊豆》的選材就十分具有民族性眼光：這個嬸姪亂倫的故事表現了傳統宗法制的中國社會的深刻悲劇。傳統中國婦女經受的精神創傷和肉體磨難，傳宗接代的男權制度，嚴酷的倫理禁忌，東方（中國）男性的怯懦與負罪感等等，都以非常細膩的物法加以刻畫。全封閉的敘事視角，呈現出東方情調和中國民族性的場景，例如染坊及其工藝、建築、生活習性、節慶風俗乃至葬禮儀式等等。影片的敘事風格也頗具東方意味：鮮紅色塊與青藍色拼合的基本背景中流宕著詩意的情愫和壓抑窒息的氣氛，精臻凝煉的遠景不時強調中國農村的格調，頗具中國工筆畫的那種韻致……。這些確實使《菊豆》的敘事舒暢而純淨，壓抑而富有詩情。它與整個故事以及文化代碼相交合卻刻意顯示中國民族的文化性狀與生存方式。那些「人性」或「人類生活」的普遍意義，顯然被刻意打上「東方他性」（中國民族）的標籤，《菊豆》因此而在西方世界大獲成功。

就刻意製作「東方他性」而言，《大紅燈籠高高掛》則有過之而無不及。成功慫恿著張藝謀，使他變得無所顧忌，面向西方看客成爲至高無上的藝術目標。蘇童敍述的南方情調被張藝謀挪到北方，關於女人的心性刻畫被粗略地表現爲女人之間的爭風吃醋。無疑是爲了強化它的「民族性」和「東方他性」特徵，張藝謀掛起了大紅燈籠，甚至不惜三番五次捶腳。令人驚異的是，陳佐千只剩下一個背影。這當然不是因爲張藝謀對這個人物把握不定，而是有必要用這個「背影」去製造「東方神祕主義」的意味，它給大紅燈籠植入一個不可洞見的精神底蘊。張藝謀完全不顧及地域文化的實際情況，生硬而過量使用民俗學材料，當然不僅僅是爲了掩蓋他對這種生活的表現有些力不從心，更主要的是，這些大燈籠乃是爲西方權威貼上的文化標籤，它看上去像是第三世界向發達資本主義文化霸權掛起的一串白旗，而那些不厭其煩的民俗儀式，則無異於一次精心安排的「後殖民性」的朝拜典禮。

張藝謀是我們這個時代的文化神話，一個超級的文化代碼，它既具有最高的獨特性，又具有最普遍的概括性。它表明當今中國最成功的和最具影響力的文化生產，是如何臣服於西方的文化霸權之下。事實上，發達資本主義文化霸權已經強有力地制約著人們的潛意識，即使在那些看上去是在反抗西方霸權的民族主義色彩濃厚的作品裏，其實卻隱含著更爲嚴重的「後殖民性」的心理。一九九三年在中國大陸被認爲是最成功的電視連續劇《北京人在紐約》，它在講述一個中國民族本位的（東方性的）故事的時候，無法掩飾它的後殖民性特徵。一個中國男人千方百計到美國紐約，語言不通，對發達資本主義社會一無所知，他迅速陷入失敗，他那崇高的東方藝術家抱負，在紐約的地下室裏日益瓦解。這個失敗的東方男人（王啓明）與成功的西方男人（麥克）置放在一起，當然令人怵目驚心地感覺到東方的劣勢。然而敘事人並沒有輕易放棄「東方的優越性」，在失敗的東方男人的身後，一個有無窮魅力的東方女性（郭燕）出現了，成功的西方男人拜倒石榴裙下五體投地。東方男性（經濟、生產力、社會的制度化體系等）雖然失敗，但東方女性（文化、人性、內在超越性等）卻別具魅力，西方男人爲之傾倒。這個潦倒的東方男人終於參透了西方的價值觀和技能（重利輕義），他輕而易舉就成功了。西方並不是東方的對手，它任性、狡猾、偏執、見利忘義；而東方男人卻沉著、冷靜、有人情味。二種文化孰優孰劣，一目了然。至於阿春則是東西合璧的理想典範，當然她的東方特徵要更多些。很顯然，影片的敍事人對東西方文化作了未必合符實際的描述。這個看上去在愛國主義綱領之下表達民族主義內涵的電視連續劇，不如說它更眞實地表達了「後殖民性」的意義。對西方充滿了嚮往，卻又無法壓抑對它的仇視；試圖在天堂／地獄的二元模式中對它進行顚倒，卻也掩蓋不住的東方心態。只要看看片頭展示的紐約夜景——這個西方世界最有誘惑力的景觀，以及不惜花費巨資到發達資本主義世界去拍攝這部片子，就足可見它對西方的貶抑和對東方的擡高顯得多麼悖謬。在內在心理與外在表述之間，在實際操作與想像性的敍事之間，在個人選擇與集體文化認同之間，這種「東方心態」深深地陷入了表裏不一，名實不符的困境。這種狀況幾乎可以在所有那些強調「東方性」和「民族性」的話語裏看到。

八〇年代基於「現代性」焦慮而形成強勁的反傳統潮流，這種傾向無疑過分認同西方的價值觀念。但是這種片面而偏激的態度，具有眞實的歷史依據，它是擺脫嚴整而強大的現實弊端的唯一策略。相比較而言，九〇年代「弘揚傳統」成爲主潮，我們可以看到「弘揚」在各種場合顯靈。那些巨著和巨片的首發首映式，形形色色的宏大的學術討論會，甚至那些壯觀的娛樂場面，都在轟轟烈烈地「弘揚」。它在政治與文化上的合法化，並不能掩蓋它的歷史虛假性。各種文化活動因爲冠之以「弘揚」的美名而獲取合法性，在「弘揚」的名下，人們肆無忌憚從事各種各樣的經濟活動。「弘揚」是這個時代的超級能指，任何所指都可以塞進它那巨大而虛妄的空間；它是一張碩大無朋的虎皮，任何拙劣的勾當都可以在這裏尋求庇護。這是一個「弘揚」的時代，「弘揚」是這個時代的狂歡節。與其說這是「弘揚」的過錯，不如說是這個時代的謬誤。在這個時期，文化最高的合法性陷入危機，然而合法性又被推到實踐的首要位置。於是，所有的文化運作都去尋求合法性，它不可避免出現「合法性」的惡性衍生，所謂合法化的過程，也就是「合法性」自我顛覆的過程。因而這個時代的文化不得不陷入能指與所指巨大脫節的狀態；陷入動機與效果嚴重錯位的局面。

這種尷尬甚至出現在那些十分嚴肅認眞的皈依國學的一代學人身上。八〇年代後期，特殊的歷史情境促使一代學人重新反省八〇年代的學風，從思想史領域轉移到學術史領域。變「浮躁」爲「嚴謹」，改「激進」而爲「穩妥」，這無疑標誌著年輕一代學人趨於成熟。退居書齋的保守姿態，因爲特殊的歷史背景的映襯而具有了知識份子獨立自足的意義——它爲歷史指認爲中國唯一的一批「自由知識份子」。然而，隨著政治背景爲經濟背景替換，這種姿態就少有實際的歷史內容。皈依國學重新認同中國傳統價值，在很大程度上可以看成是一種學術策略，它使學人在專業範圍和價值立場方面與海外漢學達成共識。而源源不斷的海外資金的獲取與使用，則使中國唯一的一批自由知識份子的形象略打折扣，回歸民族本位的立場也顯得不那麼純粹徹底。這當然不是一代學人缺乏誠實，而是歷史之手把他們推到這樣的境遇中。在國際性的學術交往格局中，發達資本主義國家和地區的學者才有權威地位，他們的指認才能使中國學人錦上添花，放出更加奪目的學術光彩。當然西方文化權威需要第三世界的文化資源，回歸民族本位文化，無形中完成了學術和生活的雙重脫貧，這對於長期在貧困線上掙扎的中國學人來說，也不失爲明智而幸運的選擇。所謂「後國學」的說法，當然不僅僅是指新一代學人在治學方法方面與傳統國學有所不同，我以爲更重要的在於，當今的「國學」被推到後殖民化的語境中，它具有很多的溢出學術邊界的複雜涵義。

所有這些跡象都表明當今中國在文化上進入一個非常特殊的時期——不妨把它稱之爲「後東方」時期。這裏的「後東方」至少有二層涵義：其一，對「東方性」（或民族性）的強調總是導致對它的消解和疏離；其二，這種文化陷入嚴重的表象危機之中，在名／實，動機／目的，行爲／效果，形式／內容，合法／非法……等等之間，都發生錯位。一切都變得曖昧，似是而非，不可言喻。「後東方視點」則是對「後東方」文化狀況的描述、拆解和清理。不管人們是有意識地去追逐發達資本主義的價值和實際利益，還是明確執著回歸中國本位文化，它們都難逃臣屬發達資本主義的經濟霸權和文化霸權的最終結局。這是我們這種文化無可擺脫的命運，當然也是當今中國的文化創造者不得不置身於其中的歷史境遇。

所有這些都促使我們有必要採用「後東方」視點，對我們的文化所處的歷史地位和歷史境遇有眞實的意識，對當代文化的曖昧性和似是而非的狀況加以澄淸，警醒那些問題被虛假地解決。進入九〇年代，隨著柏林牆的倒塌，東西方陣營以意識形態爲標誌的對抗，已經基本結束，代之而起的是地區性的政治爭端，種族衝突。正如落後的東方對西方懷有仰慕和敵視的二重心態一樣，發達的西方對東方也存在招安和疏離的雙重策略。在一個民主化趨勢日益強盛的時代，重談意識形態老調顯然有損於民主西方的形象，把意識形態改換成區域性的文化，這合符歷史趨勢，也具有更廣泛的概括作用。一九九三年十月，美國著名的歷史學家杭廷頓(Samuel P. Huntington)發表〈文明的衝突?〉一文，在漢文化圈引起強烈反響。他認爲：「……文化將是截然分隔人類和引起衝突的主要根源。在世界事務中，民族國家仍會舉足輕重，但全球政治的主要衝突將發生在不同文化的族羣之間。文明的衝突將左右全球政治，文明之間的斷層線將成爲未來的戰鬥線。」杭氏的結論是：在可見的將來，衝突的焦點將發生在西方與幾個伊斯蘭——儒家國家之間❸。杭廷頓的說法令人恐慌，更令人興奮。它對於漢文化圈認同儒家傳統，很可能是一次巨大的慫恿；對於中國上下「弘揚傳統」將起到強有力的推動作用；而對於回歸中國本土文化資源，重建中國人文精神無疑是一部恰如其分的啓示錄。

當然，對「東方性」和「本土性」進行質疑的觀點，同樣難以逃脫西方文化權威的陰影。

某種意義上，我們這代人沒有自己的「元話語」，我們既不能從傳統的話語中找到理解和闡釋這個文化擴張時代的依據，也難以從現成的理論規範中獲取我們的立足點。我們是一些在精神上失去家園的人，這樣也許使我們成爲一個話語的觀望者，站在各種話語的交匯口而超越於獨斷論的歷史譜系之外。對於我們來說，不管是屈從於西方霸權還是人爲製造對抗的局面，都不利於中國民族及其文化的發展。「後東方」視野將試圖超越東西方等級制度和人爲的衝突模式，不僅拆開那些後殖民性的文化狀況，而且打破那種虛假繁榮的幻覺，力圖消除那些有害的民族主義虛榮。一種文化的自信應該建立在對其眞實的歷史境遇的意識上面，對本位文化面臨的困難視而不見，匆忙建構或重建未必是明智的抉擇。質疑、追問、批判和清理，在相當長一段時期內，將是我們的任務。

一九九四年元月三十日
於北京望京齋

註釋

❶〈後現代主義或晚期資本主義的文化邏輯〉，載《新左派評論》，一九八四年夏季號。中文譯文參見《後現

代主義文化與美學》，王岳川編（北京大學出版社，一九九二），頁八三。

❷《馬克思恩格斯選集》第一卷，頁六〇三。

❸杭廷頓〈文明的衝突〉，載《二十一世紀》，一九九三年十月號，頁五、二一。

「人民記憶」與文化的命運

張頤武

一

全球性後現代主義文化的發展，使第三世界文化也被旋入了一個巨大的國際性語言與文化的關係網絡之中。各種話語的交錯混雜以及舊有整體性的破裂也使第三世界的寫作受到了嚴重的挑戰和衝擊。人們普遍認爲，第三世界文化如何創造性地發現和建構新的話語以對抗第一世界文化機器無往而不在的權力／知識系統，乃是一個異常艱難的使命。隨著第一世界大衆傳播及文化工業的發展，像好萊塢商業電影這樣經典的消費性的第一世界文化產品廣泛傳播，第三世界文化所面臨的「表徵危機」也十分嚴重。保持既有文化特性的努力與對本土性的執著探求也往往被動地在無意識領域中成爲第一世界文化想像的產品，而第三世界的固有的「形式」和表意策略更是面臨著全面的衝擊。第三世界文化被視爲一種派生性的、次等的文化。它的舊形象的保留被視爲一個第一世界文化的想像的「他者」而存在，它被派定處於一個刻意創造的、精心編碼過的被動位置上。這種狀態使得第三世界寫作的命運更加撲朔迷離，難以窺見其「蹤跡」。第三世界文化中那些社會／政治／文化的尖銳衝突與對立壓迫著第三世界的文學作者，要求他們給與那些緊迫的問題以「總體性」和「終極性」的答案，但這種「總體性」、「終極性」的想像卻受到後現代主義文化「表徵危機」的根本性的消解。原有的自我想像和自我定位並不足以應付充滿劇烈變動的今天的世界，第三世界寫作對自身位置與價值的探究就變成了二十世紀最後歲月的一個尖銳而複雜的問題，我們在不斷地探索之後，似乎又回到了起點上進行追問：我們是誰？我們爲何寫作？

二

作家池莉有一篇十分有趣的小說〈熱也好冷也好活著就好〉，其中出現了一個寓言性的場景，具有著驚人的象徵性的涵義。這是一個被人稱爲作家的人「四」和另一個市民青年「貓子」之間的一段對話：

貓子說：「四，我給你提供一點寫作素材好不好？」

四説：「好哇。」

貓子説：「我們店一支體溫表今天爆炸了。你看邪乎不邪乎？」

四説：「哦。」

貓子説：「怎麼樣？好抒情吧？」

四説：「他媽的。」

貓子説：「他媽的四，你發表作品用什麼名字？」

四唱起來：「不要問我從哪裏來，我的故鄉在遠方，爲什麼流浪，流浪遠方，流浪。」

貓子説：「你眞過癮，四。」

四將大背頭往天一甩，高深莫測仰望星空，説：「你就叫貓子嗎？」

貓子説：「我有學名，鄭志恆。」

四説：「不，你的名字叫作人！」

貓子説：「當然。」

然後，四給貓子聊他的一個構思，四説準把貓子聊得痛哭流涕。四講到一半的時候，貓子睡著了。四放低了聲音，堅持講完。

這個段落給與了第三世界寫作面對的困境一個絕妙的闡釋。試圖窮盡生活的意義並用自己的故事打動人的作家與他所試圖打動的人之間的對話是零碎而不著邊際的。「四」以「人」對貓子的重新命名有一種典型的知識份子幻想的意識形態色彩，他試圖以「獨立」的方式「喚醒」貓子，也就是試圖以一種拯救的欲望重建敍事的激情，但他所提供的構思卻使貓子睡著了。「四」的幻想並未得到回應，兩個人之間的對話是互不相關的，也是相互游離的。「四」有用自己的敍事感動人的宏願，但這一宏願最後卻變成了一種阿Q式的自戀的情結。這是一個明確的寓言，它喻示了第三世界寫作的困境。投身於寫作的知識份子試圖給與世界一個永恆的終極性的解釋，他們預設自身拯救者和話語發出者的優先性的「位置」，他們把自身想像爲某種民衆的代言人。但問題在於這種「身分」的確立本身就是一個神話式的意識形態幻想，一種來自於語言的幻覺，一種精心編碼的知識，權力的策略。它使人在盲視中失掉了對自身的清醒認識。它把對語言的掌握視爲對現實世界的把握。四／貓子間的這段對話實際上喻示了知識份子「代言人」身分本身的消解，並沒有什麼人賦與知識份子代言的特權。他的所謂「代言」性的寫作不過提供了他自身意識形態的表達而已。

這是第三世界知識份子的一個經典性的困境。他始終以一個拯救者的身分出現，試圖給那困擾他的緊迫問題一個終極的解決，他把「人民」作爲一個總體想像的符碼，把「人民」所承擔的苦難和爭取幸福的欲望化爲了超驗而神聖的終極性的能指。由於「人民」的非實體化爲超驗的能指，因此，知識份子的代言就變成了無從加以否定的合法性信念。它把「人民」

抽象化之後，就可以將之視為「沉默」的、無法表達自身的語言／生存狀態的人，「自在」的人，而這種無法表達的欲望和企求只有通過知識份子才可能得到表達。知識份子在這裏變成了特選的人物，變成了傅柯所指稱的「牧師權力」的發出者，是文化機器行使權力的證明和保障。知識再一次被界定的權力，一種表達的權力和代言的權力。「眞實」和「眞理」被認為是可以通過敘事加以陳述的，是超出一切程序之上的神聖之物，而非意識形態的產物。

這種幻想性的秩序是以對「人民記憶」的控制、壓抑、重寫來實現的，是以建立一種無以名狀的語言／身體的制約規則來實現的。這就涉及了所謂「人民記憶」的概念。我以為對於「人民記憶」的探討是「第三世界文化」重新尋找自身新話語的關鍵和樞機，也是第三世界抗拒第一世界文化權力的唯一重要的方面。「人民記憶」據法國思想家米歇·傅柯的闡釋，是一種「意識的歷史運動」❶，是意識形態作用的核心。我以為，「人民記憶」是普遍文化底層中的語言構造，是一個民族語言／生存的核心因素，是歷史記憶的無意識的書寫活動，是母語生命的最後棲居之所。「人民記憶」引起了意識形態的控制、分離、偏移、化解的多重組合關係。任何意識形態，總是通過語言作用於「人民記憶」，而發生作用的「人民記憶」不是一種抽象的、無以把握的、無可名狀的奇異之物，而是滲入語言的一切領域中的運作過程。「人民記憶」是話語活動的基礎，它也就是歷史本身的話語。「人民記憶」常常被意識形態和文化機器所刻意地壓抑和忽略，被一種潛意識中的意識形態替換和代表。傅柯在分析法國有關納粹統治時期的電影時，曾經指出，像卡瓦妮的《夜間守門人》、路易·馬盧的《拉孔·盧西昂》等影片都試圖以「資產階級的方式闡釋歷史」，而這一方式的明確表徵是這些影片試圖巧妙地把「記憶」強加於人民，從而影像也就成爲書寫「記憶」的編碼策略，它屏蔽、推延「人民記憶」的生成，阻滯「人民記憶」，抹擦「人民記憶」。因此，「人民記憶」的概念標誌著歷史的統一性和權威性的體系的破裂。一切歷史的陳述都不是先驗地具有眞確的性質的，而是一種刻意編碼並作用於「人民記憶」的「文本」，它不再講述「眞實」，而是講述和呈露它是如何通過調用「人民記憶」而讓人「相信」的。它在試圖製造「眞實」時，卻不免把它背後的文化機器的運作透露出來，把話語的活動透露出來。這也就通過「人民記憶」這一概念的介入，把「眞實」的問題轉向了「相信」的問題。它們不再探究如何到達永恆的，超驗的「眞實」，而是探究如何通過對「記憶」的掌握而達到「相信」的，這也就從另一個方面將能指／所指、語言／實在的分離與差異凸顯了出來。「人民記憶」是文化機器和意識形態爭奪的關鍵領域，也是「第三世界」文化發展的關鍵。

「人民記憶」的概念喻示著任何文學寫作活動的意識形態特徵，它指明一切敘事最終是對「歷史」的虛構，是對潛意識的控制、轉移、播散的策略。任何文學的文本都表現和呈露著它的話語機制。文本實際上是對「文化」、「歷史」的一次創造活動，但它的背後卻是意識形態和話語機制運作的產物，一個文化／語言網絡的產物。

「人民記憶」起到了一種「除幻性」的功能，它使第三世界文化的命運得以凸顯，使知識份子無法沉溺於有關「主體」的幻想之中，而是將主體視爲話語的產物。「人民記憶」的概念促使我們重新思考「第三世界文化」表意方式的運作，它把我們帶入了一個無可逃避的關係網絡之中，同時也指明了在第三世界從事寫作的艱難性和挑戰性。它阻滯了任何「代言」欲望的生成，也就最終改變了寫作本身。我以爲這裏有三個方面値得注意：

第一，「人民記憶」的概念改變了我們對第一世界／第三世界二元對立的看法，我們發覺這種對立並不是簡單的排斥性的關係，並不是單純的敵／我、現代／傳統、中心／邊緣的分裂，而是混雜和複合性的文化／語言運作。第一世界的意識形態不僅僅是以公開而直接的方式作用於第三世界，而且是滲入「形式」和「潛意識」領域的隱祕的作用，是一種無法把握的、極其複雜的傳遞過程。第一世界的意識形態是以影響第三世界的「人民記憶」而發揮其影響和功能的。第一世界的商業電影、流行歌曲、廣告節目等都以其精美的「形式」直接地作用於第三世界文化，試圖調用第三世界的「人民記憶」。它們以第一世界的方式闡釋人類的文明與歷史，把刻意編碼的虛構當作事實和眞理。它們在玩弄第三世界人民的恐懼和欲望。因此，第三世界文化中的寫作和大衆文化的發展如何作用於本土的語言／生存，創造特異的新話語，在「人民記憶」的領域裏進行深入的探索，就成了一個具有關鍵性的課題。

第二，「人民記憶」的概念標明了一種深入到我們母語深處的集體的底層存留，一種無盡的鏡像之流，一種種族命運延續的「特性」的表徵。對於處於第三世界處境中的人們來說，他背後的語言／文化似乎是他在這個全球性後現代主義文化之中唯一「所有」的東西，也就是說，除了那刻骨銘心的「記憶」之外，他不再擁有什麼了。因此，「人民記憶」是第三世界文化最後的依據，也是它存在的唯一具有深刻意義的「區別性特徵」。

第三，對於第一世界的理論家來說，無論他們對第三世界是抱有深刻的同情還是充滿蔑視，他們都往往把第三世界的文化視爲一種「派生」之物，一種依靠第一世界文化界定自身、證實自身存在的文化。無論這些理論家將「第三世界文化『視爲』反抗性」的對立的產物還是「模擬性」的順應的產物，它都只是一種被動的文化，一種無力和軟弱的文化。但「人民記憶」意識的生成，卻使「第三世界文化」中蘊藏於母語的一切可能性得到了展現的機遇，也給被當代世界所淹沒的悠久、古雅的第三世界傳統一個被「懸置」的抽象的神話，使它處於共時性的、具體的語言／潛意識的狀態，這就激活了第三世界語言／生存的可能性。也就是說，「人民記憶」是一個將縱向的連續性轉向同一平面的「機器」，一個「歷時」轉向「共時」的「機器」。這也就解放了「第三世界文化」的歷史，釋放了它的能量。

「人民記憶」的概念，意味著一種新的意識的生成，也意味著覺醒和挑戰。那麼，這一立場又如何「實踐化」爲文本內部的動因呢？我們究竟如何探索「人民記憶」呢？這些問題都在期待著我們的回答。

三

對於第三世界的文學寫作來說，對「人民記憶」的探索必須從兩個層面上進行。首先，「第三世界文化」中的敍事文本必須對傳統的「情節劇」的表意策略保持批判和超越的立場，必須由一種閉鎖的敍事秩序中解放第三世界的寫作。其次，必須更深入地探索母語的創造性和表現力，在對「母語」的特殊表意方式的開掘中尋找第三世界「人民記憶」的意識。只有在語言／敍事領域中的徹底的變革，才有可能從根本上超越第一世界話語的壓抑、控制、轉移第三世界的「人民記憶」的努力。在這方面，問題是極其複雜難解的。因爲第一世界的意識形態的作用是極其隱蔽和曲折的，它不再像殖民時代那樣直接和強烈地發揮影響，而是與後現代主義的商品文化相適應，更多地在「潛意識」和「形式」領域發揮影響。「文化」不再是界限分明和整體性的，而是極其複雜地混合在一起的。這就使得「第三世界文化」原有的表意策略的轉換成了它自身存在的基礎。「第三世界文化」如果還試圖發出自身清醒明澈的聲音，它就必須努力在語言／敍事這樣的層面上做出異常艱韌的努力。

在傳統的「第三世界文化」的寫作中，有一種普遍性的話語一直在發揮著支配作用，這就是所謂「情節劇」的話語。它一直被認爲是第三世界抗拒第一世界文化控制的唯一有效的表意策略。「情節劇」是指歐洲十九世紀的一種音樂劇。後被用來泛指用「眞實」的、「再現」性的方式縫合於某種特定意識形態的表意策略。「情節劇」話語被認爲具有一種強有力的衝擊力，它使第三世界人民認識自身的苦難與不幸，它號召和鼓舞第三世界的人民起來鬥爭，捍衛自己的權力。「情節劇」一方面強調「眞實」性，一方面強調意識形態的使命和職責。它提供了一種巨大的可能的想像，也就是在眞實／意識形態間完美縫合的文學文本的出現，它是一座必要的「浮橋」，以自身的特有話語構成「召喚」作者／讀者的有力方式。它把文學變爲一種想像性的社會行爲，力圖提供給第三世界人民一種幻想的滿足，使他們在一種「眞實性」的幻覺中消融其變革的欲望。「情節劇」的表意策略曾經在「第三世界文化」內部起到過十分積極的作用，它打破了禁忌，力圖給與人們以明確而具體的對自身處境的認知。因此，「情節劇」被廣泛地運用於第三世界文學敍事的各個不同的領域之中，在電影、小說、戲劇諸領域都曾產生過極其深遠的影響，它也可以被認爲是第三世界文化中敍事的經典策略。

但問題的癥結在於，「情節劇」所提供的「眞實」只是一種語言的幻覺，它並不是實在世界的呈現，而是能指編排的結果，是對話語和意識形態進行「自然化」的結果，是對想像界的直接作用。它悄悄地打消了我們對語言／生存的焦灼和不安，是對話語的隱抑和控制。它試圖把人置入一種幻想性的秩序之中。它的編碼策略來自於調用人類的基本幻覺，即語言再現實在的幻覺，精心地擦去了話語發生作用的痕跡。在「情節劇」化的文本中，隱含著一種被刻意掩飾過的東西，一個在發揮作用的拉康式的「不在者」。「情節劇」是按照一套完整的敍事法則進行運作的，它運用對話和隱去「作者」存在的客觀性的語詞進行陳述，在完整的因果性和對「人物」的「性格」的一系列形容詞化的修辭中達到對「似眞」性幻覺的確認，使讀者的批判意識和自覺性被打消。它是「同化」作用的產物，是玩弄讀者的恐懼與欲望的第一世界文化機器的產品。「情節劇」的最經典性的文化產品是好萊塢的商業電影和十九世紀的歐洲主流小說，它們事實上在控制和壓抑著第三世界人民的記憶，使之淹沒於陳舊形式之中。情節劇的「似眞性」幻覺的生成乃是第一世界意識形態和文化機器的產物，它不斷地提示和宣諭現實的不可改變，世界被按照第一世界想像的樣子確認了，第一世界/第三世界間的衝突與對立被隱抑和「不見」了。「情節劇」天然地與第一世界的意識形態連在一起，它使得現存的話語秩序變得永恆，並使之詮釋爲不可變更的。幾乎所有第一世界文化機器的經典產品都具有「情節劇」化的表徵，它們通過出版、錄音、錄像、電影、電視等無數大衆傳播媒介作用於第三世界的「人民記憶」。它們把第三世界文化想像爲一種幼童式的被動的文化，通過無窮的複製行爲撫慰和誘勸的策略作用於「潛意識」領域，通過幾近完美的製作使眞實的世界性關係被刻意文飾。在電視中無休止的「肥皀劇」和感官化的所謂「寫實」小說中，這種狀態最爲明顯。它們調用人們的情感，運用「呈現」的技巧把人們捲入「認同」的漩渦之中。馬克思對於資本主義意識形態對「情節劇」的利用持尖銳的批判立場。他在《神聖家族》中對歐仁・蘇的小說《巴黎的祕密》進行了讀解，指出這一文本在貌似「眞實」的幻覺背後的資產階級道德宣傳。對於第三世界文化中的作者／讀者來說，「情節劇」既是一種誘惑，又是一種危險和陷阱。第三世界文化中的作者往往希望「借用」情節劇的表意策略，通過對「似眞性」的修辭的運用宣諭意識形態，直接以語言提供某種「眞實」，促進人民的自覺意識的生成。但在這裏存在著根本性的分裂，「情節劇」的表意策略所提供的是現存話語不可變更的神話，是使人認知自身被動性和無能爲力性的神話，是第一世界意識形態控制和壓抑第三世界潛意識的方式和途徑。它與對「人民記憶」的控制緊密相連。它不可能達到第三世界本土文化命運的深層，也不可能達到我們自己母語的深處，而是把西方的「中心化」、「權威化」的形式視爲永恆的存在。它使第三世界人民在形式領域中產生深刻的無能爲力和無法創造的沮喪感。這使得採用「情節劇」表意策略的第三世界敍事文本往往在意識和思想的明確的激進性和對第一世界話語的抗衡性中，卻表現出某種形式領域的「滯後性」，往往被視爲對陳舊的第一世界傳統形式的模仿性的文本。在一種傳奇性的、單調而粗糙的故事中，生動地揷入若干帶意識形態性的議論。它們並未純熟地運用「情節劇」的形式，卻又無法有效地發掘那些獨特的、來自於母語內部的形式，使文本最終呈現出某種笨拙而倉卒的特徵。這些文本不但不能使第三世界文化產生新的自覺，僅僅因其模仿性和派生性的特徵而加強和深化了第一世界文化的「中心性」，使自身變爲某種即時使用的、次等的文本。

「情節劇」的根本性的局限在於它阻礙了「人民記憶」的生成過程，它也是某種第三世界知識份子的幻覺。這些知識份子往往借用「情節劇」打破若干禁忌，卻又往往保留了第一世界在語言／潛意識領域中行使權力的禁忌，保留了第一世界對「形式」控制的權力。「人民記憶」意味著母語的潛能和現實可能性的最大限度的實驗和探索，意味著打破「情節劇」所造成的禁忌和規則，意味著文類的區分和單一的、整體化的形式的潰解，意味著第三世界文本使自己的讀者「醒著」觀看或閱讀，使他們在有意識和潛意識領域中產生新的自覺性，在這個過程中不斷地從「自在」向「自爲」飛躍，並清醒地認識自身的處境。這就必然地要求文本與「情節劇」意識相決裂，在「情節劇」意識之外去尋找那些與自己的母語緊密聯繫的、新的、使人震驚的「形式」。

對「情節劇」的超越乃是獲得對「人民記憶」的眞切表達的唯一途徑。任何作家的社會責任都首先是對自己母語的責任。只有通過對自身母語的無盡的探索才可能深入「人民記憶」。而「情節劇」的表意策略則往往忽略對母語的探索，而是使用一種慣熟的陳舊的修辭、句法和表意方式，這就無法從根本上獲得與第一世界敘事的眞正的「抗衡性」。「情節劇」意識在句法領域中只會強化印歐語系的主—謂—賓模式，因爲「情節劇」只是將這一句法形式擴展和變化的產物。因此，與對「情節劇」意識的批判相聯繫的是，第三世界文本必須突破印歐語系的句法對本土語言的壓抑和束縛，只有在這種壓抑和束縛被解放之後，第三世界的

「人民記憶」才有可能得到眞切的表現。

有關在漢語文學中發掘本土句法及文字的「特性」問題,我曾在各種機會中進行過討論,不必在這裏詳述。我只想指出,目前在漢語文學中出現的超越「白話」規範和束縛的「後白話」文學潮流,必然會對漢語文學的未來產生積極的影響。因爲「人民記憶」存在於語言的空間之中,沒有對母語的永恆的激進性探索,就不會有「人民記憶」的呈現。第三世界在一個全球性的後現代主義狀況中似乎已經一無所有,語言是它抗爭的唯一有力的方式,是第三世界與自身的文明傳統相聯繫的中心紐帶,是第三世界知識份子在第一世界文化權力/知識網絡面前創造新的可能性的起點。第三世界的作者只能在這種言語的抗爭中感受自身的力量。

超越「情節劇」意識和對母語大膽的、激進的實驗是第三世界文學擺脫壓抑、控制和意識形態偏見的有力途徑。不從這兩方面尋找突破,第三世界文學獨立的創造性的發揮是不可能的,而第三世界的「人民記憶」也只能在一種歪曲的、倉卒的、漫畫式的形象中被書寫和製作,第三世界的人民也就只好被動地、無能爲力地面對歷史/語言/政治的次等的地位。這種狀況是第三世界文化的眞正的困境,這一困境的癥結在於它在實現了「意識」領域中與第一世界文化的斷裂之後,卻又在「潛意識」領域中順應和服從了第一世界意識形態的制約。因此,在「形式」領域中的探索是第三世界創造性和想像力發揮的中心領域,也是「人民記憶」生成和表述的唯一有效的策略。

四

對於九〇年代的漢語文學來說，對「人民記憶」的發掘和探索無疑是一個引人注目的課題，也是中國作者所面對的最大挑戰。當代漢語文學目前正在經歷著深刻的轉型過程，八〇年代急遽變化、躁動不安的文化潮流正在消退，一種平易、溫和、安詳、寧靜的話語正在悄然崛起。人們開始發現經歷了八〇年代劇烈變動和極不穩固的令人眼花撩亂的文化更替之後，一種「回返」傳統的話語開始占據了中心的位置。這種「回返」並不是一種玄學式的指涉著哲學／歷史／文化的潮流，它並不像「尋根」文學那樣試圖在傳統的文明價值中尋找到東方的智慧，而是試圖在世俗日常生活的瑣碎而零散過程中尋找某種「順應」和「認同」的滿足。九〇年代的這種深刻的文化轉型在大衆傳播和純文學領域中都已同時發生。一種對法則的尊重和敬畏，一種溫馨的家庭式的氣氛，一種化解我們焦慮不安的「似眞」性的編碼，構成了九〇年代文化的基本話語。在大衆文化領域中，如《媽媽再愛我一次》和《渴望》等影視的巨大成功，說明了某種感傷的市民情調與精心設計的情節的力量，說明了傳統的倫理話語和價值準則的力量。它們輕輕地喚回了在八〇年代激進的文化潮流中被遺忘的東西。我們看看八〇年代後期的兩部著名電影——張藝謀的《紅高粱》和田壯壯的《搖滾青年》的插曲與《渴望》的主題歌間的差異，就可以知道我們面臨著的是何等深刻的差異與變更。《紅高粱》中的〈妹妹你大膽地往前走〉和《搖滾青年》中的〈怎麼痛快怎麼來〉都充滿著一種對「瞬間」的欣悅的追求，表現了一種沉迷的、焦灼的情緒。而《渴望》的主題歌的平易、感傷而又溫和的調子，則充滿了一種懷舊的、安詳的姿態，「恩怨忘卻／留下眞情從頭說／相伴人間萬家燈火」，從這歌聲在大街小巷的流傳中我們感到了文化轉型的深刻性和複雜性。

在純文學領域中，類似的狀況也在發生著。八〇年代後期最重要的文學潮流——實驗文學已經退回了文學秩序的邊緣，語言和敍事運作的創造已經不再成爲作家們關注的中心，實驗文學的衝擊力業已消失。而界定含混的「新寫實主義」的潮流進入九〇年代之後，也發生了微妙的但卻具有關鍵性的轉變。原來如劉恆的《逍遙頌》、《伏羲伏羲》，劉震雲的《單位》、《頭人》，王朔的《千萬別把我當人》、《一點正經沒有》的強烈的解構性的敍事運作和對漢語白話的大膽的探索，已被方方、池莉的感傷而溫和的市民小說所取代。這些市民小說充塞著大量零亂、瑣碎而又饒有興味的日常生活細節。在第三人稱的「似眞性」的描寫中隱含著曲折的意識形態目標。忍耐和屈從一再地成爲小說敍事的中心。在意識形態領域的「回返」和在敍事領域的「回返」幾乎是同步進行的。「情節劇」又在某種曲折的屏蔽下呈露了自身。一因一果的閉鎖性的結構和白話中的舊有的句法與修辭規則再一次在形式領域中占據了重要的位置。

這種狀態的出現是極其合理的，人們很難在經受了八〇年代不間斷的變化之後不期望一種平靜的時刻的來臨。但這卻是拯救欲望的一種曲折的重現。「新寫實」或《渴望》式的肥皀劇具有一種精神分析的「治療」性的功能。它們都讓人把不可企及的欲望不再投射於現實之中，使人把在第一世界／第三世界的衝突、對立中所感受的焦慮加以平息和遺忘。它們告知人們的是日常生活本身的永恆性和堅固性。它們是一種「俯視」性的視點的產物，把「似眞性」作用於讀者，以調用他們的恐懼和欲望。因此，它們也試圖提供我們消費的「眞實」，使我們沉溺於這種眞實的「幻想的秩序」中而無法行動。「新寫實」在這裏也已變成了某種知識份子幻想的產物。八〇年代後期新寫實小說的衝擊力也已發生了消退性的狀況，儘管這種潮流取得了巨大的成功。

因此，對「人民記憶」發掘的要求就不能不成爲我們關注的中心。「人民記憶」被阻滯狀況的「消解」，讓敍事文學與人民的歷史經驗相互作用的努力成爲九〇年代中國作家的核心使命。在這裏，一些「邊緣性」的探索顯示了自身的力量。如陳丹燕的《吧女琳達》、王安憶的《叔叔的故事》、呂新的《空曠之年》、北村的《聒噪者說》等小說，都表現了在權威性的敍事話語之外變革敍事的卓越的努力，也表現了對漢語「後白話」的卓越的探索。這些超出小說主流之外的實踐爲我們提供了新的發掘和探索「人民記憶」的可能性。這種可能性正是集中在對「情節劇」意識的超越和對漢語可能性的探索中的。這些作者提供的不再是他們封閉性地觀照下的「似眞」世界，而是在與讀者的交流中獲得某種抗拒第一世界文化壓抑的可行的實踐方式。「故事」常常處於斷裂、破碎而不穩定的狀況之下，經常具有一種布萊希特式的「間離化」的效果，使第三世界的讀者產生驚疑、拒絕和震撼，使他們不安於自身的處境。這些文本依然保持著實驗的激情，又具有一種新的、面對二十一世紀的敏感。這裏的第三世界語言／生存中的苦難、掙扎、奮鬥不再是一種生動的直觀，一種簡單的圖景，而是處於語言中的「辯證關係」，是多聲部、無主題的對「人民記憶」的書寫。這些尚無法歸類和界定的文本，提供了我們面對二十一世紀的可能性和契機。陳丹燕的《吧女琳達》中那個帶有大學生／吧女雙重身分的少女的精神與生活歷險，無疑標誌著某種特有的第三世界自覺的生成。這裏不存在拯救，只存在共同的「記憶」與不可泯滅的第三世界生存的可能性。

二十世紀最後歲月人類文化的發展呈現出某種撲朔迷離的性質，但中國作家仍然要探索那些契入他們自己生命和語言之中的「記憶」。這些記憶不會由於後現代的商品社會而泯滅，也不會由於第一世界話語的屏蔽和阻滯而消失，因爲它們屬於第三世界的人民，屬於我們自己。這是漢語文學的希望，也是我們生存的希望。

註釋

❶參閱《電影欣賞》一九八九年，第五期。

文學篇

語言、文本、國族記憶的互動關係

香港現代詩的殖民地主義與本土意識

洛楓

導言(一)：從殖民城市的概念說起

美國社會學者安東尼・金(Anthony D. King)在一九九〇年出版的《都市化、殖民地主義與世界經濟：世界都市系統的文化與空間建設》(*Urbanism, Colonialism and the World-Economy: Cultural and Spatial Foundation of the World Urban System*)一書中，指出「殖民地」發展與「城市」不可分割的關係[1]；所謂「殖民地城市」的概念(the concept of the "colonial city")，意指西方以工業資本主義爲主導的殖民地主義(industrial capitalist colonialism)，透過都市生態與生產模式的過程，引致而成一個無論政治、經濟、社會、文化也傾向多元化的體制[2]——香港是一個很「西化」的城市，而西化的來源是由於英國殖民地管治的歷史所使然：西方殖民地主義者認爲：「殖民化」(colonialization)主要是透過「帝國主義」(imperialism)的入侵，對第三世界的國家或發展中的地方，在經濟上進行資本的壟斷，在社會及文化上進行「西化」的滲透，甚至搬移歐洲的生活模式或文化習俗，以求弱化或瓦解殖民地原住民的民族意識❸。

香港自十九世紀中葉開始，成爲英國的殖民地，百多年來，從小小的一個漁港，躍身成爲面向世界的金融及商業中心，其間「西化」(westernization)與「都市化」(urbanization)是兩個不能或缺的因素，而這兩個過程，又恰恰是殖民地政策管治必然的手段。因此，無論政治的制度、經濟的運作及社會的結構，在即使百分之九十以上爲華人的人口比例中，香港遵行的都是西方的模式與秩序：然而，在殖民地發展的歷史中，儘管香港的例子有很多符合西方殖民地主義論述的特徵，諸如強勢文化之壓抑弱勢文化、宗主國掌握和控制原住民政治及經濟上的權力、殖民化以後生活形態的改變等等，但因應香港特殊的地理形勢與歷史牽連，致使其殖民化的過程，也產生了種種與第三世界國家、甚至是英國其他殖民地迥異的特質。根據劉兆佳(Lau Siu-kai)的〈沒有獨立的非殖民化及香港政治領袖的匱乏〉(Decolonization Without Independence and the Poverty of Political Leaders in Hong Kong)一文中指出，香港的殖民地特色，可說是英國殖民地中的異數，首先，作爲一個被宗主國管治的地方，香港基本上無法提供任何天然資源，英國政府當初要求中國割讓及租借香港，主要的目的在於攫取遠東（尤其是中國）的經濟利益；其次，作爲十九世紀中葉開始的殖民地，香港並沒有龐大聚居於本地的原住民（除當時新界部分地區以外），日後人口的發展主要來自中國內地難民的南下，而這種南下的遷移又似乎帶有對「被殖民化」的正面意願；（這個問題比較複雜，牽涉了中國政治與香港歷史息息關聯的網絡，同時又涉及「香港人」身分認同的危機等，劉兆佳的看法亦略嫌簡化了現實的情況，這方面的問題將在以後的章節討論。）其三，由於香港在地理上靠近中國大陸，社會階層又以華人占大多數，因此，英國政府在施行殖民地政策的時候，不能不顧及中國的需要和看法；最後，隨著香港主權在一九九七年移交中國的事實，香港殖民地歷史的結束，並非像一般第三世界國家那樣通過和平或暴力方式爭取獨立，而是透過中方容許的高度自治及保存現有資本主義制度等承諾，回歸母體❹。

劉兆佳的觀察，除了部分論點有値得商榷和補充的餘地外，的確能勾畫香港殖民地主義論述中幾個重要的命題，例如中國與香港，因應歷史的種種牽絆而產生的文化或身分的隔膜，又例如一九九七年主權的移交，造成社會普遍人心不安及信心動搖的困擾，甚至更重要的，在駁雜不純的殖民地政策管治下，產生混雜的、異質的文化及文學面貌。

導言(二)：兩種殖民地文學的誤解

一九七八年，尉天驄發表〈殖民地的中國人該寫些什麼？——爲香港《羅盤》詩刊而作〉，強烈譴責香港文化的腐敗與衰頹，他說：「……香港是帝國主義從中國搶走的一塊土地，然後它不僅利用這塊土地推展對中國和亞洲的侵略，而且還把它培育成罪惡的淵藪……今天，在國際上一談起香港，就會令人想到它的販毒走私、它的色情氾濫……等等，我們相信這絕不是由於居住在那裏的大多數中國人都自私、低能、命裏注定要當次一等國民，而是有人透過高樓大廈、燈紅酒綠、燕瘦環肥、賭狗賽馬……不知不覺中散布了比鴉片更令人癱瘓的麻醉劑。於是，一些人上一時刻還沾沾自得於香港的街景，下一時刻已在各種有形無形的麻醉中委靡下來。如果我們肯於考察一下近二十年來的香港藝術活動，就應該問一下六〇年代的一些現代詩人、畫家都到哪裏去了？他們不是遠走高飛，就是有的變成下三流刊物的編輯或商品。」[5]尉天驄的口吻，頗帶有道德說教者的價值判斷，認爲「香港人民身上吹噓什麼空洞的現代化和中國精神」[6]，不但一筆抹煞了香港文學自五〇年代展開的「現代主義」(modernism)思潮的貢獻和意義，而且亦以偏概全地把香港混雜的文化形態簡約爲「聲色犬馬」的現象，而尉天驄實在是以一個外來者的身分，附上預想的偏見，睥睨香港文化的特質與內容。

所謂「殖民地的中國人」，不是一種政治及社會實況的歷史標籤，而是帶有貶抑及主觀愛惡的個人批判意味，題目的「該寫些什麼」，已顯示作者對香港文學一種外加的、強制性的規限，而不是帶有理解的眼光，深入剖析香港文學與殖民地管治的關聯，以及在這種管治下的文化特色。

一九九〇年八月，葉維廉在臺灣發表〈殖民主義・文化工業與消費欲望〉一文，論及香港的殖民地文化時，有兩段說話是值得深思的。

> 香港的詩人，以近三十年的情況爲例，有不少是向臺灣的詩亦步亦趨，另外有一些是向大陸的詩亦步亦趨。……如果詩必須來自經驗的話，那所謂香港經驗是什麼？❼
>
> 在五〇至七〇年代間，我們確實可以看到左右兩岸政治舞臺的黑暗面，而且能公開討論而不受干擾。但如果我們寫香港人民族意識空白的病因呢，是不是可以？這是一個問題。我們再進一步問：在五、六〇年代，香港作家有沒有深探這個病因？如果沒有，或者說，有也是隱晦的，有也是鳳毛麟角，爲什麼？說得更清楚一點，他們有沒有或可以不可以寫殖民政策下意識的宰制和壟斷的形式？能觸及和反映在這個體制下的掙扎和蛻變（括號內引文略）才算香港文學。❽

葉維廉的疑問，主要是由於他把殖民地的文學，甚至是「香港文學」，等同於對殖民地政治直接的反抗和反動，因而否定了香港文學中反殖民地主義的意識，並且歸結香港「沒有代表香港特有文化的文學」❾——先前說過，香港的殖民地特色，與西方的國家及一些第三世界的地方不同，因此，在印證這個地方的文學內容的時候，就不得不因應歷史條件與社會文化的需要而對理論作出適當的調整。

再者，葉維廉提出的文學對「殖民政策下意識的宰制和壟斷」的描寫，在香港詩人的身上，甚或香港文化整體的格局中，並非採取一種直接抗衡的態度，但又不是「隱晦」或「鳳毛麟角」的——從社會運動的歷史角度看，一九六七年引發的暴動事件，以至後來由學界發起的「中文運動」，倡議政府將中文納入正式的官方語言，與英語享有同等的地位；還有一九七一、七二年開始的「保衛釣魚臺」及「反貪污、捉葛柏」事件等，都顯示了這塊殖民地上部分知識份子或普羅階層對時政的關注、對自身民族文化的捍衛和思考；只是，七〇年代中期以後，香港的社會及經濟已逐漸安定下來，社會運動的熱潮才逐漸的消滅、褪滅，代之而來卻是一股強烈的「本土意識」的萌長，表現在文學裏，便是詩人從過去那種對抽象的民族情緒的沉溺抽身出來，轉而把視線關注於香港本土的生活經驗。而葉維廉在文中提出的疑問：「那所謂香港經驗是什麼？」七〇年代香港現代詩發展的情況，正好提供了有力的論證和答案。

論述(一)：身分、文化的決裂與危機

香港的城市發展，始於五〇年代——根據李思名、余赴禮的《香港都市問題研究》指出：「香港開埠初期，人口稀少，經濟主要依賴捕魚及農業耕作，其後才逐漸發展商業活動。聯合國對中國禁運期間，香港經濟一度停滯不前。五〇年代，港人開始發展勞動力集約的輕工業。」❿「而現代化城市的產生，是工業化的結果」⓫，此外，李思名、余赴禮又以人口增長及分布的情況，闡釋自五〇年代開始的「都市化」過程⓬。基於香港「都市化」的歷史背景，討論香港文學或現代詩中有關殖民地主義的論述，應以五〇年代爲始，以此回應導言中引述安東尼・金所言的「殖民地城市」的概念，將殖民地與城市的發展扣連起來，勘察在這個發展過程中城市文化的本質。

安東尼・金論及「殖民地城市」的功用時，認爲除了擔當經濟的效益以外，還包含某程度上的「抗衡」意義⓭，這種抗衡意識，如落入政治的範疇裏，便演成各樣不同的社會運動，如衍生於文化的層面上，便往往構成文學作品中種種反殖民地的思緒；這種思緒，有表現於民族、國家命運及前途的反省，也有表現於對現存制度、生活處境的不滿或抨擊。王無邪的〈一九五七年春：香港〉顯示了這種反殖民地主義的傾向：

悲哀使許多事情無法再熱心，
　空見到理想墮落了，終歸無望，
　而河山依舊，我們也徒然惘悵；
但知道自己已歸根的成爲公民
　在這種生活的形式中：日出而作，
我們在高高的建築夾縫間經過。
…………
時代與你們相違：呵盡可能
　眼睛的湖沼容得下宇宙，胸間
熾熱的火焰賽過了太陽，太平山
推翻了，依然逃不掉全中國的陰影
屍布般的覆蓋！彷彿歷史的光榮
　徒然爲上一代的紀念，甚至方塊字
　被遺忘如同古物，也不復有姓氏。
但見到處處有奴性的光彩驕人！[14]

對王無邪來說，殖民地的統治代表了一個充滿物欲誘惑的腐化社會，同時更象徵了民族、文化的淪亡，「河山依舊，我們也徒然惘悵」、「依然逃不掉全中國的陰影／屍布般的覆蓋」，寫出了中國與香港歷史的牽連，以及這種無可迴避的牽連裏中國人無法自主的命運，而「但知道自己已歸根的成爲公民／在這種生活的形式中：日出而作，／我們在高高的建築夾縫間經過」，寫出了作爲一個殖民地上中國人的悲哀與卑微，至於「彷彿歷史的光榮／徒然爲上一代的紀念，甚至方塊字／被遺忘如同古物，也不復有姓氏」，更寫出文化的湮沒、身分的失落等危機。劉兆佳在前面導言部分引述的文章指出：由於中國大陸政治的力量的顯示和影響，香港人的身分認同普遍出現一份「政治的無力感與宿命主義」(political powerlessness and fatalism)[15]。王無邪的〈一九五七年春：香港〉，很能體現和反映這種身分認同的無力與宿命，只是他的掙扎包含了兩個截然不同的層次：首先，他無法讓自己回歸中國，因爲中國的政治變化，甚或政黨施行的政策，根本無法令他產生歸屬的意願；其次，他所追求和傾慕的中國文化，在外來者管治的土地上，又無法得以延續，這文化的斷層與眞空狀態，致使他徬徨、不安。從王無邪的詩，的確可以看出五〇年代知識份子某個兩難的局面：一方面既不願認同實體的「中國」，即自四九年以後管治大陸的共黨政權，一方面又在流落異地的生涯裏不斷回憶中國文化種種優美的質素，形成對一種「抽象中國」的追思，加上香港殖民地的處境無法使他們獲得生活或精神上的慰藉，最終便導致一種無根、無所歸向、無可選擇的浮游狀態。

從身分的游離到民族文化認同的危機，都可說是對殖民地主義反動的命題，然而，以「詩」作爲表述和抗衡的武器，卻進一步將文化表層的反思，落入文化行爲的實踐，從以「中文」寫作的過程中，思考的不單是純粹的表述問題，還涉及「語言」與生活、政治的關聯。

先前說過，香港的文化形態是駁雜的、充滿異質的，同時又是兼收並蓄、多元化的，既有模糊的中國傳統影響，又具備「西化」思潮下外來的因子。這種現象，不能不歸結於本地「殖民地」的背景。英國自管治香港以後，以英語(English)爲法定的官方語言，無論是法律的條文、教育制度、政治機構應用的，一律以「英語」爲標準，然而，香港的人口既以華人爲主，早期的香港居民大部分又是從中國內地南移的，加上香港與中國息息相關的命脈，皆能直接影響英國在遠東的經濟利益。因此，相對於一些第三世界的國家，甚或日治時期的臺灣，英國政府對香港施行的「殖民化」，並不徹底；只是，這種「不徹底」又並非代表「毫無干預」，政治既以「英語」爲通用語言，自然貶抑了「中文」的社會認可地位，從而削弱了中國文化在本土扎根、延續和拓展的機會。加上英人在香港施行「經濟掛帥」的政治策略，無形中便忽略及歧視了文化、文學、藝術的孕育，在鼓勵工商、以商業文化爲主流的意識形態中，香港的文化、文學從來便缺少了興盛、繁榮的機會。而政府這種表面上「不鼓勵」、「不干預」的文化政策，在香港這個擁有特殊的歷史與地理因緣的地方上，卻演成兩個相反的社會導向，並混合成一個複雜的文化及生活面貌：一方面在商業主流的經濟機制下，香港的文化、文學長期處於邊緣的位置，備受冷漠的對待，而且無法對抗主流的社會趨勢。況且，教育的「殖民化」，以及官方語言的法定，亦直接地瓦解了本地華人的民族意識，在謀求生活的前提下，不得不形成所謂政治的冷感與民族觀念的淡薄；然而，另一方面，由於中國傳統的文化力量，無法在此地根深柢固，因此，在推行「西方」及「都市化」的過程中，便不會遇上阻撓的勢力，造成了香港對外來文化思潮極度包容的個性。

基於這兩個背景因素，香港的文化內容，既包含中國傳統模糊的輪廓，又同時具備外來或西方的養分，以及在這兩種素質互相混合後衍生的獨特面貌；當然，這種文化的撞擊、融合，最後導致本土的文化個性，並非一朝一夕即可完成，在殖民地城市初步發展的階段，仍充滿矛盾、抗衡和掙扎的痕跡和呼聲——一九六三年，崑南在《好望角》雜誌上發表詩作〈旗向〉⓰，利用香港語言蕪雜的形態，剖析香港文化徘徊於中西兩方的「情意結」：

起來（不願做奴隸的人們）
噫　花天兮花天兮

TO WHOM IT MAY CONCERN

That is to certify that
閣下誠咭片者　股票者
畢生擲毫於忘寢之文字
與氣候寒暄（公曆年月日星期）
「詰旦 Luckie 參與賽事」
電話器之近安與咖啡或茶
成閣下之材料——飛黃騰達之材料

敬啓者　閣下夢夢中國否
　汝之肌革黃乎　眼瞳黑乎

梁秉鈞在〈都市文化與香港文學〉一文中，分析〈旗向〉的時候說：「詩中這段文字是由古文、商業信札用語、歌曲、英文公函、賽馬報導等的語氣糅合而成，嘲弄中未嘗沒有辛酸。」[17]李英豪在「香港的新詩」座談會上也指出：「香港是英國的殖民地，崑南的詩寫出了身爲一個中國人生活在殖民地的苦悶。」[18]

綜合而言，〈旗向〉表達了兩個主題：一是香港文化、語言駁雜不純的境遇，二是在這種文化混亂沒有出路的困局中，殖民地上中國人的悲哀與無奈。詩中「古文」的運用，象徵了中國舊有的文化，那是被隔絕了的、過時和不合乎時宜的，而「英語」的插入，代表西方文化的輸入，那是外來的、具有功用價值的，至於「賽馬報導」或「商業信札」，卻是本土生活的內容、社會的現實、個人必須參與的。在這種種語言、文化的糾纏間，詩人無從思考身分的歸向：「敬啓者　閣下夢夢中國否／汝之肌革黃乎　眼瞳黑乎」，在「殖民化」的過程裏，作爲「中國人」的身分被剝奪了，在「都市化」的演變中，人性與人際關係被異化了，只剩下「寒暄」、「近安」的疏離感，在「西化」的熱潮下，文化遭受了塗抹、刪除，甚或否定。面對這各樣的精神及生活上近乎決裂的狀態，作者以歇斯底里的憤怨，流露對殖民地的反抗——可以說，五、六〇年代的香港詩人，殖民地的意識十分強烈，「中國」與「西方」、「傳統」與「現代」、「理想」與「現實」，常常都是一些對立的元素，而且相信「西化」、「都市化」就是「殖民化」的表現，就是侵害中國民族、文化的禍首，因而採取全盤否定的態度。然而，另一方面，他們又努力呼吸西方現代文學的技巧與精神，在詩中表現積極的現代意識，批判現代生活的種種缺失與偏差[19]。從這個文學與社會的網絡上看，王無邪與崑南對殖民地主義發出異議的聲音，在香港現代詩歌史上實在是擔當了一個顛覆的角色，並且帶有香港文化特有的混雜色彩。文化與政治發展的規律，再不是一個簡單的「接收」或「壓抑」、「入侵」或「對抗」的規律，而是透過吸納，演化而成一股嶄新的抗衡力量。

論述㈡：香港經驗的追認與塑造

劉兆佳在談及香港人「身分」的特性時認爲，由於香港社會是一個由「難民」(refugee)與「僑居者」(sojourner)組成的結構，因此，這裏的人並沒有太強烈的社羣團結或歸屬感，加以英國政府的殖民地政策，對共同身分的認許也沒有太嚴苛的管制，而這裏又欠缺一些足以維繫認同的宗教信仰，所以香港人的「身分」是模糊的、片斷零碎和不穩定的；再者，面對中國內政的反覆不定與共黨政權的不得民心、民意，本地居民寧願認同自己爲「香港人」(Hongkongese)，而拒絕承認爲「中國人」[20]。劉兆佳的分析，確能道出香港人在追尋身分的意識上產生的情結，但他的觀點卻需要進一步的補充。

五、六〇年代的香港，對於大部分南來的「難民」或「僑民」來說，的確是一個「過渡」、「過境」的空間，在「借來的時間」與「借來的地方」裏，他們大多數都沒有扎根的意願，又或許他們的根，無論是感情上、生活上或民族意識上，都留在中國內地。然而，隨著香港社會與經濟的逐步發展與穩定，二十年來令這些早年遷徙而來的僑居者漸漸在這裏建立了自己的生活，此外，到了七〇年代以後，香港亦孕育了一羣土生土長的青年，因此，所謂「香港人」的身分歸屬，實在是一個由「殖民化」以至「本土化」的過程，從「難民」、「僑民」、到「香港人」，都標誌一段身分轉化、蛻變、成長的歷史，從王無邪、崑南早期反抗殖民地的聲音，到七〇年代中期以後以「香港」爲寫作對象的創作，都顯示了「本地意識」的萌長。

一九七四年七月五日，《中國學生周報》的「詩之頁」辦理了一個「香港專題」的創作，刊登了吳煦斌、張景熊、梁秉鈞、銅土等詩人以「香港」爲題材的詩作[21]。事實上，《中國學生周報》至一九七三年年底恢復「詩之頁」，並由梁秉鈞主編之後，至七四年停刊止共十期內，刊載的作品大部分都是當時一羣年輕詩人對香港生活的描寫。此外，七五年《四季》的第二期、七五年十月創刊的《大姆指》及七六年創刊的《羅盤》等，無不可以印證本土成長一代的創作成果。這些作品的特色，與五、六〇年代不同的是他們的視野已從激烈的反殖民地意識或抽象的中國情懷，轉而關注所處的環境所發生的事情，「香港」成爲筆下思考的內容，而再不是遙遠不可觸及的神州大地。這種現象，究其原因，除了是前面所述的社會及經濟穩定的條件外，還在於這些詩人自身的經驗，他們不是在香港出生和長大的，便是自童年開始已在這個地方生活，「中國」對他們來說，都可能只是一個抽象的形象，相反地，本土熟悉的生活環境帶來種種親切的經驗，都令他們著眼於探索和反省。

七〇年代香港現代詩表現的「本土意識」，可從兩方面看：一是對外在城市景觀的實地描寫，一是對日常生活狀況的直接思考。七四年《中國學生周報》「詩之頁」的「香港專題」專號，以及七五年刊登在《四季》上的一系列作品，例如吳煦斌的〈銅鑼灣海傍大道〉、梁秉鈞的〈中午在鰂魚涌〉、張景熊的〈三號和二十三號公共汽車行駛的新路線〉、李志雄的〈中環〉、銅土的〈康樂大廈〉等，都透過各樣抒情的手法，反映香港不同的面貌——其中有新與舊的交替，像吳煦斌的詩句：「走在寬闊的道旁／一個騎單車的女孩回頭看我／一面吃一只桃／夏天的道路總是敏捷的／從前這裏有一個海／玻璃窗上有逃竄的水光／浪斑白了頭／風來氣味就來了」、「對岸的城市亮起纍纍的燈火……逝去的事物仍在抖顫」，寫出香港景物變化的情態，帶來回憶與印象的失落。而從這個變化的現實基礎中，又引領香港歷史的另一個更重要的主題，那就是對「現代化」的深思，例如銅土的〈康樂大廈〉，寫現代建築與羣體生活之間的關係：

牢固和垂直的四十八層建築
堅冷而巨大的玻璃門
經過時總懷疑
它的實在
有時迷惑有時抗拒
有時不能撇開
這種蹇步二十世紀生活的侷促

……………
踏上這些階梯
迎上重複著的陌生和忽忙
三至十七
十九至三十五
三十六至四十八
全都是數字問題
燈陸續亮過八次載你上四十八層
超強的速度能不能縮壓人的距離？
文明竟反縛了應有的自然
活著是爲了時間的操持
和盤算每天所獲的利益
而飢餓
方是
最原始不過

銅土借「康樂大廈」作爲現代文明、科技的象徵，藉人與它的接觸，暗喻「都市化」的生活下那疏離、冷漠和物質化的景況。可以說，作者的態度是悲觀的、退縮的，卻沒有激情的吶喊，對比五、六〇年代激越的情緒，這種舒緩、平實的語調，可說是七〇年代開始部分關注本土事物的詩人共有的態度。過去的激情得以緩和下來以後，便能有更寬廣空間，承載香港各式細微而瑣碎的事物，這種美學風格的轉變，其中以梁秉鈞的表現最爲透徹，他曾經說過：「由於香港在六〇年代後期已逐漸發展成現代城市，使我想到如何描寫現代都市的面貌，便促使我反省自己和香港的問題。」㉒梁秉鈞一系列關於「香港」的詩作，收錄於個人詩集《雷聲與蟬鳴》之中㉓，在在呈現香港七〇年代的社會面貌，紛陳各式各樣不同的社會及生活問題，例如〈北角汽車渡海碼頭〉寫出現實的不安、動盪和破碎的景象，〈寒夜‧電車廠〉對比今昔之間香港環境的變遷，〈中午在鰂魚涌〉寫出生活的奔馳造成的壓迫力，以及在這種壓迫之中如何調整及保存自我，〈影城〉借影像媒介的刻劃，戳破日常生活的虛幻意識等等，都代表了當時本地的知識青年對香港的理解與同情。

所謂「本土意識」、「香港經驗」，絕對不是一種粉飾現實、膨脹自我的做法，而廣義的殖民地主義應包含這些本土觀念。因爲只有在直接思考自身的處境時，才可包容的回顧歷史、掌握現在，並在回顧和掌握的過程中，尋求塑造本地文化的內容與形式。七〇年代的這些詩歌，在關注本土問題的前提下，詩歌的語言集逐漸傾向「口語化」，相對於中國大陸和臺灣，香港的文字沒有那麼的「文藝腔」或「文謅謅」，表現的是一種靠近日常生活說話的語調，這不能不說是香港廣東方言的背景所致，以及西方潮流帶來對傳統文化衝擊的結果。

未完成的結論

從殖民地主義的本土意識，香港的社會及文學經歷了幾番複雜的變化，從身分、文化的決裂與危機，到「香港經驗」的追認與塑造，香港的現代詩也逐漸走出自己清晰而獨特的輪廓。從五、六〇年代的憤怒與激情，到七〇年代的調和與反思，香港詩歌的語言也承受了各式需要的試煉和改變。踏入八〇年代以後，政治和歷史的衝擊更大，例如一九八四年中英政府簽訂了有關香港前途的協議，確定了一九九七年之後，香港重歸中國領土，成爲社會主義中國的一個特別行政區[24]。例如一九八九年發生於中國內地的學生民主運動，以及後來演成的「六四事件」，中港的關係又再度處於緊張與敏感之中。無論是「九七問題」，還是「六四事件」，都給香港無論社會及文化莫大的影響，甚至震盪。

這時期的香港詩人的歷史觀照，已不單純是殖民地的反抗或本土意識的確認，「中國」與「香港」的身分取捨，亦不只是「回歸」或「移民」的抉擇；而且在這重重的反抗、確認與抉擇之中，衍生更多矛盾、混纏的思緒與掙扎。文化、身分，或香港經驗的內涵，卻由殖民地主義與本土意識邁向一個政治與文學更新、更深、更闊的組合，並在這個組合之中，體現香港現代詩更多元化的面貌。

註　釋

❶ Anthony D. King, *Urbanism, Colonialism and the World-Economy: Cultural and Spatial Foundation of the World Urban System* (London and New York: Routledge, 1990), p.7.

❷同註❶，頁一三。

❸ D. K. Fieldhouse, *Colonialism 1870-1945: An Introduction* (London: The Macmillam Press, 1983).

❹ Lau Siu-kai, "Decolonization Without Independence and the Poverty of Political Leaders in Hong Kong," Hong Kong: Hong Kong Institute of Asia-Pacific Studies (The Chinese University of Hong Kong, 1990) pp.1-4.

❺尉天驄〈殖民地的中國人該寫些什麼?——爲香港《羅盤》詩刊而作〉，香港:《夏潮》第五卷第四期（一九七八年十月），頁七一。

❻同註❺。

❼葉維廉〈殖民主義・文化工業與消費欲望〉，臺北：《當代》五十二期（一九九〇年八月一日），頁四一。

❽同註❼，頁四三。

❾同註❼，頁四二。

❿李思名、余赴禮《香港都市問題研究》，香港：商務印書館，（一九八七），頁三。

⓫同註❿，頁一二。

⓬同註❿，頁三—一〇。

⓭同註❶，頁六—七。

⓮（王）無邪〈一九五七年春：香港〉，香港：《文藝新潮》二卷一期（一九五七年十月二十日），頁三三—三四。

⓯同註❹，頁九。

⓰崑南〈旗向〉，香港：《好望角》第六期（一九六三年五月二十日），頁三。

⓱梁秉鈞〈都市文化與香港文學〉，臺北：《當代》三十八期（一九八九年六月一日），頁一八。

⓲迅清整理〈香港的新詩座談會〉，香港：《香港文學》十四期，頁六。

⓳有關香港早期「現代主義」運動及崑南等人現代意識的分析，可參考拙著〈香港早期現代主義的發端〉，香港：《詩雙月刊》八期（一九九〇年十月一日），頁三〇—三五；〈香港詩人的城市觀照〉，陳炳良編《香港文學探賞》，香港：三聯書店，（一九九一）。

⓴同註❹，頁八。

㉑香港：《中國學生周報‧詩之頁》，一九七四年七月五日，第七版。

㉒洛楓整理〈梁秉鈞訪問記〉，香港：《新穗特刊》六期（一九八六年七月一日），頁四〇。

㉓梁秉鈞《雷聲與蟬鳴》，香港：《大姆指》半月刊（一九七八年八月）。

㉔同註❿，頁一三。

外來語言／文化「逼死」（VS.〔對抗〕）本土語言／文化

──解讀王禎和的《美人圖》

鄭恆雄

一

從〈鬼、北風、人〉、〈嫁粧一牛車〉起到《美人圖》、《玫瑰玫瑰我愛你》，王禎和一直在刻意創造一種糅合不同方言或語言的文體。他創造這種文體的目的，我想，主要是要如實的表現各種社會背景的人物。這些社會上不同階層的人物，使用不同方言或語言，湊在一起，就像在進行合唱，有時和諧，絲絲入扣，有時齟齬，卻充滿譃趣。《美人圖》這一本小說的文體是王禎和的文體的一個里程碑，非常成功的融合了國語、閩南話、廣東話、英語和日語，達到譃趣橫溢，入木三分的刻畫效果。本文將從《美人圖》的文體及所反映的社會文化現象來解讀這本小說的文學效果及作品可能隱含的意圖。

二

《美人圖》的語言相當兩極化：外來語言和本土語言形成強烈的對比。這種語言的對比反映出人物和文化的衝突。

這本小說使用的語言，除了本土語言的國語、閩南話、廣東話三種方言之外，外國語使用最多的就是英語及其中譯（甚至也有國語的英譯，如「他媽的」英譯成「TMD」），日語用得比較少。這正好反映出當時的社會生態：在像「流鼻涕(UPT)航空公司」這種洋機關中，越是高級的職員，英語（或者應該稱爲美語，因爲這是一家美國航空公司，而且大部分職員都心向美國）說得越多，最低層的職員只懂國語和閩南話；日語則用在和日本觀光客有關的場合，或沉澱在閩南語中，作爲日本殖民臺灣的歷史陳跡。

在這家「流鼻涕航空公司」中，大多數職員爲了表示徹底洋化，都有洋名。王禎和把這些洋名都轉化成滑稽的國語譯音以產生諧趣：Dorothy 成了「倒垃圾」，Rocky 董成了「垃圾桶」；Y・Y・宋成了「宋歪歪」；T・P・顧成了「踢屁股」；P・P・曾成了「屁屁眞」；V・D・王成了「性病王」；Grace 胡成了「貞節狐」；Douglas 成了「倒過來拉屎」；姓牛名叫約翰的成了「約翰牛」；George 曹成了「交際草」。這些具有諧趣的洋名中譯構成一種強烈的反諷。

但是王禎和對於這些洋名中譯的諧謔不是點到即止，他還根據這些謔名繼續窮追猛打，製造更多笑料，這是《美人圖》文體的特色之一。比如他把「倒垃圾」這個剛離婚的女職員和「垃圾桶」這個剛離婚的男職員送作堆，常常到旅館約會，「一個是物盡其用，一個是人盡其材，這可是天下第一絕配」（《美人圖》，頁五）。（註：以下頁碼如未標明書名全指此書）關於「屁屁眞」有如下的描寫：「（小林）又想起剛才屁屁眞那副門縫裏瞧人的神氣，不由怒火中升，連連臭了屁屁眞幾句『幹伊娘，臭屁什麼！』」（頁四〇）提到「性病王」，王禎和常常在「王」字上作文章，例如「公事下達完畢，性病王就推門走了，昂首挺肚的，倒也不失王者之風」（頁三八），「性病王吩咐一了，便『王將一陣風』地走啦」（頁一三六）。葛瑞絲胡變成「貞節狐」有個原因：「不知怎地，有一回葛瑞絲竟向同事洩漏：無論她先生『回美』多久，她始終忠貞不移地服用避孕丸，每早晚各一顆，絕不敢少服。……從那以後，公司的同事在背後便以『那一隻貞節狐』來瓜代她的全部洋名『葛瑞絲．胡』」（頁六）。而「貞節狐」名不副實的騷包相總是由碩大的胸部凸現出來，如「沒帶罩子的乳房在她低胸的薄衫裏搖來撞去得十分厲害，眼看就要三振出局了」，「兩隻大乳房也跟著天眞爛漫地跳呀蹦，法國紫葡萄般的乳頭不時地跑出來向人夾夾眼、招招手」（頁一一四）。至於「倒過來拉屎」，「也許也是因爲倒過來拉屎的因故，倒過來拉屎的眼睛竟紅得像兔子眼」（頁一〇四）；「想來是倒過來拉屎太過於耗損體力吧！倒過來拉屎實在瘦！」（頁一〇三）。談到「垃圾桶」從臺灣開溜時，「一聽中美防禦條約要廢了，也顧不得倒垃圾小姐有沒有地方可倒垃圾，他就二十四孝地隨他爹娘慌慌張張飛到美國佛羅里達州的甘迺迪角去盛裝太空總署生產的肥垃圾去了」（頁九九）；「垃圾桶一飛沖天降落在美國甘迺迪角以後，我們的倒垃圾小姐就從此沒地方可倒垃圾了。垃圾只好堆在家裏，成日和垃圾爲伍，沒病也要生病，你說是不是？」（頁一八七）。「宋歪歪」的「歪歪」兩個字也常是王禎和大作文章的材料：「踢屁股，宋歪歪（宋ＹＹ），彼特，丹尼爾……怕眼一瞬，就目不到爽歪歪的鏡頭」（頁一〇三）；「宋歪歪笑了起來，兩片嘴唇更是理直氣壯地東倒西歪了」（頁一二〇）；「呵！宋歪歪可越哼越樂了，不但嘴巴更他媽的歪哥七揣，連頭也歪到一邊去」（頁一七四）。寫到「T・P・顧」，「臀部那兒給踢了一腳般地，踢屁股猛然自椅上跳起，一手勁道十足地拍著桌面」（頁八）；「『甚麼話！』眞給人踢了屁股樣地，踢屁股自椅子上蹦了起來」（頁五二）。姓牛的則牛性未泯，「約翰牛的牛眼轉了一轉」（頁九八）；「約翰牛才牛眉牛眼獻完『妙計』，陳出納便驚慌得連五官都躲得不見蹤跡了，一張臉更似一具髑髏」（頁九九）。流鼻涕航空公司新上任的總經理「交際草」的打扮眞像一個交際草，「簡直和流鼻涕一樓的新潮便所一般，亦男亦女，雌雄同體。頭髮溜長得像個女生，都垂到肩上來，還幹伊娘燙得曲曲捲捲，似個外國電影裏的劍客」（頁一六六）。

王禎和對這些人物的描寫痛快淋漓，百無禁忌，用字新鮮眞切，粗而不俗。他用這些不登大雅之堂的國語或閩南話諧音來譯洋名和描寫人物，代表本土語言和文化對於外來語言和文化的拒斥。外來語言文化所帶進來的是崇洋自卑、性關係浮濫等，從本土語言文化的觀點看來，就像鼻涕、垃圾、屁屎等穢物，不值一文。面對洋公司中那些崇洋的職員，代表本土語言文化的小林不時用閩南話在心中回罵，例如他受屁屁眞的氣時，連連咒了幾句臺灣罵「幹伊娘，臭屁什麼！」（頁四〇）；見到貞節狐衣不蔽體的騷包樣時，不住的說「夭壽！」（頁一六一）。另一個代表本土語言和文化的小鄺也常常用廣東話罵那些假洋人，「居然把英文當作隨便可以拿來整人的毛語錄，係在王唐！」（頁一五〇）；也把鐵副總罵爲「賊隻大餓狼」（頁一五二）。另一個代表本土語言文化的是不善言辭的大陸退伍軍人老張，他以行動抗議流鼻涕航空公司在朝會時播放美國國歌：「老張頭挺得直直地在美國國歌的激昂聲中一步一步地踏出會議室」（頁一七五）。

三

在洋機關優勢的外來語言和文化中，代表本土語言文化的只有勢單力薄的小林、小鄺和老張三人。洋機關的大部分職員都有英文名，他們三人是道地的中國稱呼。這顯然是王禎和有意的安排，暗示他們和那些崇洋的職員涇渭分明。至於學美國人赤身露體睡覺的小郭爲什麼也用道地的中國名字呢？

小郭是一家旅行社的職員，和小林在初中夜間補校認識。他粗通日語，所以旅行社常派他當日語導遊的助手，帶日本人去採購或尋芳，往往可以賺到不少外快。他衣著時髦，十分醉心美國來的流行，包括赤身露體睡覺和早上洗澡。他常勸小林，苦讀莫路用的書，不如學些英語容易找頭路。小郭爲了撈錢，肯犧牲身體髮膚，讓阿本仔拔陰毛和被旅行社的「雞匹婆」(gay people)副理雞姦。這樣一個奮不顧身追求時髦的年輕人，王禎和爲什麼不給他一個臭ㄚㄚ的洋名呢？王禎和對於他的描寫反而常有美言呢，例如「身量一七五公分，五官清秀端莊的小郭按住小林底肩」(頁一九)，「小郭確是長得亂帥的，乍看還眞有點像歌星劉文正。額前髮際那裏還有與生俱來的桃花尖；另外笑起來，右頰上還會出現一個很深的酒窩。的確——的確，小郭的確是長得亂帥的；身體也亂魁的，胸脯厚實得似練過舉重，胸上黑毛一路烏亮地蜿蜒迤邐下去，越入扁平緊俏底腹腰，直入下身——一條沖天一飛的青龍。」(頁二五)。

小郭是介乎純然崇洋文化和道地本土文化之間的中間人物。他既追求時髦的洋文化，但是也還有本土的人情味。例如他慷慨的邀小林到他租的公寓去住，並不計較他是否出租金；他帶日本尋芳客到北投，多揩的油水全分給了五個馬子；他出賣肉體爲了買車而賺的兩萬五千元，全數拿給小林應急幫助二兄娶妻。這些傳統的慷慨美德彌補了他崇洋的膚淺，因此王禎和把他歸類爲本土文化的一員，免去冠上洋名之災。加上他講的話也滿鄉土的，例如「什麼你都莫用管」(頁一九)，「你來，等於是幫我顧厝（看家）哪！」(頁二〇)，「脫褲囊睏，滿爽快的」(頁二一)。所以從語言和文化上看來，小郭都是本土的，因此他的名字也是道地的本土風味。

外來語言文化和本土語言文化的兩個社羣各有哪些成員呢？流鼻涕航空公司是外來語言文化的大本營，其中的成員有中美斷交後急急全家遷往美國的馬老總、剛到任半年的新總經理交際草、副總經理大便教教主鐵公公、倒垃圾、垃圾桶、貞節狐、踢屁股、宋歪歪、約翰牛、性病王、屁屁眞、倒過來拉屎、阿媽(Irma)(閩南話意爲「祖母」)姑娘、維拉、克拉拉、包打聽的丹尼爾張、小臉小嘴的羅拉、大扁臉大眼的汪太太、瘦得皮包骨的陳出納、有櫻桃小口的貝絲、要在美國國慶日到美國剖腹生「卑鄙」(baby)的茱麗葉洪、鬧胃病整天吃蘇打餅乾的彼特、在機場做貨運的瘟生(Vincent)、泰國來的人事主任乃黃、業務員法蘭克、法來地和山地。另外不時從美國回來演講的淺薄兮錢阿發博士，因爲常常向流鼻涕航空公司購機票，和這個外來語言文化的社羣關係相當密切。這個外來語言文化陣營實在龐大，共有二十八人之多。而本土語言文化社羣的人物只有小林、小林的父親、小鄺及老張四人，如包括行爲洋化但尚有本土心態的小郭，也不過五人。就人物的人數而言，外來語言文化的聲勢顯然壓倒本土語言文化。

外來語言文化社羣的成員以美國爲祖國，以美語爲至高無上的語言，嚮往一切美國的事物，包括性氾濫、不戴乳罩、刮腋毛、吃甜甜圈、到美國生「卑鄙」、送眷屬到美國及千方百計匯美金「援美」以接濟居留美國的眷屬等。這二十幾個成員的言行構成《美人圖》諷刺的箭靶，而王禎和的諷刺可以說箭箭穿心。這些人中，不少人已有「綠色寄人籬下卡」，一聽到風吹草動，就趕忙飛美，例如「就在中美斷交還沒滿月，馬老總便急得掉了雞巴般地把全家輸往美國去尋他底『根』。屁屁眞(P・P・曾)當然也一路跟去當屁蟲」(頁九九)；垃圾桶聽說中美防禦條約要廢了，就撇下老相好倒垃圾，跟爹娘遷往美國。大扁臉大眼的汪太太老是在電話中用國語夾美語教導兒子吉咪要向美國效忠才能入美國籍，到底是他兒子不失赤子之心，說不喜歡當美國人(頁一三三)，也不喜歡美國人身上的臭味(頁一八六)。擁有美國護照的錢阿發博士是流鼻涕航空公司的常客，因爲「只要美國一有假放，錢博士一準飛來臺北忙著找機會上電視，給記者採訪、參加座談會……」(頁八七)。在小林眼中，他「雖然矮小得差點像侏儒，頭卻大得出奇，簡直就是未來人類的樣板——人小頭大。他的眼睛也大，和大顆荔枝不相上下。夭壽！唇上還養著一撇鬍子，不硬不翹，軟趴趴的，倒頂像是一撮陰毛呢！」(頁八六)，他到處演講,無所不談,對小林來說,眞是「博士博」(閩南話)(頁八六)，但是小鄺卻認爲他「淺薄兮」(「錢博士」之廣東音)(頁一八二)。錢博士建議流鼻涕航空公司在早上朝會時播放美國國歌，以使職員增加對公司及美國的信賴和忠誠。這麼美國至上的人爲什麼王禎和沒有給他英文名字呢？我想王禎和以其姓加學位稱呼他是爲了表現他的「博士博」以及和廣東話「淺薄兮」諧音。錢博士見到倒垃圾和阿媽姑娘高高舉起手臂，手中拿著抗議美匪建交的信，露出黑黑的腋毛，很不以爲然，向鐵公公說：「西洋婦女若要在公衆場合穿露肩衣服，一定記得把腋毛刮得乾乾淨淨。人家硬是懂得社交禮節！」（頁九七）他這一番話，使得鐵公公五體投地，馬上命令公司小姐清除腋毛。鐵公公一聲令下，使得維拉、羅拉、克拉拉等小姐忙不迭研究到底用刮、用拔還是用脫毛劑比較方便。副總經理鐵行，整人鐵行，應付女人卻鐵不行（雖然常和貞節狐約會），像太監一樣，所以綽號「鐵公公」。鐵公公在美國留學時，跟一位香港來的江湖郎中學過一種大便長壽法，認爲要長壽，每天大便次數越多越好，在公司中成了大便教主，常勸人要多大便。他對於和美國沾上邊的事物一律必恭必敬，例如錢博士、大便長壽法（雖然是香港傳到美國的）、刮腋毛等，而且他說話常常國語夾美語：「這腦筋 Really, Really——」（頁七九）。他心向美國，卻在中美斷交之後裝模作樣要大家在英文信上簽名，向卡特抗議，最後因爲沒有記者來採訪他的愛國秀，叫小林把信全扔進垃圾桶。鐵公公如此崇美，爲什麼王禎和沒有賜給他一個英文名字呢？我想大概是爲了符合他那圓似滿月的臉和太監似的個性，所以選用像太監的外號而捨棄英文名罷。陳出納也沒有洋名，大概是年紀較大（約翰牛稱他爲「陳老」（頁九八）），五官模糊不清（頁九九、一六二），也沒有特出的個性，加上爲了表明其職位，所以只稱陳出納。但是他也跟其他有洋名的人同樣崇美，中美一斷交，就像馬老總、屁屁眞、垃圾桶、性病王、約翰牛、倒過來拉屎一樣變賣家產，把家屬疏散到美國各地去。馬老總、屁屁眞、垃圾桶三人都跟家屬一起長住美國了，陳出納、性病王、約翰牛、倒過來拉屎則留守在臺灣賺錢接濟住在美國的眷屬。倒過來拉屎爲了把錢換成美金寄到美國「援美」，經常到處央人借他身分證以便辦理匯款。以上這些洋化社羣的成員大多有洋名，少數即使沒有，其崇洋的程度也有過之無不及。

四

要評判《美人圖》的文學效果，我們必須同時探討作品的意圖。如不能了解作品的意圖，那麼當我們看到《美人圖》中有色的描寫和粗鄙的語言時，一定會產生不適當的反應，不是把它當色情小說看，就是認爲文句不堪入目。但是要了解作品意圖，談何容易！即使問作者本人，他也不見得願意明說。比如王禎和在《美人圖》卷首有一個聲明：「㈠故事情節、人名、公司名均爲虛構。㈡本小說旨在博君一粲，別無他意。」故事爲虛構很有可能，但是多少跟所反映的社會現象有關。小說的目的在博君一粲，可能是目的之一，但是也可能還有其他意圖。那麼《美人圖》到底有哪些意圖呢？

我想《美人圖》的意圖是多層次的。其中最明顯的就是王禎和所說的「博君一粲」。爲了提供一些成人笑話給讀者，王禎和的確是攙進了一些有色的描寫和粗鄙的對話。但如果純粹是爲了討讀者歡心，則這本小說的效果最多只是文字細膩和俏皮而已。但是仔細讀過這本小說的人都會感覺，這本小說還有更深沉的意圖和更動人的文學效果。要了解這本小說的意圖和文學效果，既然無法透過作者，只有從作品的語言和結構去解讀。

首先我們必須注意，《美人圖》中的諷刺語言都是用在崇洋的那些人身上，對於代表本土文化的小林、小林的父親、小鄺、老張，都是用憐惜甚至讚美的語調來描繪。即使對於半吊子崇洋的小郭，因爲本土人味未失，在挖苦他之外，還是有不少正面的描寫。比如作者就在好幾個地方用「亂帥的」來形容他。由此可知，在外來文化社羣和本土文化社羣中，作者是心向後者的。

根據這個觀點，我們可以判斷這本小說的意圖之一就是呈現臺灣社會在中美斷交前後這兩個社羣之間的關係。由於小說中大多數人物都崇洋，所以形成外來語言文化壓過本土語言文化的現象。在第一章中，故事從小林在流鼻涕航空公司塡寫旅客出入境申請表開始，逐漸顯現公司中職員崇洋的習氣和速食麵似的男女關係。和這些崇洋職員完全相反的是小林的鄉土背景。他來自苦哈哈的窮鄉僻壤，他大兄、二兄要討個老婆都很不容易，大兄只好去入贅，二兄要討茶室女爲妻，卻籌不足茶室女四萬元的贖身錢，還短缺兩萬元。小林阿爹要小林幫忙，小林卻找不到門路借錢，最後只好動同宿一間公寓的小郭的腦筋。小郭體形俊帥，也是個崇洋人物，靠帶日本觀光客採購和尋芳賺外快。小郭雖然外快多，但是不停追求時髦，出手又大方，所以也常常入不敷出，連房租都付不出來。小林三番兩次想開口向他借錢，總是欲言又止。最後還是小郭看到小林傷心哭泣，問明原委，才把他自己賣身錢兩萬五千元借給他。在這一章中，崇洋的社羣在社會上很吃得開，揮霍無度，而本土的社羣連討老婆都沒本錢。最後屬於本土文化的小林只好向崇洋的小郭借錢。小郭早看出崇洋路線有前途，所以常勸小林莫讀莫路用的書，多學英語。第一章結束時，小郭把錢借給小林，象徵洋化社羣勝過本土社羣，但是另一方面也表示小郭慷慨助人的本土美德仍存。第二章以中美斷交後流鼻涕公司發起寫英文信向美國總統卡特抗議爲故事發展主線，穿插崇洋社羣的種種崇洋事蹟，公司逼迫總務老張離職的過程，以及僑生職員小鄺仗義代寫英文信向公司抗議的情節。小鄺是個相貌有些像電影小生阿B的年輕人，但是更秀氣，更靈活，喜歡用「誰都不能欺侮他」的歌調來唱「我唔係阿A，唔係阿B，我係一個大阿西」。但是這個英文棒，又有正義感的年輕人卻患了嚴重的心臟病。這一章結束時，流鼻涕公司終於因爲沒有記者來採訪他們向卡特抗議的活動，而把抗議信全部丟進垃圾桶。緊接著，公司竟宣布以後每天朝會要唱美國國歌。就在流鼻涕公司播放美國國歌的時候，醫院急診室掛電話來說小鄺心臟病發作了。老張關心小鄺的病情，在美國國歌聲中頭也不回，大踏步的走了。當天下午，小鄺去世了。這一章比第一章更尖銳的呈現出洋化社羣對於本土社羣的壓迫。老張被逼得走投無路，而有正義感的小鄭也在一片崇洋聲中心死了。王禎和把小鄭安排在播放美國國歌時心臟病發作，是有特別用意的：本土文化的代言人不敵氾濫的外來優勢文化，終於心臟衰竭而死了。而用一個外地來的僑生作爲本土文化的代言人，也是譏刺臺灣眞的沒人了。

從這個觀點看來，我們就可以了解爲什麼在這本小說中，六次提到小林看到玻璃窗上的落日。落日這個符號在第一章的開頭出現兩次，在第二章出現四次，都是透過流鼻涕航空公司四樓的大玻璃窗，映入小林的眼睛。落日的出現，我想是作者有意的安排，以配合情節的發展。王禎和到底企圖藉落日來傳遞什麼信息呢？落日這個符號很自然的讓我們聯想到李商隱的詩〈登樂遊原〉：「晚來意不適，驅車登古原。夕陽無限好，只是近黃昏。」依照這個典故及一般常識，夕陽大致有「雖然美好但不長久」之意。但是這本小說中的夕陽的確切含義卻必須從上下文去判斷。首先，小林看到的夕陽一直是透過玻璃窗，而不是直接看到。王禎和作這種安排，我想是要讓小林有一種似眞如幻的感覺，所以前面五次他每次提到落日的時候，都有出乎意外的讚嘆：「實在亂漂亮的。在臺北居然可以看到這款好看的落日景致！」(第一次，頁三)這表示好看的落日在他家所在的鄉下是最自然不過的，但是在天空鉛灰的臺北也能看到，實在令人感到意外。從這個架構來看，落日象徵他的家鄉以及自然純樸的民風，也就是本土的意識，和臺北這種人工化洋化的環境是格格不入的。同時，這種純樸的本土意識即使還可在臺北見到，已是日薄西山了。這就是爲什麼小林那麼珍惜落日的景致，依依不捨（第二次提到落日時，頁四）。落日第三次出現在大玻璃上的時候（頁一三六），正是小林忙了一天以後，他「瞧著貼在大玻璃窗上的落日，金黃滾圓，心下不禁嘆著：眞是亂漂亮啊！」在臺北過著這種身不由己的生活，使他一看到落日就會懷念家鄉。可是即使這種片刻的懷鄉也是奢侈的，很快就被搖晃進來的鐵公公打斷了。落日既然象徵家鄉及純樸的傳統心態，也進一步象徵具有這種心態的人，如犧牲自己幫助別人的人，像小郭和小鄺。他們都是漂亮的人，不管是外表或內心。落日第四次出現的時候（頁一五七），正是小林回憶完小鄺主持正義，爲老張保住在公司的職位時，心情相當開朗，他「抬眼向外看去，玻璃窗上的落日依然是那麼橙紅鮮麗，亂漂亮極啦！」第五次則是在第二章快結束時，當小林知道小鄺心臟病發作以後（頁一九〇），可是他以爲會和以前一樣有驚無險，所以心情還不錯：「抬頭向外望去——一輪金黃的夕陽正貼在大玻璃上。哇！亂漂亮極了！在臺北居然能見到這款好看的景致！」第六次是在第二章的末尾，也就是最後一段（頁一九三），當小林接到老張電話，知道小鄺已經去世以後：「電話放下，小林頹然坐了下來，噙滿熱淚的兩眼淒瞇地呆呆地望著窗外那輪橙紅太陽，那輪翳翳西沉的落日。」這次的落日翳翳西沉，了無生氣，再也不是亂漂亮的，象徵傳統的純樸和正義終於消逝了。落日這個意象隱隱的透露出這本小說的意圖。

另外和作品意圖有密切關係的問題是：在《美人圖》中，到底誰是美人？根據林清玄的〈戲肉與戲骨頭〉（頁二〇〇），王禎和對美人的解釋是：「美人指的是一些嚮往美國，自認是高等華人的人，另一方面，『美人』是醜的反諷，指一些唯利的沒有人性的人。」我想這是一個負面的解釋。根據情節的發展，「美人」應該還可以有正面的解釋，指外貌和內心都漂亮的人。這本小說中符合這個條件的有兩個人，一個是第一章的小郭，另一個是第二章的小鄺。王禎和費相當多筆墨來描寫這兩人俊帥的外貌。由於小鄺貌似電影小生阿B，王禎和還附上一張阿B的照片，以示有圖爲證。而兩人的行爲也都符合傳統的美德，小郭能慷慨助人，而小鄺則主持正義，對抗惡勢力。這兩人都像夕陽一樣，亂漂亮的，是這本小說中眞正的美人。所以《美人圖》中的美人應該可以有雙重解釋：一是負面的反諷，指嚮往美國的醜人；一是正面含義，指具有傳統美德的人。這個雙重解釋更能豐富這本小說的意義。

由以上的討論可知，作者對於作品的解釋並不一定能把作品的文學效果和意圖完整的呈現出來。基於某些複雜的社會因素或心理因素，作者有時不願明說隱含在作品中的文學效果和意圖。作者最重要的任務是創作好作品，作品的文學效果和意圖應由讀者和批評家去探索。上文所指出《美人圖》不同層次的文學效果顯示，這個作品的意圖不只是「博君一粲」而已，還有更深沉的暗示外來語言和文化逼死本土語言文化的意圖。而書名《美人圖》也不如王禎和本人所說，只是把嚮往美國的人譏刺爲「美人」的相反「醜人」，其實還有正面讚揚兩個美貌又能發揚傳統美德的年輕人的意圖。

五

威姆薩及伯斯萊(W. K. Wimsatt and M. C. Beardsley)在他們的論文〈意圖的謬誤〉(一九五四)中指出，只有在作品中找到的意圖才是對文學批評有用的，作者在作品之外所表達的意圖對於作品的批評並沒有甚麼助益。本文在討論《美人圖》的意圖及文學效果時，也發現，作者王禎和所解說的意圖，可能部分符合作品中的意圖，但並不全然吻合。不全然吻合的原因，上文中已提到，可能是爲了某些社會因素或心理因素。由於作者通過作品表現的意圖對於文學效果的詮釋影響甚大，我們必須從作品中去找明確的證據，才能確立令人信服的意圖。本文在討論《美人圖》中的落日的文學效果時，從上下文中找出作者六次提到落日可能的意圖，以使文學效果和意圖能聯繫起來。同理，書名《美人圖》的含意也和整本小說的意圖有關。作品的意圖和文學技巧是一體之二面，研究文學作品不可偏廢其一。

《美人圖》的文體呈現出一個很複雜的社會語言學現象：來自不同地域，不同階層的人，混雜在一起，各用自己本位的語言和文化來詮釋共同經歷的事件。由於語言文化背景不同，自然有許多衝突，因而製造不少笑料，如洋名之中譯。但是也有和諧之處，王禎和把國語、閩南話和廣東話結合得很成功，形成本土語言文化的共同立場，對抗外來語言文化的立場，如國語的「錢博士」，變成閩南語的「博士博」，廣東話的「淺薄兮」，令人發出會心的微笑。王禎和在這一本小說中，糅合了五種語言，創造一種新的文體，頗符合巴赫汀(M. M. Bakhtin)的「衆聲並陳」(heteroglossia)的理論。衆聲並陳當然也造成不同文化混雜對抗的現象，而在《美人圖》中，外來語言和文化明顯的處於優勢地位。

一本小說就是一個符號系統建構的謎，批評家解讀這個謎的時候，首先必須找到這個符號系統的路標，才能發現入口，找到作品的意圖及文學效果。每一個作家的每一個作品都是不同的謎，有不同的路標，所以批評家必須虛懷若谷，心細如髮，勤於尋覓，才不致自我矇蔽，不得其門而入。作品的語言符號就是路標，熟記路標的人一定可以解開謎底，不會迷路。如果師心自用，不看清路標，找不到門路，猶自怪罪作家，或者看錯路標，走錯門路，卻硬說這就是作品的謎底，都是自迷。本文的意見是本人解讀《美人圖》時所找出來的路標，希望大家一起來探索，看看這些路標是否正確。現在王禎和已經不在了，再也無法表示任何意見了。如果我看錯路標了，希望他在天之靈不只是掩嘴竊笑而已，更能故人入我夢，給我一點兒靈感罷。

記憶與遺忘的置換

——評張潔的《只有一個太陽》

孟悅

與穿過漫長的封閉歲月，筋疲力竭地步入開放時代的中國人相比，《百年孤寂》中那個被颶風捲去的古老拉美家族甚至可謂幸運。至少，這家族幾代人所度過的那段或平凡或不凡的孤獨歲月，只因一個神祕的終結便平添了許多神話般的純潔與魅力。退一步講，雖則這神奇的魅力也如幾輩人眞實的生命一樣徒而有之，但那場颶風過後，這命定產下豬尾怪胎的家族儼然已不必承受一旦發達文明驟然襲來時無可迴避的震驚、自慚形穢或生命無謂之感。然而在地球這半邊，同有過一段孤獨經歷的中國人卻並不那麼容易「得赦」。既然他們不曾死於毀滅、死於浩劫死於黑暗的「鐵屋」，便不得不背負著自己徒然而沉重的歷史，勇敢地抑或悲慘地直面一個喧囂、明亮、充滿誘惑的文明世界的正午，榮也罷辱也罷，輕也罷重也罷，活著，作爲永遠的異鄉人或者看客。

這「百年孤寂」之後的時刻，這毀滅之神也撒手離去，末日審判不再降臨的時刻，正是

《只有一個太陽》歷史的、心理的以及敍事的起點，在這一瞬間，張潔對歷史與未來的描述顯然有了相當的改變。那《愛，是不能忘記的》、《祖母綠》的作者，那在災難的年代裏九死不悔的、痛苦的理想主義者，當面對發達世界的灼灼白晝的一刻，似乎已無法高舉一份燭光般的理想，照亮身後從黑暗中來的人們，似乎也未能有馬奎斯式的從容，以一個優美、神祕而蒼涼的結尾，完好地收藏「一個浪漫的夢想」或一份民族的孤獨體驗。對於此刻的張潔，「歷史」——中國人曾經親歷的一切，似乎難以找到一座可以安置的墳塋，難以嵌入一種可資回憶的標誌，而且，似乎在能夠收藏之前，便已經敗壞了。在西方人走入東土，中國人送入西土的這一瞬間，張潔，如同任何一個納入了世界格局的主體一樣，被懸置在一片既不堪反觀過去，又無法前瞻未來的、無可救贖的「現在」，並在那裏發出了淒厲而憤怒的絕叫。

看、被看與主體

中國人的「西土之行」，作爲《只有一個太陽》中唯一貫穿首尾的被述事件，將這一寓言性瞬間赫然擱置在你面前。它可以讀作一次集骯髒醜陋之大成的欲望之行——不同的人們懷著不同的動機和目的，由於機遇或巧取門路，踏上了當代生活中最爲令人垂涎的西土之旅，尊嚴喪盡卻各有所得而返。它更可以讀作一次前所未有的挫敗的體驗——這幸運的一行人在陌生高雅的發達世界一再陷入猝不及防、始料不及的驚嚇、羞辱、窘迫境遇，遭逢了前所未有的緊張、焦慮、揪心和疲憊不堪，乃至原有那點良好的自我感覺也喪失殆盡，若有所失而返。然而不論怎樣讀，它將你帶入的乃是同一個難以忍受的難堪瞬間，而且這份難堪之感不因場景的轉換而有所緩弛，它滯留在你眼前，滯留在你的閱讀中，整個事件乃至整個文本沒有留給你任何可以逃避的空隙，沒有施捨你任何稍許的慰藉，在本文裏，你除了面對這一切難堪，無處可去。

張潔就這樣強行呈露了一個「孤獨」之後的中國人既無從迴避、又無以超越的歷史時刻，一個上不接天、下不著地，既不連續以往、又不通向未來的心理瞬間。這是一個本就在浩劫中傷了元氣的民族，驟然「碰撞」西方而眩暈失重的瞬間；一個國人習以爲常的經驗理性驟然失效失靈，不復能夠辨認世界與自我的瞬間；一個憑藉孤獨生存而健全的一整套心理防範系統無力招架外來刺激的瞬間；一個班雅明意義上的「震驚」的瞬間。或許這情形有點像久監獲釋的囚徒，一旦跨出了原本喜歡或不喜歡的禁令範圍，首先遭遇的不是自由，而是驚駭。

無疑，對於張潔，這一久囚獲釋式的驚駭是一個羣體性的心理事件。她那淺浮雕般的、連個名字也難得有的、宛若沉浮於芸芸衆生之中的人物，她那非性格化、反性格史的心態描寫，分明昭示著一個**受驚的羣體**此時此刻「缺席的在場」。誠然，作爲一名進入開放時代的疲憊的中國人，作者本人也無可迴避地隸屬於這受驚的羣體，並面對著這一份震驚的挑戰。表述這一發生於當代生活，橫亙在我們心頭，然而卻逃遁在我們體驗和語言之外的震驚事件，記錄並捕捉、把握乃至俘獲這一瞬間的意義，這正是《只有一個太陽》最基本的敍事意圖之一。——在勇敢抑或悲慘地直面這一震驚之後，她需要以敍事爲自己贏得辨認和命名這一震驚的時間和語言。

換言之，對於此刻的張潔，敍事已不再是重組回憶以走向未來的手段。敍事是俘獲和闡釋這一震驚瞬間的工具和武器，是銘記和馴服這一令人震驚的世界的形式。顯然，她不是那批誕生於禁令失能時分的先鋒派，對於後者，震驚並非一個後來發生的事件，毋寧是先天存在的生命狀態，它構成了他們所表現所反抗的整個無理可尋的生存世界的前提及形式。但對於她，對於這囚禁過的一代人，震驚的到來並未構築，而是摧毀著原有的世界和形式感。因此，《只有一個太陽》一如波特萊爾的詩作一樣，充滿了詩人與震驚搏鬥的痕跡。她似乎已經無暇或無意於爲這個巨大瞬間營造故事性和形式系統，無暇或無意於把多重變幻的感覺和視點整合爲性格人物。她放棄了以往那種優美的基調及敍述文體，甚至沒能把這次西土之行寫得稍微再精緻、含蓄、講求形式一些。除了那些集大成的難堪場面和憤怒之情，她所剩確乎不多。代替了虹一般優美、燭一樣溫暖的，是支離斷裂的敍述，是一段段、一片片情緒化的場景、事件和尖刻的冷嘲。然而，破碎還不就是降服，形式的殘骸如同骷髏的冷笑，傳與你一份不爲人知的存在，張潔的搏鬥仍然贏得還報。當敍事成分僅剩下事件的背景框架時，她那萬花筒般的描述中，紛亂堆集的片片斷斷最終還是一再旋出了一對負荷著震驚信息的、視覺性的形式主題，一對推動敍事發生、發展，成爲一個意義體的視覺主題——「看」與「被看」，「窺視」與「裸露」。它們作爲踏入西土的一行人唯一自發的重複動作，也作爲東西兩次碰撞中中國人唯一眞正體驗過的體驗，給被敍事件投入了潛在的、從震驚中掙脫了一半的形式感。

「看」與「被看」的主題貫穿一系列令人難忘的場面：

> 入境檢查時，裝二胡的盒子被令打開，那把浸寄了炎黃子孫感遇知音之情的古老樂器被探測儀照來照去，每件背心褲裙襪子乃至板蘭根遭到徹底翻檢。（被看、裸露）
>
> 一俟下榻五星級賓館，房裏只剩他一人……迫不及待地把一切可以打開的門，通通開了一遍，彷彿裏邊注定藏著上一位客人的東西；……眼光依次查看火柴、水果、諸多圖冊、冰箱裏的每一個格子和瓶子小罐。（窺視）
>
> 在輝煌的科學殿堂裏，準備上臺領獎、衆目睽睽的一刻，新皮鞋驟然開裂。（裸露，或裸露焦慮）
>
> 在聽音樂會時，注視女人赤裸的後背、臂膀及女鋼琴家過低的領口。（窺視）
>
> 在公開、嚴肅、高雅安靜的場合打嗝、吐痰、放屁而後作鬼臉。（裸露）
>
> 尋飯吃不期走入妓女街，觀看調情場面，避雨不期撞見性商店，當晚若干人相逢於性

影院。(窺視，別一種裸露)

食用給狗吃的罐頭而上吐下瀉，夜半驚動旅館。(裸露)

美麗的海濱裸浴浴場，眼睛在墨鏡的掩護下，溜向那些令人想入非非的地方。(窺視)

回國邊檢時，盛滿了飛機及旅館供應品的箱子被仔細翻看。(裸露焦慮)

這裏，窺視與裸露的行動並不僅僅是一種「逼眞」的，在語言不通的特定情境中人們自然會有或可能會有的事情，毋寧說，它們是文本中的一對轉喻乃至隱喻，從某一具體特定的看/被看場景喻示著普遍抽象的羣體性處境——那一「震驚」發生的象徵性情境。在上述一系列「窺視」行爲中，主體似乎不得不「眞實」地經歷一個精神分析學所描述的主體生成過程。這不是指那個由窺視者的專注和興趣變化所顯示的力比多分期。——逐漸從口腹之欲及物欲對象擴大轉移至性對象的過程，而是指窺視者通過「看」某一客體而達成對某一主體位置的「想像性認同」過程。說起來，這種「想像性認同」決定了窺視是一種主體的、主體間的活動：觀看者在「看」的過程中想像地充當、變成、等同於那個相對於客體的有欲望的主體形象(如銀幕上的影像、高級賓館房間的主人、商店廣告某一形象的同類——生殖器的擁有者)，想像地占取那個欲望主體(他者)的位置，確定「那就是我」，或「我相當於他」的自我形象。問題在於，對於走入西土的中國人，窺視不僅是想像的活動，而且是唯一的主體現實。他們不同於銀幕前的觀衆，走出影院便可將「想像」置諸腦後，他們倒是苦於找不到銀幕，找不到一個可認同的位置。他們不過是一幫「不是任何人」的「中國人」，原有的主體感無從生效。因此，作爲幾乎別無選擇的窺視者，他們一直是通過認同某一陌生的他者——賓館中的上等人、廣告中的理想或海灘上的西方男人來尋求一方岌岌可危的主體位置的。此時此刻，窺視行爲與其說是「重溫」假想的欲望滿足，不如說是被迫「重認」——重新認同某個形象，重新辨別「我該在哪兒」，重新確立自我位置的活動。換言之，窺視行爲在本文中標誌了一個中國人在全然陌生的西方世界中必須重歷或重建的「中國主體」的生成過程，他們必須以一個「什麼都不是」的「中國人」——不是團長、副團長等等的身分重問：「我是誰」，「我能怎樣」。

正是在這個意義上，「窺視」與「裸露」從一個寓言（至少是隱喩）的角度，呈現了中國——西方的主體間關係式，呈現了國人與一個他者羣體之間既隔絕又難以剝離的窘迫關係，從而呈現了主體在早已設計好的世界格局中進也難退也難、死也難生也難的尷尬處境。這的確足以導致「震驚」。如果說在精神分析理論中，「想像性認同」是主體生成的第一步，那麼在本文中，這卻是中國主體唯一的一步，是跨出的同時便遭挫敗的一步，中國主體在獲能的一瞬即便失能。當副團長在鏡前自我欣賞，他眼中所見是一個既經認同了廣告陳列品，音樂會的高雅觀衆之後產生的陽剛男性的「理想之我」，但在性影院中，他在認同銀幕影像之餘，卻不得不同時認同觀衆椅上那些又窮又髒、衣衫不整，終日浸泡在下等、廉價、猥瑣氛圍中的性變態、可憐蟲。同樣，當團長快意地打開賓館房間中一切可以打開的門，按動一切電鈕時，他或許自我證實爲一個有權享用這些上等條件的高級住客。然而，一旦跳蚤市場近在咫尺，他又不由不投身於廉價貨的熱心討價者一伍。在淒清的性影院和熱鬧的跳蚤市場，剛剛建立的理想之我被懸置一旁，出現了另一類認同，另一個鏡像，一個在西土不夠上流但回國後卻令人羨慕的、集金錢、地位、尊嚴於一身的「出過洋」的身分。事實上，在本文中，窺視行爲使主體陷入了一道變幻不居的鏡像之流，忽而是天降大任於斯的尊貴上賓，忽而是連人家的狗生活尚且不如的盲流乞丐之輩，忽而是偉岸雄強的男人，忽而是下等可憐的性無能者，忽而是俯視異類的巨人，忽而是被他人俯視的「異類」。這一系列破裂、對立而又重疊的「鏡中之我」把主體帶入了空前的困境，他既不能不看——假裝鏡與他人的不存在，又不能眞看——每一認同都旋即自動破滅。他非但沒有得到，反而一次次喪失了確定「那就是我」的機會，他彷彿從一個已經具有過父親權威的主體，退化到孩提式的初次感到閹割威脅的階段，而他的經驗理性無法提供任何抵禦，防止這一驟然倒退的途徑和方式。

同樣攜帶一個看／被看關係結構的「裸露」主題，從另一方面加深了主體的危機困窘。在本文中，「裸露」與「窺視」組成的不是一個，而是兩個看被看關係式，踏上西土的主體既是窺視者又是裸露者。值得注意的是，如果說窺視行爲之一「看者」與「被看者」是同時「在場」的，那麼，裸露行爲所面對的觀者，卻常是一個隱含的、潛在的位置，一個缺席的他者，甚至是一個貶斥的觀者，一個「拒絕看」的「反觀衆」。

本文首先描述了一種「觀者虛實不明」的裸露，或裸露焦慮。當司馬江南剛剛踏上飛機，嗅到不潔氣味，並首先懷疑到自己的鞋襪時，他無意中構想了一個純屬莫須有的假定的觀者。皮鞋開綻卻要上臺領獎的一剎那，在他所想像的衆目睽睽之中，或許仍然包含一定虛構，說不定根本沒有人注意他皮鞋如何。繼而，本文呈現了一種遭到拒絕的裸露，當公開場合中打嗝放屁吐痰以及驚動旅館的上吐下瀉發生時，在場的人們與其說是饒有興致的觀者，毋寧說恰好相反，一律地充耳不聞、佯作未睹、不予深究，除非過度驚愕。對於主體，這只能是一種裸露，無論司馬還是團長都清晰地感到被觀看乃至被剝露。但顯然這又說不上是一種慣常的、直截了當的、成功的裸露——「看」的那端要麼空無一人，要麼是一雙閉上的、拒絕的眼睛。他們那被剝露感，不過標明了「看者」的「不在」或「不齒一睹」。

歷史地說，這種沒有「看者」的「被看」、沒有「窺視」的「裸露」乃是百餘年來中國人最爲難堪、最爲恥辱的經歷。如果說窺視與裸露、看與被看乃是人類最初始的主體間行爲，一種對他者認同和對自身的確認（裸露者借助於「他者」觀看的眼睛認同於「他者」的欲望），那麼這裏，這種沒有「看者」的「被看」只能是主體行爲的逆反，這一「被看」永遠是一個未經認可的角色，永遠遊盪於主體間關係之外。因此，觀者的不「看」和拒斥，不僅意味著對被看者欲望的剝奪和貶抑，而且意味著對他意圖建立的主體間關係結構中那一主體位置的剝奪和貶抑。似乎，裸露主題導引出一個比窺視主題更慘痛的後果：在窺視中，主體面臨的還只是「理想之我」的挫敗和被閹割的難堪，而在裸露中，主體的存在本身卻遭一迎頭棒喝，他不僅遠比大猩猩或大熊貓更難找到「看者」、找到一個由「他人」回饋的鏡像，而且，連他對「他人欲望」的欲望也無處投射。所謂主體的「重建」與「重認」，在開始之前便已經失去了成功的允諾，「觀看的他者」那拒絕的一瞥，無異於徹底的否決和放逐。

這戲劇性的一幕展示了百餘年來一直橫亙在中國人內心的「創傷」時刻，一個非但沒有隨世事更迭而逐漸淡化，反而愈發敏感的「震驚」時刻。它在結構上幾乎無異於魯迅在日本學醫時親睹的一幕：屏幕上麻木呆滯的東亞病夫、日本觀衆那嘲諷的笑聲，同樣展示著一個遭到「看者」拒斥貶抑的「裸露」。魯迅的全部寫作，或許正是一種旨在揭示、警喻這種恥辱的放逐，從而洗卻這恥辱戳記的「苦悶的象徵」。而張潔的寫作，則令大半個世紀後的當代讀者，從屢見不鮮的西土之行中，重讀了一份魯迅當年的震驚和創傷。不同的是，在魯迅筆下，這一震驚和創傷是文本的潛意識或缺席者，而在張潔的重寫中，那屏幕上的「被看者」占取始終一定的敍事角度，他使你從一個受驚者、受創者的位置上，重新體驗了東亞病夫式的可悲處境。這在忽然之間有著一個太陽和三個世界的地球上，在這充滿了他者卻沒有一個同類的國度，在一系列窺視與裸露最終搖撼和摧毀了「居天地之中」的主體感覺之後，他甚至無法說「我不好，他好」——一種被閹割關係表達式，當然也不復能說「我好，他不好」——一種閹割關係表達式，他最多只能說「我不好，他也不好」，並無法在這個不好的世界中生存下去。他只能向一切說「滾——！」然後愈發走投無路。

回憶、記憶、歷史與生命

這樣一份相似的震驚使我們可以把張潔與魯迅——兩個看上去毫不相干的作家聯繫到一起。他們在各自面對全新的、羣體性的主體間關係式的同時，不得不同樣愕然回視各自一份驟然遙遠了的「過去」，各自那必須重新估計、重新體味、重新尋找的「過去」，不論是納入歷史的、羣體的「過去」，還是收入記憶與回憶的個體的、內心的「過去」。當魯迅在震驚中回視，他找到的是歷史對生命犯下的罪孽，儘管這罪孽已是羣體生命本身的一部分，他還是以寓言性、象徵化的形式作了宣判——「吃人」！而當張潔在震驚中回視，她眼前呈現的已非正在進行的罪行，而是浩劫的陰影終於消退後狼藉滿目的犧牲品，是無辜害人者和無辜受害者們殘缺不全的、幸運的畸存。

儘管張潔的過去不同於魯迅的過去，但他們卻無疑觸及到相似、相關的主題：歷史與過去，記憶與回憶。對於魯迅，這乃是兩套寫作體系。他有一個「讀史」的主題，諸如《狂人日記》的「讀史」，《燈下漫筆》或《我之節烈觀》的「讀史」，以及《故事新編》式的「讀史」等等，爲的是從歷史的罪孽中拯救生命。他又有一個「遺忘的譜系」❶，封閉和埋葬那些曾經執著的理想、刻骨銘心的情愫、內心求索的歷程、對友人的懷念和哀莫大於心死的痛苦，以便從記憶中博取回憶。張潔卻常常把這兩套主題聯繫在一起，通過「回憶」與「記憶」抒寫「歷史」和「過去」，要麼，從「歷史」和「過去」中拾撿「記憶」與「回憶」。

事實上，記憶與回憶是張潔一貫酷愛的主題，只不過從《愛，是不能忘記的》到《只有一個太陽》，這些主題負載的情愫和韻味已截然不同。這些主題深植在張潔對歷史與生命之關係的思索中，而這份思索則從呼喚「不能忘記」，高舉記憶與回憶，發展到探索記憶與回憶，乃至窮盡記憶與回憶。在她早期作品中，記憶——不能忘記的主題引導了「生命戰勝歷史劫掠」的敘事模式，記憶與回憶構成了人物的精神價值，構成了敘事的結構與動機，也構成彼時彼刻張潔作品的特有魅力。那份劫後猶存的日記中（《愛，是不能忘記的》），正是對於愛的記憶與回憶使生命抵禦了十年的歷史災難。憑藉日記、記憶與回憶，《愛，是不能忘記的》爲未來的、活著的、可在歷史的嚴寒中僵硬縮瑟的生命們留住了本可能一去不返的詩意、溫暖與理想。憑藉記憶與回憶，《愛，是不能忘記的》從劫後的滿目荒夷中舉出了一份可以交付未來、交付後人的「過去」，如同爲荒無人跡的大地老人奉獻一個美麗的嬰兒。《祖母綠》延續了這一記憶與回憶主題。曾令兒雖不似《愛》的主人翁那樣，享有一個始終溫馨的記憶，但最終卻通過遺忘戰勝記憶而有了更爲充實的回憶，通過遺忘有關背叛恥辱及至悲傷痛苦的記憶，遺忘有關所愛之人的記憶而獲取了對愛本身的回憶，這回憶支撐著生命的意義，抗拒著命運與死亡，遺棄了行屍走肉，把一切過去痛苦無償的代價歸還給未來，歸還給生命本身。對於十年浩劫的倖存者，《愛，是不能忘記的》那爲了不忘的記憶，《祖母綠》那爲了紀念的忘卻，乃是通向末日審判和最後的救贖的主題。彼時彼刻，傷痕累累的張潔沒有表現罪孽及其對人的毀壞，或許這人間已不再聽取狂人那樣明晰純粹判詞——「吃人！」，但她卻以謳歌理想的方式，以回憶和記憶的力量，完成了對浩劫歷史的一次審判和對人的一次贖救——這贖救本身便是審判。這也是大寫的歷史和生命自身的審判和救贖：滄海桑田，物換星移，十年造就了萬劫不復的文明災難，然而生命與愛卻在回憶中一次次復生，並將地老天荒的長存下去。

然而，正因爲張潔的典型主體，並與她對歷史和未來的思索交織在一起，「記憶」與「回憶」的敗壞才令人分外震動。《只有一個太陽》在中西撞擊的羣體性場面之外，夾敍著一個與《愛，是不能忘記的》、《祖母綠》一脈相承的故事，一個因「不能忘記」而生的愛情故事。張潔依舊在其中置放了她只有在這類故事中才會置放的記憶主題，但卻已不再是爲了審判和拯救，不再具有生命的意義，甚至，記憶和回憶最終導致的乃是「反記憶」、「反回憶」。

這同樣是一個穿越浩劫的愛情，至少是一個在浩劫後又復接續的愛情，但卻透出濃郁的悲劇性：當盼望已久的「未來」終於夢境成眞般地降臨時，我們的主人翁的生命卻已在「過去」的劫難中耗盡，已成爲徒具其表的生命空殼。在這個故事裏，主人翁關於愛、關於「被革掉的日子」的記憶和回憶仍然是一種精神價值和敍事動機，但最終並未使生命從歷史的廢墟中超拔而起，相反，卻在社會歷史「前行」的一刻，坦露了心靈的斷壁殘垣。那個如《愛，是不能忘記的》的主人翁一樣執著的她，雖則並沒有從這份愛情中得到任何可以留給記憶及未來的東西（譬如一句「我愛你」的回答，或一個「像他那樣健壯的孩子」），卻仍要到大漠去尋那最初的、唯一的、不能忘記的愛。她成功了：她成功地憶起了那樣的日子，成功到使鏡中幾十年的生活恍若隔世，成功到獲得「燃燒」的勇氣——她找回了「他」並生活在一起。然而她失敗了：她當然沒有忘記也不可能忘記，但這份記憶無論是與面前的現實還是與此刻的內心都毫無干係。在「終於一起」的生活中，她與其說重溫不如說丟失了回憶曾帶來的一份生命意義，與其說捏合不如說碰斷了那蘇州老屋裏青春的過去與現今的一切聯繫。她在以記憶中未曾燃燒的那部分生命重新燃燒的一刻，發現原來封存的早已是灰燼。她那未被鏡中生活洗卻的記憶與回憶，在看不見鏡子的地方自行化解了，似乎它們本是鏡外的一種平衡，它們不過幫她忍受和遺忘了鏡中的歲月，然後便與鏡子一同遠去，在「未來」的開始處宣布了終結。在「她」的故事裏，你目睹的是遺忘與記憶之間角色互換的遊戲：「愛的革命」是對蘇州老屋發生的痛苦戀情的遺忘，而追尋那愛的記憶又是對「鏡中生涯」的遺忘——遺忘的遺忘。這一「記憶」甚至沒能成爲眞正的「回憶」，它本身便是爲了一段空白的意義而存在的，而且也指涉著這一空白意義。對於她，記憶和回憶本是爲了審判與拯救，但最終卻證實了審判與拯救的不再降臨。

「他」的經歷更清晰地展現了記憶與回憶的敗壞。一如他的愛未曾抵擋一個徒有其名的稱呼，他的記憶也抵擋不住歷史的侵襲。鐵窗生涯挫敗了他對於青春時代的記憶，那有著英國學生公寓、高爾夫球場和白西裝、水晶梨般的表姊妹及無數線裝書外文書的「過去」，整個兒傾覆在「破床下流的呻吟裏」（遺忘）。在這遺忘中，他有了一本日記，但裏面沒有任何回憶只有宣洩和意淫（反記憶）。後來他與她再度重逢，並以這似乎找回的過去證明鐵窗和勞改終於可以忘卻，斷了幾十年的生活終於可以接上，「我們不是都活著」的時候，卻發現那憶起來的愛情，恢復了的正常生活能力與他老男人的新婚生涯已無任何聯繫（遺忘的遺忘）。他甚至無法像日記中所寫的那樣還歸爲獸（反記憶的反記憶）。

記憶和回憶的主題在《只有一個太陽》中顯示了《愛，是不能忘記的》截然相反的敘事模式。在這寒冰化盡、社會變遷的一刻，她愛著，她記著，但這愛的不能忘記並非守候一份生命已有的東西，而是守護著一份生命本身的匱乏。在這歷史的牢門釋放死囚的一刻，他依然活著，重新活著，也學會了活著，但這生命的延續並不是生命的收穫，而是再次丟失那已然丟失的一切，丟失找回的可能性。因此，在故事給定的長達幾十年的敘述語境中，記憶——回憶的主題始終沒有形式的附著物。沒有死亡只有衰老，沒有忘卻只有遺忘，沒有日記只有宣洩，沒有孩子也不再有孩子。甚至也沒有象徵意義上的「墳」，沒有墓記沒有悼詞，沒有「爲了忘卻的紀念」的時機。「也許她愛的不過是一個回憶」，然而這卻是一個無法回憶的回憶。她的愛，他的生命，在這無從附著、無法回憶的回憶中，在這失落了一切的延續中，成了愛和生命本身的一具殘骸、一座廢墟。似乎是作爲對《愛，是不能忘記的》和《祖母綠》的反撥和辯證，這裏，記憶——回憶的主題衍化爲一齣生命孱弱、夭折、無可救贖的悲劇。

同一主題，兩種敍事，展示了人、生活與歷史的兩種關係，兩種可能的結局。《愛，是不能忘記的》借助一個「不朽的愛情戰勝死亡」的浪漫主義模式，喻示著對歷史的克勝與超越，歷史老去而生活永存。而《只有一個太陽》則以這同一模式的潰解，以「當時已惘然式」的徒然，表明了災難性的歷史對生活的凱旋。與《狂人日記》不同，那裏，歷史的腳下雖然同樣堆滿生命的殘骸，但卻存在著一個審判的時刻，「今天」（現在）便是對「過去」的審判，而「現在」仍會是「將來」審判的「過去」。在罪孽如晝夜一樣分明的一刻，魯迅可以「肩住黑暗的閘門，放孩子們到光明的地方去」，而對一九八七年的張潔，審判固然令人寬慰，但生命和人卻等待不起，生存在罪孽沒有被宣布之前已成焦土，已被放逐。她所能做的，不過是展示一份生命眼睜睜從手中滑去的焦灼。在某種意義上，張潔似乎帶著她的讀者從反面走著魯迅的歷程。魯迅每每從深刻的懷疑中，帶著一個鐵屋裏的醒覺者的那份無望，生出「救救孩子」的願望，呼籲著一個拯救的烏托邦，甚至在夏瑜的墳上給你一抹未來的「亮色」，而張潔則在許諾了拯救之後，給你展示對這許諾的懷疑，給你展示正與絕望相同的失望，展示一個沒有孩子、沒有生命、沒有未來的「人」的絕境。

此刻無法斷言，從《愛，是不能忘記的》到《只有一個太陽》，歷史與生命之關係模式的變化究竟是出於作者自我更新的要求，還是出於眞正的悲觀。但可以肯定，即便僅僅是爲了自我反撥，張潔和她的讀者付出了巨大的代價，而這巨大代價所換回的，乃是一種對歷史與過去、記憶與回憶、個體生命與羣體生命等主題的重新思考。如果這種重新思索還給人帶來慰藉的話，那麼只在於，事實上，只有理解了絕望才會眞正理解希望，只有理解了放逐才會眞正理解拯救，只有徹底的懷疑主義者才會成爲當代世界的「理想主義者」，一如只有面對死亡才會熱愛生命。在這個意義上，《只有一個太陽》那沒有末日的世界再次宣稱了《愛，是不能忘記的》的價值，以及《狂人日記》的撼人力量。我願意以爲，張潔與魯迅在回憶、記憶、歷史過去這些共同的主題中以不同方式揭示了同一幕人類戲劇，這是一個希望與無望、拯救與放逐共生的戲劇，一個烏托邦與現實世界、未來與過去、生命與死囚共生的戲劇。確實，沒有罪孽便沒有拯救，沒有黑暗便沒有亮色，沒有死者便沒有活者。在這巨型舞臺你必得悲憫生命，必得爲生命焦灼，別無選擇。

表象、上帝的契約

或許正是爲了生命的價值，正是以生命的名義，司馬江南才在本文所給定的世界模式裏，選擇了死亡。張潔沒有讓衰朽之年的「表舅舅」，而是讓壯年中的司馬成爲本文中的唯一死者。以他那「壯麗得如同一團火」一樣的選擇，表明了生命在覺醒時分，對這個物欲橫流、日光灼灼、充斥著美麗嬌豔的行屍走肉的世界的最終背棄。與這個廢墟般的毫無拯救的世界共生共存，並注定成爲其主宰者的，並非團長、副團長及其老婆，也非走出「鏡中生活」的「她」和「他」，他們只是這個世界的普通臣民，不幸的倖存者。在作品中，眞正能夠如魚得水、盡領風騷、指點山河的，是一個絕色巫女的形象——「移民局大樓前」的「東方女神」。

如果說「窺視」與「裸露」引出了主體的絕境，「記憶」與「回憶」展現了生命的絕境，那麼這個絕色的「巫女」或「女神」與西方的婚姻則宣告了文明的絕境。

與上兩個故事一樣，中國美女引誘和騙取西方丈夫的故事既是寫實又是寓言，既是摹擬一種現狀又是喻示一種命運。這故事的寓言性建築在兩套潛文本、兩套敘事原型上。一套是「吃人女妖誘惑水手」的古老神話模式，「她」的美妙的歌聲和魔力媚惑、騙取、占有最後吃掉上當的男人。另一套則是現代大眾神話——娛樂性羅曼史的共通欲望模式：一個處在一堆女人包圍中的男人有一天找到、發現、認出了唯一一個能使他認眞對待、安居樂業的女人，她使他的生命萬丈光輝。要麼，一個對女人頗有戒心的男人，最終對她消除了戒備，她喚起他的欲望、安全感和重歸自信。當然，這類令男人們做出婚姻選擇的女主角，除了道德和人格上無懈可擊，必得補償男性之所需或襯托著男性的高大。在張潔的故事中，前一套模式被用作人物的原型和目的，後一套則成爲手段和過程。「女妖神話」和羅曼史故事——男性話語中正反兩個女性表象被套選在一起，產生了一個反諷般的寓意：那妖女爲了達到令每個淸白男人都不寒而慄的可怕目的，正是借助了男人創造的另一套話語——大衆羅曼史的話語模式，她那引誘手段的無法抗拒源自於男性對自己話語——欲望模式的無法抗拒，她毋須向他施展「自己」的伎倆，她施展的只是「他的」「伎倆」——只消將他誘入那個其樂融融的經典欲望模式。她作爲成功的引誘者，不過是恰如其分地投合了翻新過的、使男性們不會過時而仍舊高大的當代兩性神話。

張潔大概只能把這樣一個女人寫成「巫女」，並非因爲她陷害了「無辜」的男人，而是因爲她熟諳並守護著男性中心的兩性邏輯，那創造了可怕的妖女表象與可愛的淑女的表象同一個男性中心邏輯：女人的可怕是因爲她們具有閹割力——使男性喪失自己的偉大，而女人的可愛是因爲她們以自己的被動和弱小，以無意限制男人自由的方式，補償了男人尙待證實的偉大。她是一個深知並光大男性中心欲望原則的巫女，一個對上帝與亞當關於夏娃的祕密契約（夏娃爲亞當而造）瞭若指掌並賴之生存的巫女，一個置女性於萬劫不復的黑暗的男性上帝的同謀。

正是這樣一個「巫女」成了「中國表象」——西方人眼中的中國——的明喻。如同男性話語曾經並還在根據自己的性別邏輯塑造「可怕的」、「可愛的」、「可欲望的」女性表象一樣，西方，至少是菲爾、莫莉、魏特們的西方，也以自身的欲望塑造了「東方表象」。它可以是一盤饞人又燙嘴的果醬（森林女士），又可是滿是黏痰的地面或發黑發綠的臭河溝（「早年專到中國尋找陰暗面的西方人」），可以是「眼裏聚滿了」足以把一個西方人「撕碎」的「各種目的」的可怕的欲望的大鍋（莫莉小姐），可以是誘惑與放縱的場所（湯米），可以是一本萬利的賭場（魏特），當然，也可以是古老、優雅、給疲憊緊張的西方人帶來新鮮感、找回失落的舊夢的神祕之鄉（依林院長，塞林太太）。這一切或美好或醜陋的表象背後，佇立著同一個酷似男性欲望原則的，很可能並無惡意的西方邏輯，可怕的是因爲它對西方的閹割威脅——一個沒教養的、吸血鬼般的異類國度，而它的魅力，則因爲它以自己的古老文明，以一個被動和弱小無害的文明身分補償了西方的那有缺憾的自我鏡像。

在這個意義上，「巫女」作爲「東方女神」的西嫁是雙料的隱喩。她必定像守護著上帝與亞當的祕約一樣，深諳並且守護和光大著上帝與西方關於東方的契約。她與自己的喩稱名實相符：一個與西方的、男性的上帝有著深深默契的「女神」——「東方的」，她的勝利乃是上帝與男性、與西方那份契約的勝利：把夏娃、把東方文明作爲永遠的贖賣品，換回一個永遠兌現的權力等級。

在這東方的肉體與邪惡同西方的金錢權勢聯姻的一刻，誕生了一個「美麗的新世界」，一個「權力和肉體的天堂」，也便昭示了中國的文明面臨一場悲劇，在那個「新世界」和「天堂」裏，「東方女神」，以自己的容光煥發、青春不老宣布了、再次宣布著中國作爲一個文明的命運，宣布了這一孤獨文明的徒然，這一文明中歷史和生命的徒然及其徒然的延續。當然，這個明媚的世界沒有颶風，爲的是讓西方與東方的上帝和女神們吸去文明的最後一滴汁液，子孫萬代地統治下去，「青春」下去。這一文明將親眼目睹自己的破碎、變質乃至腐爛，目睹掠劫、欺騙、血腥的和純潔的殘殺而無能爲力。

就這樣，《只有一個太陽》給你展示了一個無望、邪惡而美麗的世界，一種徒然的生存。只是在那極爲高調的敍述語流中，才透出一份直出於生命的灼熱。故事世界的冷漠骯髒與敍事語流中的直辣灼熱形成一種強烈的對比，或許正是張潔此刻矛盾心境的投射。她否決了希望和拯救，撕破了美好的允諾，但對於這「美麗的新世界」的來臨，又充滿如此的不甘和鄙夷，以至於敍述本身就是扮演著審判和鞭撻的角色——故事中的缺席者。從藝術角度上這可能並不爲小說家所取，但對於讀者，這倒可能是藝術之外的唯一慰藉。誰知道呢，也許正是這鄙夷和不甘會使張潔復又從無望走向拯救去，一如魯迅也曾從希望走向無望，從《吶喊》走向《徬徨》。在這個意義上，《只有一個太陽》倒是不妨讀作張潔創作中的一座墳塋，一則墓記或輓歌，它埋葬了許多東西，但也銘記了這些東西，僅僅因為它們標誌了生命。

註釋

❶參見張緒東〈寓言文本中的歷史：理解本雅明與重讀魯迅〉，《中國比較文學通訊》一九八九年二期。

影像篇

電影媒介在跨國文化工業中所扮演的微妙角色

《無言的山丘》——土地經驗與民族空間

廖朝陽

天使想要留下來，喚回死去的靈魂，讓被破壞的恢復原狀。可是，大風不斷從樂園吹過來；天使的翅膀被強烈的風頂住，闔不起來。這陣風毫不留情的吹向天使的正面，吹得他不斷倒退，退向未來，而他面前的死骸則愈堆愈高。這陣大風就是我們所謂的進步。

——Benjamin 1950: 257f

一

文化是爲了滿足人的需要，配合人的活動而產生的。可是在文化成立之後，種種文化形式經過傳統的記憶與傳遞，不可避免的會形成一定程度的客觀性、獨立性，按形式的內在規律來發展。但是人的生活不斷在變化，人的需要隨時會改變，一旦文化形式成爲自律的實體，就像科學怪人有了自己的生命，在新需要產生的時候，人就再也不能做文化的主人，反而要處處牽就形式，拘束了生活的內容。這就是金默所謂的文化的「內在矛盾」(Simmel 1918：375)。在十九世紀以來有關現代文化的討論裏，這個主體疏離於客體之外的問題反覆出現，形成重要的主題。從早期的馬克思、尼采到以現代生活爲「鐵籠」(iron cage)的韋伯，到批判「眞理管轄區」(regime of truth)不遺餘力的傅柯，已經把人與現代文化或現代生活之間的敵對關係推演到極端(Berman 1988：17-35)。

除了形式背離生活的基本觀察之外，金默的提法還有兩個重要的轉折。第一，文化形式與生活內容並不是背道而馳的兩個領域，而是互有溝通、重疊(Oakes 1984：8f)。金默把文化分成兩種：內在文化與外在文化。內在文化是外在文化內化爲個人意識而形成的；雖然內化的過程不可能完全落實，但是個人的生活必須在內在文化中開展，所以生活內容經過內在文化(也就是外在文化的部分內化)的中介，必然已經含有主體與客體相互調整的過程(Simmel 1908a：230)。進一步言之，如果外在文化是由社會生活所形成的，而個人生活除了內在文化之外又不能不含有社會生活的一面，那麼外在文化顯然也可以表現爲社會生活的內容，正如內在文化也可以表現爲支配個人生活的形式(1908b)。這就留下許多辯證轉折的可能，不必像後結構派思想那樣，最後總是要回到本質與反本質、理性與非理性、中心與邊緣等等的戰陣對決。

其次，金默的提法用來解釋現代生活其實並不完全吻合。如果現代生活最重要的特點是不斷創新，不斷變動，那麼除非我們採用馬克思的看法，把變動視爲假相（Frisby 1986：22ff），我們就必須承認，個人在現代生活裏所經驗到的異化現象顯然並不是變動的需要受到文化形式牽制，而是個人基於種種原因而要求穩定所造成的。雖然金默也指出，形式可以落於內容之後，也可以超前（Simmel 1908b：352），所以我們也可以說分工、技術進步等因素造成現代生活步調太快，無法配合個人的內在需要（1903：324,337; 1908a：234）；但是在解釋文化「內在矛盾」的時候，金默特別強調過，問題的重點是在形式外化所產生的僵硬性不能配合生活的流動性（1918：375f），所以這裏並非全無爭論的餘地。本文對《無言的山丘》的解釋想從形式拘束內容的一般提法來發展另一種可能，也就是把現代生活的異化問題定位爲**內在文化的形式與外在文化的內容脫節**。這裏對金默最主要的補充是：外在文化雖然與個人的「內在」相對，卻不一定完全是由制約個人的形式所構成，而是可以包含超越個人，但是可以成爲個人需求的一部分，也可以爲個人直接經驗到的生活內容。在本文的討論範圍裏，這個超越個人的層次主要是表現爲自然與族羣認同。

二

本文的立場當然不算是什麼創見：從費爾巴哈的「物類共性」(species being)到馬克思派的階級意識，這條從外部挑戰封閉個體的路雖然早已在「反整體」的整體趨向中退流行，卻似乎還沒有完全荒廢。從生態思想與某種後現代文化的角度看來，金默對現代生活的解釋所以不能連貫，正是因爲在現代精神獨大的時代裏，除了以個人爲經驗主體，以外在世界爲個人的對立面之外，一般崇尚「客觀中立」的理論家很難看到其他可能。現代科學強調「解咒」，把自然看成純粹客體，否認自然可以有任何形式的主體經驗(Griffin 1988：2)；人文學科的個人主體觀正呼應了這個運動。至於後現代理論，雖然標榜的是對現代的反動，但是一般而言對個人主體只有進一步拆解，對超越個人的主體認同仍然忽視多於正視。建築學者弗蘭不頓以土地與社會生活所構成的地方認同爲焦點，發展他的「批判性地方主義」，是少見的例外(Frampton 1983)。但是如果我們把理論內部的符號建構當成形式，似乎又有許多跡象可以顯示，理論外部的實際生活正在發展新的可能，不是理論本身所能規範的。《無言的山丘》是一個好例子。

這裏先以黑澤明電影《夢》的第一段〈雨中陽光〉爲例，稍作說明。相對於《無言的山丘》的後殖民觀點，《夢》當然是以生態意識爲主要關注。〈雨中陽光〉敍述小男孩不聽母親告誡，雨中外出，偷窺狐狸娶親，回家後才知道狐狸已經向母親告狀，只好到「彩虹下面」尋找狐狸住處，請求原諒。這段故事不僅敍事方法有異於主流電影，而且在意義結構上完全傳達出顚倒現代精神的消息。如果金默的文化理論是從現代精神產生出來的，那麼〈雨中陽光〉就是對現代精神的全面檢討，其中幾乎每一個細節都可以與金默的理論形成對話。

首先，就標題而言，雨與陽光同時發生，違背了一般天候的常態，這是常態觀念的形式不符合多變的生活內容。但是這裏的內容變化是自然本身發展出來的狀態，具有獨立性與自律性；以個人經驗爲基礎，個人可以直接支配的常態觀念（雨中不會有陽光）反而才是僵化的形式。當然，狐狸娶親之類的說法也是一種文化形式，但是正因爲這是一種超越個人的文化想像，沒有經過以個人經驗爲依據的符號化或解咒過程，在故事裏這個部分仍然屬於外在文化的具體**內容**。從這個角度看，由文化想像所構成的傳統以及其中所含的自然觀念才是故事眞正的主體。相對的，小男孩雖然是敍事焦點，他的經驗內容反而是一片空白；偷窺的行爲毫無動機，也沒有內心的變化，似乎只剩下一個偷窺**欲**的純粹形式，如果文化形式眞的是個人的主體創造出來的，那小男孩的動作就令人無法理解，因爲在接受外在文化（母親的告誡）與自然、人文習俗達成和解前，他的主體性只能表現爲純粹欲望的空洞形式。對這樣不流動的主體性來說，討論形式是否背離生活根本沒有意義。

狐狸娶親的行列進一步表現出外在文化主體性的內容。本來，娶親行列是一種規律化、形式化的儀式，參與者不論是步伐還是動作都必須整齊一致，就像生態系的正常運作一樣，似乎不允許任何脫離常軌的變化。但是片中卻藉娶親行列表達出規律之中也可以含有由主體性流動所引起的特殊內容（正如雨中也可以有陽光）。在行列剛出現的時候，衆狐狸按音樂的節拍，踩著整齊的步伐，緩緩前進。每次音樂停頓，他們就會一齊向上下或側面擺頭。這時小男孩躲在一棵大樹後面，探頭窺視。行列愈走愈近，衆狐狸的動作雖然保持基本的規律，卻愈來變化愈多，顯示對小男孩的入侵已有知覺：雖然在每次擺頭之後，他們好像都無可奈何的回到原來的行進步伐，但是愈接近大樹，隊伍停頓、擺頭的程序就愈複雜，或者改變擺頭的方向（例如由右上到左下），或者搶在節拍之前擺頭，甚至打斷音樂，或者加入以手掩面、前腳後退半步等動作。到了最後一次停頓，行列已經走到樹旁，打擊樂器突然發出急促的強音，衆狐狸重重跳起，擺頭瞪眼，把小男孩嚇走。這個娶親行列所模仿的，正是生態系為因應外力干擾而改變常規，重新轉入平衡狀態的過程。金默認爲自律性的外在文化容易變成拘束個體的僵化形式，〈雨中陽光〉卻顯示出，自然生態與傳統習慣在秩序底下自有其綿密的流動（除了娶親行列的動作之外，我們還可以看到畫面不斷有許多細微的變化在發生，如鏡頭不同的距離與角度、地上的煙霧與光影、背景雨聲的大小等等）。在人文的層面，這種流動當然涉及傳統的建構，不完全是自然形成，所以《夢》最後一段〈水車村〉的送葬行列與這裏的娶親行列同樣是儀式，卻因不同的地方傳統而有完全不同的表現。但是不論是〈雨中陽光〉的小男孩或是〈水車村〉的訪客都必須尊重在地文化的特殊內容，接受傳統內化的過程。從現代精神強調主客對抗的觀點看，這是傳統限制、拘束個人。但是《夢》要告訴我們的正是：主體與客體之間並不是只能有相互對抗的關係，而是可以透過內化、外化的過程相互連接；事實上，個人生活一旦完全脫離外在文化的認同，必然會失去本身的大部分內容，甚至淪爲空洞的形式。

三

《無言的山丘》給人的直接印象是：劇本表現了濃厚的傳統宿命觀，缺乏進取、批判的精神。整個故事可以說就是「三兩人勿當想邁五兩命」、「痟貪跟雞籠」的道德警告劇，不但透過片首的講古老阿伯提示，也表現在阿柔對礦工「七少年八少年，就駕人來茲爾跟碰空」的嘲笑裏。然而，在這個教訓底下，我們似乎也可以感覺到其他主題在發展。也就是說，這裏的傳統智慧並不是僵化的形式，而是像〈雨中陽光〉的娶親行列那樣，是可以產生意義流動的生活內容。片尾講古老阿伯再度出現，交代阿屘的下落；這一次，他的道德評論並沒有回到「貪」的主題，而是以「人生原也海海也啦」導入最後的淡出。顯然，整個故事的意義並不是直線發展，而是經過歷史經驗的刻記，含有外力（主要是殖民者）侵入後所產生的互動與調整、褶曲與偏移。我們可以從時間與空間兩方面來觀察故事意義褶曲、偏移的過程。

以時間來說，片首與片尾老阿伯講古的處理當然是最好的例子。以講古的方式來呈現故事，已經表明《無言的山丘》選擇班雅明所謂的說書人敍事模式(Benjamin 1936)，有意與現代小說劃清界限。現代小說的興起與書籍流通、印刷工業有密切的關係(87)，而印刷工業透過資本主義市場機制的散布，造成時間觀念的改變，把時間看成「性質統一，內容空白」的直線進程，這是產生現代民族認同的一個重要條件(Anderson 1983：28-31)。在《無言的山丘》裏，唯一眞正擁有印刷書籍的人是日本礦長。如果礦長的西方音樂代表完全抽離內容的直線型時間，那麼老阿伯講古就可以代表「載滿現在實感的時間」(Benjamin 1950：261)。也就是說，在講古的時間裏，不但「有事則長，無事則短」，而且不必講求前後連貫，也不必有向前「進步」的形式主體。老阿伯的講古不但在道德評論上有偏移，在時間上也有褶曲：片首與片尾的講古互相呼應，乍看似乎是同一場景的延續，老阿伯也沒有更老；其實阿助與阿屘在片首是聽衆，到了片尾則變成老阿伯故事裏的人物，而且顯然已經是子孫經驗裏的「古人」。這就是時間的褶曲：不同時點的經驗經過多層次的傳遞（阿助兄弟、礦村民衆、老阿伯），最後在觀衆的「現在實感」裏實現意義的拼合，但是傳遞過程中的其他現在時點也各自在建構自己的意義，最後接收所有意義的觀衆並不能根據時間的連貫性，提出統一其他時點的要求。片首講古是一個現在，片尾講古是另一個現在；兩者透過觀衆的解讀合而爲一，又是一個現在。吳淡如的小說版認爲電影的結局太悲慘，不再讓老阿伯饒舌而直接說出另一種結局：

> 過了很多年，有人（原文照引）出外謀職的子弟傳回消息，說是在南部的小村落看過一個像阿屘的人，他旁邊有個白白淨淨的日本女人，可能是富美子。……(Wu 1992：175)

這裏的「過了很多年」正標示出現代小說「性質統一，內容空白」的時間觀。電影版並不是要（就本身的歷史位置來說也不能）否定這樣的時間觀，而是要表示：不管是現代精神、知識（礦長的書本）、藝術（西方的古典樂），還是直線時間，都只是文化的形式，在經過使用而進入生活內容的時候，某些使用方式（帝國經濟、國家主義、殖民人類學）就會對不同環境（不同「現在」）產生的文化（包括形式與內容）造成傷害。阿助兄弟與同伴半夜用炸藥偷採金礦，日本監工發現可疑，進坑抓人，結果引信已經點燃，雙方人馬一邊叫「緊走」，一邊叫「不要動」，結果除了阿屘，全被炸死。這裏我們看到的正是內容不同的兩種時間被強制統一所造成的結果。殖民者聽莫「邁碰也」的在地話，空有規矩與刑罰的形式，最後除了一場膨風儀式與一塊「殉職職員」紀念碑，什麼都得不到。

這裏故事的發展已經顯示出殖民者介入在地文化所造成的意義流動：「痟貪跟雞籠」的教訓其實就像黑澤明的狐狸娶親，看似呆板單調，其實是充滿適應變動，求取平衡的生機。也就是說，這個道德教訓也有後殖民版：被紅目襲殺的礦長與被炸死的日本監工都是「三兩人沒五兩命」。在故事裏，紅目雖是雜種，卻等於是礦長的兄弟：他也擁有某種形式的出版品（春宮圖册）；他向富美子誇口礦長當他是弟弟，又向礦長密告萬里香的人偷運黃金，結果礦長未遵守約定，讓他得到富美子；最後他終於殺了礦長，穿上礦長的衣服。在出事那一晚，紅目悄悄來到礦長宿舍，礦長一見他就嫌他髒。紅目的回答可能會樂壞所有後殖民理論家：「你也不比我乾淨」。影片顯然是從同樣的立場來處理礦長所代表的一切。礦長的唱片不但會跳針，他的音樂也被開了一個玩笑：他以爲已經把紅目趕走，回頭拿起唱片翻面；怪的是，翻面之後，音樂並不是從頭開始，而是已經接近樂章的結尾；音樂結束，礦長也中了紅目的尖嘴鋤頭，倒地而死。我們不能說礦長放音樂是要爲自己送終，只能說音樂高潮配合紅目的致命一擊是有意的安排。這種安排符合寫實電影敍述機器的要求，也完全體現了現代精神。但是這裏的後設表述也正顯示出「性質統一」的現代時間其實並不那麼統一，並不比傳統時間更「乾淨」。〈雨中陽光〉的小男孩走進狐狸的世界，日本人走進在地文化的世界，阿助兄弟走進老阿伯故事裏的世界，《無言的山丘》則在這裏走進電影敍述機器的世界：每一次的走進都造成意義的偏移。

四

時間的延續離不開經驗內容的褶曲與偏移，可是褶曲與偏移並不能取消經驗內容累積與傳遞的過程。在《無言的山丘》裏，這個傳統承續的過程主要是經過土地的刻記表現出來。首先，阿助兄弟的夢想是要買田地，爲父母「做風水」，代表傳統農業文化的典型價值。阿柔的願望也是要回「庄腳」買田；片尾她帶著三個丈夫（包括阿助）的牌位與一羣小孩，離開礦村，算是如願以償。乍看之下，故事似乎又在繞著前現代的舊觀念打轉，沒什麼新意。其實，這裏故事眞正傳達出來的，也不是原封不動的傳統價值。故事裏的農田代表人類生活的依靠，託寓的意味很強，卻始終沒有進入影像表述的中心，只在片首阿助兄弟啓程尋找金蟾蜍山的時候隱約出現了一下。故事的進行還是以礦村一帶爲背景，所以片中所呈現的土地主要並不是農田，而是礦村以及礦村周圍的丘陵地。

礦村的主體是礦坑。礦坑雖然可以供給財富，意義卻與農田完全相反。農業勞動是人與土地共同延續的生存方式，本身是經驗的形式，也是經驗的內容。礦坑則是致富的捷徑，殖民帝國發展現代經濟的據點，「三兩人想邁五兩命」精神的體現。礦藏只能供給價値的形式（黃金、錢幣），不能供給價值的內容。就人與土地的關係來說，採礦活動不能產生共同延續的時間歷程，只能製造不可逆轉的資源消耗，掏空土地的生命。礦坑與死亡的關係構成情節的主體；阿屘也常常抱怨「碰孔」就像「墓孔」。另外，憨溪喜歡將礦坑比做妓女的陰道，顯示採礦與嫖妓性質相同，都是人將物（或物化的人）視爲工具，抽離異主體經驗內容的活動。阿柔在礦村原有房屋，卻在片尾毫不留戀的出走，就是因爲她在礦村必須靠出賣肉體維生，不能以主體的形式存在。在這裏，礦坑成爲多重意義的匯集點（財富、死亡、人的物化，當然還有殖民權力），已經具有刻記經驗內容，承載歷史記憶的作用。也就是說，採礦者進入礦坑，改變了土地的內容；但是，正因爲這個內容改變的過程是不可逆轉的，在礦坑的經濟生命死亡之後，被破壞的土地並不會隨著消失，而會留下抹除不掉的殘形（今日的九份、金瓜石），對後世（如王童和他的觀衆）形成文化意義。擴大來說，殖民者進入在地文化，使在地文化的內容產生偏移，但是這整個進入、偏移的過程也同樣會透過土地以及文化形式的刻記、承接、積澱，成爲在地文化的一部分。這就是爲什麼殖民者離開殖民地之後，在地人民的認同結構並不會恢復原狀，而且往往會因爲擁有共同的歷史經驗而產生更緊密的結合（Fieldhouse 1983 : 14f）。

我們仍以「痟貪跟雞籠」的教訓爲例來說明土地記憶承載經驗內容的過程。阿助兄弟不願作長工，要到金蟾蜍山淘金，雖然動機在勤勞上進，求生存，最後仍然是要買地定居，但是從另一角度看，其實也可以看成是希望一步登天的非分之想。至少，這個決定已經在進取與安分兩種價值之間造成緊張狀態。這裏的在地文化是臺灣的移民文化，產生這樣的緊張狀態本來就不足爲奇。但是老阿伯故事裏吳阿進撿金塊的事蹟本屬傳說，如果沒有日本人招工採礦，阿助兄弟顯然是找不到金蟾蜍山的。有日本人採礦，老阿伯的故事才會突然從傳說變成可能實現的合理期望。夢想一旦變成合理期望，阿助兄弟也就一步一步陷入「痟貪」的欲求，在一定程度上成爲向日本人看齊的現代掠奪者。所以，殖民者的介入固然使在地文化（老阿伯的教訓）產生意義偏移，形成新的平衡，但是在地文化本身的異化狀態同時也因爲殖民者的介入而有了進一步的發展。就阿助兄弟的故事來說，這整個過程的焦點是：臺灣移民的土地觀念也含有形式僵化所造成的文化矛盾，使延續土地的農業活動產生向開發、破壞轉化的可能。

也就是說，臺灣農業文化基於移民墾殖的歷史經驗，本來就含有殖民性格。這種移墾式殖民與侵略性的帝國式疆土殖民並不相同，反而帶有部分逐生活資源而居的游牧傾向，但是這裏的移墾式游牧並不是像眞正的草原、沙漠游牧那樣，形成「一定空間內的有組織運動」(Jean-Paul Roux; Armstrong 1982：38 引)，而是以擁有土地爲目標，也沒有能擺脫漢人文化定居生活與血緣宗法結合的大形式（阿助兄弟父母的風水、阿柔前夫的牌位都是由此而來）。這樣的在地文化一旦與現代殖民者接觸，自然容易牽動本身尊崇父祖權威，認同支配者、破壞者的一面，進一步向殖民性格發展。福州人憨溪淘金未成，悵然返回唐山，是第一代移民與母國維持緊密關係的例子。阿助兄弟是落地生根的移民子孫，但是因爲沒有土地，仍然積極向外尋求財富。兩人第一次夾帶黃金出坑成功，阿屘說：「咱艱苦茲乃久，只提茲兮，阿日本仔殹，免做攏殹兮」。這裏的重點已經不是在「貪心」的問題，而是在現代意識的覺醒：阿助兄弟參與土地資源的掠奪，其實也是殖民者，所扮演的角色除了未擁有武力之外，與日本人並沒有根本的不同。阿屘的話隱然指向利益均沾，平等做人的要求，後來果然演變成日本人搜身引起礦工抗爭的事件，犧牲了土公成的性命。從老阿伯的教訓看，這是不安分、貪，從後殖民的角度來看，這已經涉及人與人爭平等，人與自然卻講支配的問題，形成理性與暴力相互轉化的「啓蒙辯證」(見 Adorno/Horkheimer)。從而，故事開頭描寫阿助兄弟涉溪水，攀岩壁，從陽光燦爛的田野一步一步走向礦村，其實已經點出臺灣移民走向「黑暗之心」的歷史進程。從這個角度看，《無言的山丘》表現後殖民經驗，重點不僅是在透過意義的橫向偏移來揭露殖民者的不義，同時也是在省思在地文化本身的殖民現象，重新建構傳統意義的縱向傳承。

當然，阿助與阿屘仍然保有一定的在地狀態，到底沒有完全異化爲殖民者的翻版。《無言的山丘》拆解了日本人的角色，也拆解了臺灣人的歷史認同，但最後仍然保留了建構另一種角色，另一種認同的可能。阿助對阿柔始終以人的方式相待，是傳統文化正面價值的簡單呈現。阿屘的在地狀態則較複雜，至少涉及血緣宗法的部分拆解（阿屘未與阿柔爭奪阿助的牌位，最後也沒有回到正常社會）以及族羣界限的突破（阿屘一向同情「雜種」紅目，最後在「無緣之墓」前透過一段似隔未隔，似通非通的雙語對話與琉球人富美子結下傳頌人口的無緣之緣）。紅目、富美子、阿屘各自以不同的方式接受（或承受）了礦村「國際社會」的新認同，也各自以不同的方式見證了殖民與自殖民所留下的傷痕。阿柔返回農村則是對傳統文化的回歸，似乎是以規避的方式處理現代化過程所引發的問題。但是阿屘成爲老阿伯故事裏的人物，已經表示他所代表的新經驗與新認同必將在傳統文化的延續過程裏扮演重要的角色。也就是說，阿柔與阿屘暫時走向不同的未來，但是農村與礦村（以及農村與礦村之外的自然地）是相連的土地整體，是文化可以相互流通的共同空間；所以阿柔與阿屘所走的兩條路不可避免的已經各自形成經驗的相互結合，到底不能像日本人退出臺灣那樣說分離就分離。故事的結尾說，阿屘每年都要回來，爲富美子種兩次油菜。這片油菜田與「無緣之墓」一樣，都是在礦村入口，處在村內通往村外的邊緣。老阿伯特別強調阿屘種油菜是新舊經驗的結合：

> 大概，捌做過長工啦。伊所種兮油菜乎，特別較好吃啦。油油油哦，金晰晰哦。花若一例開落兮夠逭，歸山屏乎，金駕會驚死人都會哦，未輸佇底撒金仔粉咧。嗯，人生原也海海也啦。

油菜使富美子想起老家，是新移民母國記憶的外化；海則代表富美子回家的希望。但是到了倖存的「舊人類」阿屘手裏，殖民時代不能伸張的生命欲望終也必須化爲油菜，植入臺灣的土地，成爲臺灣本身文化記憶的一部分。在這裏，「黃金」的主題（「金晰晰」、「撒金粉」）作了最後一次意義的偏移，終於脫去現代經濟的抽象價值而進入生活內容（「吃」）與自然循環共同延續的歷史路程。反過來說，也只有農業生活打破封閉的文化形式，成立接納異質，與海洋與殖民經驗結緣的可能性，老阿伯「人生海海」的結論才能深化、廣化「痟貪跟雞籠」的傳統價值，也才有眞正的意義可言。阿屘發瘋，偏離正常生活的軌道，當然表示這個新舊、內外結緣的理想狀態是尙在發展的文化內容，未必能立即實現，成爲眞實歷史的形式。然而殘缺既然可以感知，自然已經指向完滿，《無言的山丘》在偏移、拆解之餘，顯然沒有放棄肯定、保存歷史內容的立場，也沒有像部分後現代理論那樣，將殘缺視同空無，進而排除架構新形式，存活新內容的可能。

五

在晚近有關臺灣意識的討論裏面，有許多人質疑以臺灣爲認同對象的觀點重複了大中華民族的「本質論」與「霸道意識」(Liao 1993)。其實，即使就中國來說，民族主義的發展也可以分成先民族後國家的族國主義與先國家後民族的國族主義兩個階段(Zhu 1992)。中心壓制邊緣，本質先於建構的帝國民族觀本來就是國族主義的產物，是中國民主革命以後漢族權力中心爲了防止邊疆族國主義分散統治權所發展出來的，與十九世紀歐洲舊帝國爲了對付人民民族主義而轉向「官方民族主義」(Seton-Watson 1977：148; Anderson 1983：82f)，情形相同。這種民族是虛，帝國是實的怪胎並不是以族羣認同爲基礎的民族觀的常態，也不能成爲否定所有族羣認同的依據。近人喜歡引用想像共羣的說法來拆解民族認同，但是如果所有超越自然關係的共羣都是想像共羣(Anderson 1983：15; Balibar/Wallerstein 1988：93)，那麼刻意強調想像與眞實的差別，甚至以爲想像共羣的建構可以像訂做衣服那樣，隨意剪裁塑造，「並無任何預測性」(Liao 1993)，恐怕反而會抹煞帝國想像與民族想像之間的差異，爲國家/帝國至上的洗腦工程建立另一種理論依據。其實，想像共羣的原始提法並不在強調共羣的眞假，也不在重建一個純淨無瑕的「具體人羣結合」(Qiu 1993：73)，反而是要追究在不同的歷史條件(「文化根苗」)下，不同的共羣如何以不同的方式來想像自己，以及共羣的想像如何反過來積澱爲共羣的眞實(Anderson 1983：15, 17-40)。也就是說，想像與眞實可以有分別，但是兩者之間的關係就像形式與內容那樣，並不是前者拘束、歪曲後者，形成現代式的對抗，而是共同延續，參差發展，是歷史經驗與文化記憶的兩個不同的側面。

上文已經提過，《無言的山丘》對時間的處理充滿褶曲感，並不符合現代時間「性質統一，內容空白」的直線觀念。同樣的，礦村內外的世界以及介於其間的油菜田各自形成不同的土地開發狀態（至少包括傳統、現代、自然、混合四種類型），各自承載不同的人羣（如長工與礦工），與現代民族同質性高、穩定性強的社會景觀（Anderson 1983：35）也有不同。但是這些時空的褶曲與並置並不妨礙**前現代**族羣認同的形成，因爲這裏的褶曲與並置不僅產生矛盾與對抗，也以一個獨立生態系的模樣在進行承接、延續、交換、偏移，最後更免不了在講古的活動中凝聚成共同經驗。這整個過程既然是人文歷史的演變，當然可以視爲想像，但是從人文的觀點來看，這種想像也可以說比眞正的眞實還要眞實。阿柔離開礦村，已經與以前的生活一刀兩斷，但是即使有一天她能拋棄子女，取消三個前夫的牌位，除非搬出科幻小說裏記憶消磁的手段，難道她能完全遺忘礦村的經驗？萬里香的媽媽桑想出夾帶黃金出村的方法，對老闆說：「也無臺灣人是迨做假兮是哦曷？連茲落法律縫你亦未曉閃喔？」這裏的法律是殖民者強制施行的人爲規範；在地人民因爲受到同一法律體制的管轄而形成（或強化）臺灣人的認同，雖然與殖民者的統治機器形成對抗，終究仍是統治機器製造出來的想像認同。但是，如果這樣的想像認同不能呈現眞實的歷史經驗，難道說，只有坦克與大砲、總統與參謀總長才能算是眞實？以泛政治化（或者說泛非政治化）的方式否定任何建構臺灣意識的努力，表面上看是不願見到國族主義的惡靈找到新的附身對象，不願文化形式再度壓倒人民的生活內容；但是這些大法師們既然已經在理論上否定了人文想像的價值，所謂「人民」豈不是只能取消大腦,獨留軀殼?天安門的血是看得見的(起先是看得見,後來是「想像」得見),但是當《無言的山丘》裏的油菜花不再能代表夢與希望,甚至不再能有是否「特別較好吃」的分別——誰能證明好不好吃不是主觀的人文建構?——只能讀成由何種花冠、花序,多少雄蕊、雌蕊等等所構成的「眞實」植物,這時人的記憶、思考器官是如何消失,是爲什麼消失,就不易決定了。

本文並不主張《無言的山丘》可以納入晚近建構臺灣認同運動的某一部分(雖然我們也不能排除這種可能),但是這部電影從後殖民的觀點對殖民經驗作了深入的檢討,這是沒有問題的。雖然就西方的民族觀念來說,片中的時空內容只能構成前現代的族羣認同,但是如果我們承認,十九世紀「官方民族主義」的歐洲版民族觀並不能窮盡民族存在的各種樣態(參見 Blaut 1987:76-96),那麼這裏的族羣認同並非不能成爲民族認同的基礎。進一步看,如果時空的同質延伸是「現代」民族觀的典型構想,《無言的山丘》重視經驗內容所造成的時空褶曲,捨棄民族即國家的形式共羣,偏重由歷史記憶所形成的族羣或民族認同,其實已經不是在向前現代倒退,而是含有突破現代秩序的局限,直接向形式之後、現代之後開展民族空間的企圖。而這一層意義所以能成立,正是因爲在這樣的構想裏,族羣或民族認同的外在文化也有可能成爲個人生活內容的一部分,並不必然只能是壓制個人,與個人爲敵的僵硬形式。

引用書目

Adorno, Theodor W., and Max Horkheimer. 1944. *Dialectic of Enlightenment*. Trans. John Cumming. New York: Continuum, 1972.

Anderson, Benedict. *Imagined Communities: Reflections on the Origin and Spread of Nationalism*. London: Verso, 1983.

Armstrong, John A. *Nations before Nationalism*. Chapel Hill: U of North Carolina P, 1982.

Balibar, Etienne, and Immanuel Wallerstein. 1988. *Race, Nation, Class: Ambiguous Identities*. Trans. Chris Turner. London: Verso, 1991.

Benjamin, Walter. 1936. "The Storyteller." Benjamin 1955: 83-109.

—— 1950. "Thesis on the Philosophy of History."Benjamin 1955: 253-64.

—— 1955. *Illuminations: Essays and Reflections*. Trans. Harry Zohn. New York: Schocken, 1969.

Berman, Marshall. *All That Is Solid Melts into Air: The Experience of Modernity*. Harmondsworth: Penguin, 1988.

Blaut, James M. *The National Question: Decolonizing the Theory of Nationalism*. London: Zed, 1987.

Fieldhouse, D. K. *Colonialism, 1870-1945: An Introduction*. New York: Macmillan, 1983.

Frampton, Kenneth. 1983. "Towards a Critical Regionalism: Six Points for an Architecture of Resistance." *The Anti-Aesthetic: Essays on Post-Modern Culture*. Ed. Hal Foster. Port Townsend, WA: Bay. 16-30.

Frisby, David. 1986. *Fragments of Modernity: Theories of Modernity in the Work of Simmel, Kracauer and Benjamin*. Cambridge: MIT P.

Griffin, David Ray. 1988. "Introduction: The Reenchantment of Science." *The Reenchantment of Science: Postmodern Proposals*. Albany: SUNY P 1-46.

Liao Xianhao 廖咸浩。〈解構台灣〉，《中國時報》。一九九三年五月十三日。

Oakes, Guy. 1984. "The Problem of Women in Simmel's Theory of Culture." Simmel 1984: 3-62.

Qiu Yafe 丘亞飛。一九九三。〈國族意構情結的「返祖性」(Atavism)及其認知構陷〉。《島嶼邊緣》8: 68-79.

Seton-Watson, Hugh. 1977. *Nations and States: An Inquiry into the Origins of Nations and the Politics of Nationalism*. Boulder: Westview.

Simmel, Georg. 1903. "The Metropolis and Mental Life."Simmel 1971: 324-39.

—— 1908a. "Subjective Culture." Simmel 1971: 227-34.

—— 1908b. "Social Forms and Inner Needs." Simmel 1971: 351f.

—— 1918. "The Conflict in Modern Life." Simmel 1971: 375-93.

—— *On Individuality and Social Forms: Selected Writings*. Ed. Donald N. Levine. Chicago: U of

Chicago P, 1971.

—— *Georg Simmel: On Women, Sexuality, and Love*. Ed. Guy Oakes. New Haven: Yale UP, 1984.

Wu Danru 吳淡如。一九九二。《無言的山丘》。台北：麥田。

Zhu Hongyuan 朱浤源。一九九二。〈從族國到國族：清末民初革命派的民族主義〉。《思與言》30.2: 7-38.

民族電影與香港文化身分

——從《霸王別姬》、《棋王》、《阮玲玉》看文化定位

梁秉鈞

近年有關後殖民的論述中，常常討論第三世界的國家在擺脫殖民文化的影響以後，如何嘗試重建民族文化。在電影的範疇內，有從電影種類、主題、觀衆、製作方法等去重新探討國家民族電影，討論對抗好萊塢電影模式的種種國家民族電影，比方第三電影❶。詹明信等論者亦提出國家民族寓言(national allegory)的觀念，作爲第三世界文學的特色❷。

但這些討論未必涵蓋後殖民的複雜性。以香港爲例，一方面逐漸離開殖民地的處境，但另一方面在文化上也並不是完全認同一種國家民族的文化。要討論香港的文化身分，恐怕正得從它與國家民族文化既有認同又有相異之處開始細探。本文嘗試從九〇年代一些中港台合資、合作，或題材上牽涉彼此關係的電影，來看這一個問題。

中國電影從一開始就充滿對國難時艱的憂患意識，寫抗戰、逃難、哀民生之多艱，宣揚敵愾同仇、民族團結；一九四九年以後的電影更強調民族色彩、國家意識，即使發展至近年，

還是以《開國大典》、《焦裕祿》等作爲主旋律電影[3]。電影作爲國家機器，宣揚統一和團結，對抗異族和異心，也同時會壓抑了各種參差的不同。

曾有學者對「國家」的形成作出種種反省，比方班尼迪・安德森(Benedict Anderson)就曾指出「國家」作爲一種理想社羣，往往起源於維護某種利益，對抗另一些社羣。國家由人民組成，理應有同等的權利與義務，國家由疆界規畫內外。在強調國家的觀念時，重視的是成員間的「同」，以相對外間的「異」[4]。

近年國際間的變化，如蘇聯之演變成獨聯體，如東歐國家制度的解體，令人從實際例子對強大國家觀念改觀。國家民族電影的觀念也受到不少衝擊。一方面雖有第三世界的電影強調民族電影，另一方面則有法國電影等受好萊塢電影衝擊（產生所謂 New-Holly-Wave），難以保持民族電影色彩。跨國資金與人力合作、移民與遷徙、對國家民族觀念的質疑，都令原有的國家民族電影觀念面臨挑戰。

中國文革後新一代電影如陳凱歌的《黃土地》、《孩子王》，田壯壯的《盜馬賊》，張暖忻的《青春祭》等，開始對「國家」、「民族」的問題說出了不同的話語。他們前往邊遠的地區，接觸少數民族的文化，也好似同時期的尋根文學一樣，對中原文化的模式有所反省。這些電影對原來主旋律的「國家」觀念，未必是顚覆性的，卻在容許的範圍內，顯揚了同一國家內不同民族、不同文化的「異」，對原有模式帶出含蓄的質疑。開拓性的《黃土地》並非從挑戰國家意識出發，甚至還非常強調民族美學，但後者形式化、風格化的強調去到一個地步，卻令本來控制性解決一切問題的國家意識處於相當尷尬的地步。但新電影裏面也包括許多不同的參差做法。到一九八八年，激情的《紅高粱》好似強調個性張揚、女性解放，事實上在電影的後半卻是把這重新併納在民族抗戰的大話語了。

文革後的新電影其實包括了不同的態度，但由於與西方文化的差異，在西方放映時，也容易概括地再被視爲中國民族電影，或藉以探討問題的新民族寓言。《紅高粱》得獎可能是流露了西方的誤解，但在中國國內亦產生種種奇怪反應，保守的官僚認爲這些新導演是向外國人展覽中國貧窮落後的一面，但同時國內也產生了跟風的作品，如展覽民俗的《黃河謠》或《狂》，後者把李劼人原著《死水微瀾》的社會文化因素略去，誇張了自我的個性張揚。這類作品也可以說是缺乏信心與自我認識的情況下，在西方注視的目光底下建構人爲的「民族風格」，以求他人的接納與認可。

近年的變化令這問題更複雜。一九八九年的事件令「國家」的神話破產，之後商業大潮的嘈音淹蓋了國家民族主旋律的進行曲，新一代如王朔等人對過去國家民族的豪言壯語大加調侃。九〇年代的中國電影，好似愈來愈難鞏固國家民族觀念，而是表現了如巴峇(Homi K. Bhabha)所說的民族觀念的稀薄與淡化(dissemination)[5]。比方，黃建新的《站直囉，別趴下》(一九九二)寫知識份子夾在新發財的流氓與保守的黨的官僚之間，謝飛的《香魂女》(一九九三）不僅寫農村女強人如何自處於舊式婚姻與現代生意之間，也嘗試寫她如何面對種種矛盾參差，從中調整她的倫理道德觀念。寧瀛的《找樂》（一九九二）改編自陳建功小說，是關於京劇這樣一種民族藝術，但電影裏的一羣老人並沒有什麼「復興國劇」、「發揚文化傳統」的大話，只是低調地視之爲「找樂」而已。更年輕一代電影工作者半獨立的製作方法、記錄風格和錄像技巧，帶來了不同的可能性，包括了從更個人化的角度去處理問題。這些作品較著名的有吳文光的《流浪的北京》、《一九六八，我的紅衛兵年代》以及張元的《媽媽》與《北京雜種》。

後面這幾個例子更令我們注意到一個新現象：製作資金來源和發行制度的漸變，進一步衝擊原來的民族電影模式。不少國內新導演找到港臺資金投資，或者是中港臺電影工作者之間更多不同的合作，產生了許多不同於過去必然經過國家電影廠的半獨立製作的作品，這種種不僅改變了電影的製作方式，也令電影中比較固定的「國家」、「民族」觀念變得含糊、變得混雜了。在九〇年代，港臺與國內合作的電影如《大太監李蓮英》（一九九〇）、《大紅燈籠高高掛》（一九九一）、《霸王別姬》（一九九三）都乖離了民族電影的規範。在一九九三年，與香港及海外資金合作的田壯壯的《藍風箏》與張元的《北京雜種》參加東京影展，致令中國代表團憤而退席。一九九四年北京電影局由於不滿香港國際電影節放映中港合資的何一的《懸戀》、王小帥的《冬春的日子》以及中港合拍的羅卓瑤的《誘僧》，抽回原來答應參展的九部中國電影。北京方面的理由是該三部製作未經中國審查，香港方面則認爲依據國際版權法案，該三部電影並無必要獲中國審查始在港放映。

在這些政治論爭底下是一個較長遠的文化問題。在中國的國家民族文化的論述中，香港好似一直被視爲「異類」。在國家機器的傳媒渲染底下，香港人被視爲最沒有國家民族觀念，香港的文化被視爲商品文化，文學與藝術都被視爲西化。在這套民族文化的論述中，與香港連起來的觀念如「個人主義」、「西化」、「商業化」、「都市化」等，都被視爲對立於國家民族的完整性，會污染其純潔性的。這不但見於對香港歌星代表的普及文化的批判，也見於對香港文學或電影以「現代派」或「商業化」等不同理由一筆抹煞。本文倒是想從目前國家民族文化危機中，重新思考香港文化的身分認同。後殖民(postcoloniality)的思考不會來自殖民階段的結束，而是來自對外加的殖民式觀念的限制的自覺。要思考香港的文化身分，可能要連起思考香港與中國民族文化的異同。在九〇年代跨地區合作的商業電影中，可以看到一些端倪嗎？

一、《霸王別姬》：反民族電影同時重述國家寓言

《霸王別姬》是港臺的湯臣公司製作，香港小說作者李碧華原著，北京電影學院出身、

現居紐約的陳凱歌導演，演員包括大陸的張豐毅、鞏俐以及香港的張國榮等。電影的製作和題材或會令人期待這是一齣跨越界線、超越單一模式的作品，可能在藝術與商業、傳統與現代、男性與女性、國家與個人之間，探討其中的曖昧性。

《霸王別姬》表面上也給與人這樣的印象，電影處理兩位京劇演員程蝶衣與段小樓多年共處的關係，其間橫跨的背景正好是波譎雲湧的中國現代歷史：從民國革命、軍閥割據、抗日戰爭、國共內戰而至文化大革命的「十年動亂」，直至文革後的今天。電影似乎嘗試「透過主角性別問題，看到中國人的悲劇」，仿如詹明信所說的，通過個人情欲，豎立一則國家寓言，正是第三世界文化的特色。但這電影的問題也正出在個人情欲與國家民族文化的寓言性聯繫上。

在個人情欲的層次上，導演似乎要展示的，是蝶衣自少孤身離家，在學京劇的嚴苛訓練下，孤獨無援而令他變成同性戀者。電影開場砍去尾指的閹割暗示、嚴苛如酷刑的京劇訓練、被迫唱「我本是女嬌娥」，唱錯了最後還要被師兄用燙熱的煙斗塞進嘴中處罰。這裏導演用非常煽情的手法，把同性戀處理成受迫害而形成的犧牲者，這代表了導演對性別比較狹隘的看法，也缺乏了對主體性的探討與了解。在人物刻畫上，我們只見他妒嫉、發脾氣、自殺，完全是過去對女性的典型的描寫。在導演的鏡頭擺布下，這人物在畫面上又總是朦朦朧朧，隔著金魚缸，放在紗幕之後，安置在中遠景而少特寫，特別少說話的機會，成爲被觀賞的景象。

正因導演的無心正視，不欲細探，這人物的主體性顯得空白一片，想寫他沉迷京劇藝術等也就顯得不夠了。

而在歷史的層面上，導演則仍然是用戲劇性的「史詩」手法，從反「謝晉模式」開始的第五代導演再吸收好萊塢的戲劇性表達，民族悲劇變成背景，而不是從個人主體感受可以推衍出去的經驗。在民族文化的層面上，導演似乎對傳統的民族文化給與非常嚴苛的批評。除了把京劇訓練處理成造成同性戀的主因，片中最熱愛京劇的袁四爺被處理成丑角，收集古玩文物又同時野蠻地生劏烏龜、喝血補身，電影確似是從「外人」、「異端」的角度去批評傳統民族文化，它對國家的神話亦無美言，結果這部電影亦因爲「國家」、「民族」的因素而起初不能在中國大陸（據說因爲對文革後的處理不夠正面）和臺灣（據說因爲電影裏臺灣工作人員不夠半數）公演。後來幾經波折終於在兩岸公演了，但它基本上還是被視爲一部香港電影。

但在這部香港製作的電影裏，導演在反民族電影的同時，又因爲企圖重述國家寓言，把香港和性別的處理邊緣化了。香港小說家李碧華原著結局寫角色流落香港，剛好是一九八四年中英草簽的香港歷史性時刻。北京導演卻刪去此幕，抹去人物與香港空間的任何關聯，寧願牽強而風格化地以兩人在劇院中重排《霸王別姬》時，由蝶衣自刎而死。導演雖然批評傳統藝術，卻整齊地回應傳統藝術的情節，建立新的民族寓言。但這樣做當然犧牲了主體人物的心理發展，蝶衣的性情在成長後變得模糊不清。這部由中港合作的電影，香港演員張國榮的反串成爲矚目的焦點，但另一方面，也正如前述，成爲一個邊緣的景觀，近乎啞默的被觀看的「美」，好似被同情的「受害者」而非能表白自我的主體。這人物和角色，正如敘事中的「香港」，都被刪除或邊緣化了。在這一部被稱爲香港的電影中，香港正是扮演了非常曖昧的角色呢。

二、《棋王》：香港導演也難以界定香港文化身分

如果我們說北京導演陳凱歌在他的電影中抹去了香港的身分，這並不等於說香港導演，因爲身處香港，就一定做得好。徐克和嚴浩兩位在他們的電影《棋王》（一九九二）中，嘗試把北京阿城的《棋王》和台北張系國的《棋王》這兩本毫無相干的小說合併在一起改編成一部電影的時候，就面臨這樣的難題：如何連起這兩個故事？如果從香港的角度去建立「連繫」，那該是怎樣的「連繫」？香港的角度又是一個怎樣的角度呢？

《棋王》也是一部多方面合作的跨越邊界的電影，除了改編臺北和北京的小說，還有臺灣藝術電影界的侯孝賢、李天祿、楊林、金士傑的參與，製作的是徐克的電影工作室，以新構思的商業電影著名，此片卻是改編文學作品的嘗試。但拍成後卻擱置，擔心票房收入，拍攝時亦不是沒有顧及市場，是典型的香港製作限制的考慮。

電影嘗試把不相連的事物連接起來。一開場，北京文革時天安門羣衆的畫面，與隨著而來的當代臺北繁華的街頭並置在一起，全賴羅大佑的音樂〈愛人同志〉把兩者相連。這歌的題目當然是私人親暱的稱呼與政治化的公衆稱呼的並置，正如歌詞中是情歌的詞彙與政治詞彙並置一樣。音樂錄影帶般的剪接無困難地把兩地並置在一起，但牽涉到更複雜的文化或社會上的「連繫」，電影的問題可就出來了。

電影的一個主要的連繫（作爲兩篇小說的連繫，也是電影與文學之間的連繫）是創作了一個香港人的角色，這角色名爲程凌，假設他小時在大陸目睹了棋王一生的故事（借用了阿城小說敘事者的某些觀點），長大後目前又在臺灣從事廣告生意（借用了張系國小說主角的某些經驗）。視香港作爲一種「連繫」，以乎頗符合海峽兩岸，以及香港人自己，對香港身分常見的定型看法，如「聯絡站」、「橋樑」、「轉口站」、「港口」等等。但電影的「連繫」正是問題所在。我們把這人物與文學中兩個角色比較，可以把問題說得更清楚。

電影假設小時候的程凌，作爲在文革時從香港回到大陸的角色，這產生了一些問題。首先從常理的角度來說，沒有香港的父母會在文革時把小孩子孤身送回大陸跟表哥生活。在文本的層次來說，這角色取代不了阿城敘事者所扮演的角色。在小說《棋王》中，敘事者以頗爲冷靜細緻的描寫呈現了王一生，又以他略帶文學修養的態度襯托王一生比較實在的要求，彼此惺惺相惜但亦有不同意的地方，最後通過棋賽達致共同的體悟：普通人的生活裏也有眞生命在，可人活著除了基本的溫飽還需要有所追求。

因爲小孩的角色無法取代敘事者的作用，電影再創造出一個名爲「阿城」的角色，由導演嚴浩自演。正是這樣的處理，顯示了與原作的距離，以及導演所投射的香港主體的尷尬。且不說第一人稱敘事者不等於作者這樣的問題（阿城尤其是像魯迅那樣的小說家會把第一人稱敘事者也加以虛構，甚至加以含蓄的批評，避免以他爲眞理的代言人），更主要是在他們對下棋的態度。在阿城的小說裏，王一生作爲社會價值系統以外的人，以下棋完成他自己的意義與價值。他的棋是跟天下人學的，那撿廢紙的老人撿拾的四舊裏有道家的思想，他當妓女的母親，他遇到的小人物和萍水相逢的朋友，代表了主流價值以外的種種樸素世俗行爲的意義。小說把王一生稱爲「棋王」，也是對這些過去被排斥的意義的肯定。

但如果說下棋在小說裏是生命意義的完成，在電影裏卻變成比較現實的考慮。電影裏的「阿城」角色在棋賽之前勸王一生說這是上進的機會，賽贏了可以改善他目前的環境。電影裏的王一生亦附和此說，以棋賽作爲改善物質環境的手段。這是最可惜的敗筆。因爲電影裏本來也有出色的視覺處理，在這場對話之後，爲了傳話，角色推開劇場密封多年的大窗，讓光照進來。在外面，我們看到剛好是毛像的壁畫推開了一個缺口，這樣的視覺處理難得在規範化的民族電影中見到，可惜是並未作更好的發揮。

電影的小孩角色在長大後成爲在臺灣做廣告生意的程凌，由岑建勳飾演，把這個角色與張系國的程凌角色相比，更見到電影投射的香港主體的問題。電影裏的程凌被改成一個徹頭徹尾的媒介人，附和傳媒的優勢，講包裝，會討價還價。小說裏的程凌至少有更多的反省，想畫畫又懷疑自己的能力，還會與友人擔憂人類的未來。小說裏的程凌反對假做神童，反對人利用神童，儘管力不從心是另一回事；電影裏的程凌卻是自己提出作假的。

電影其實沒有特別提到香港。北京和臺北在電影一開頭就出場了，香港的空間卻是始終缺席的。提到香港，也是最表面的符號：「一九九七」出現在電視螢幕上。海邊幾個人吵架時臺灣人罵香港人怕一九九七，但這場戲到頭來結束時是臺灣人香港人一致對著大海喊自己怕也不相信的「明天會更好」。好似是一個顯示不同中國人社區參差觀念的場合，被抹平爲一種無分彼此的假作樂觀。原作中一些比較實在的思考反而沒有了。擄去孩子爲了問人途的前途是刪改了。同樣沒有的是書中結尾提到的肥皂泡，呼應前面一場兄弟對話中說到世界上種種可能的選擇，人不知未來的結果，唯有盡力而爲。沒有了思維層次的反省，只留下靈幻與玄虛了。

電影的另一種「連繫」是一個十字架，除了以程凌的回憶閃接臺北與中國的場景以外，就是以十字架作爲一種道具連接今昔。以十字架作爲文革時知青攜帶身上又因恐批判而欲棄掉的事物顯得牽強。西方宗教的聯想、超驗意義，似乎並未能回答故事中的需要。這一種強調了世界性與普遍性的象徵底下，遺漏了的正是不同中國人社區文化的獨特性。香港導演的這部電影作品裏，似乎正是無法說出一個香港的故事，說到香港的時候，又是內化了人家的濫調，再把香港說成一道連繫的橋樑，把香港的角色，說成一種現實、進取、精明而又面目模糊的角色。

三、《阮玲玉》：與民族文化的對話，文化身分的追尋

香港導演關錦鵬一九九二年的作品《阮玲玉》部分在上海拍攝，也做了些訪問，電影裏也用了上海電影廠的演員和片場廠景。電影拍攝中國二、三〇年代女星阮玲玉的傳記，有沒有一個香港的角度？是一個怎樣的角度？又會不會像《棋王》那樣尷尬？

電影一開始，顯示阮玲玉舊戲的劇照，導演旁白說出阮玲玉早年拍攝的電影已失傳，並說她早年演的都是花瓶角色，要到二九年進入聯華後才開始演嚴肅角色。說到這裏，銀幕上出現張曼玉，她笑道：「這豈不是很像我？」

跟著第二組鏡頭再顯示舊劇照，導演說阮在半個世紀前自殺，但今日還有人記得她。他問張曼玉，可願意半世紀後有人記得她嗎？此時銀幕上再出現張曼玉，她的回答是：「即使有人記得，也是不同的了。因爲今天的阮玲玉已經變成一個傳奇。」

這兩組鏡頭分別傳達了不同的訊息，電影的態度包括了這兩組鏡頭的態度：既有認同又

有距離的複雜態度。這電影的態度不是簡單的認同、簡單的排斥，而是比較複雜地思考映象的歷史、尋找文化的空間。

導演開首所說的「嚴肅」角色，指的是阮玲玉進入聯華後拍攝的電影，這在《阮玲玉》一片中也大量涉及、借用或重現。聯華的成立和他們所拍的電影，一般在常見官方的中國電影史上是被認爲「民族電影」的再生❻，一般電影評論也認爲是從以消遣爲主導轉至嚴肅的「進步」電影的轉機：

> 一九三〇年聯華影片公司成立，提出了「表現民族電影的再生」的口號，並攝製了《故都春夢》、《野草閒花》、《自由之花》等影片，觀衆才改變了對國產片的態度，電影開始被人重視。一九三二年黨的地下組織正式成立了黨的電影小組，加強對進步電影的影響。他們做了大量的工作，和廣大進步的電影工作者一起，使中國的電影出現了轉機。❼

關錦鵬的電影裏完全沒有這樣的豪言壯語，相反電影集中在一位女明星身上，呈現她在這些男導演指導下，演出這些進步電影的努力與徬徨，而這些進步影人，如蔡楚生，呈現的又是他困惑和軟弱的一面，與民族電影雄渾豪邁的論述相去何止萬里！但如果說電影沒有完全認同這種「嚴肅」的民族電影角度，它也沒有完全否定它來認同另一個「消遣」的角度。

這可從許多娛樂周刊或專欄批評此片缺乏娛樂性此一論點可以見到。

公演的時候，關錦鵬的《阮玲玉》在香港引起不少爭論，如有人認爲演員張曼玉不似阮玲玉、又有人認爲處理阮玲玉的故事「不夠煽情」、亦有人對片中過去與現代的連接的方法不滿，有人認爲應該完全集中過去，有人認爲應該更多處理九〇年代的香港。即使現在見到的安克強的小說《阮玲玉》的文本裏，也是呈現一種與電影不同的連接今昔的方法：「一位是三〇年代紅遍中國的默片傳奇，一位是九〇年代演技派的電影偶像，卻都遭逢了相同的困境——人言可畏。」[8]小說文本裏甚至有「投入的時間愈久，張曼玉愈能感覺自己與阮玲玉精神的互通之處」的說法，甚至用張與梁兩位演員的關係，平行過去阮、蔡兩位的關係；只是由於所謂九〇年代「自覺意識的洗禮」，相對於「三〇年代封建傳統的禮教」，所以走出困境[9]。

小說文本所代表的態度，是強調「今」與「昔」的「同」，甚至與這點「同」來結構整個故事。這種平行是相當表面而刻意的，這種處理所包含的歷史觀是靜態的（過去二、三〇年代的一個女子跟現代一個女子沒有不同！），或者是簡單的進化論（現代的女子有自覺了，打破封建禮教了！），無視於歷史的關聯、歷史的複雜性，以及我們身處現在爲何深感歷史的誘惑、追尋歷史的先例？近期香港雅俗文化中的懷舊映象，以及與中國或西方文化的關係，說出了什麼問題，又顯示香港是置身在一個怎樣的歷史契機裏呢？對歷史與未來、中國與西化、雅俗文化間的矛盾，小說文體只給與我們非常簡化的解釋。

關錦鵬的電影《阮玲玉》因爲刪去了小說文本「求同」的平行，反而呈現了兩個時代的同異參差。該片引起的影評反應以及小說文本原來的態度等，顯示了兩種對待今與昔、香港與中國的態度：第一種是完全以昔日中國爲主，泯滅了香港的差異的態度；第二種是完全以今日香港爲中心，甚至是以商業文化（女明星緋聞）爲中心的大香港態度。關錦鵬這電影特別的地方正是在這兩者以外尋找另外的態度。

電影《阮玲玉》裏拍演員張曼玉嘗試揣摩阮玲玉演過的角色，有《故都春夢》裏面拿著殘花與鮮花那場比較誇張的演出，《野草閒花》嘗試伏在雪地上感受蝕骨寒涼，模仿《神女》中走路和抽煙的姿勢表示反抗，《三個摩登女性》裏演新時代女性的抗議，《新女性》裏病床上的呼喊，《小玩意》抱著女兒在懷中逝世。其中有不少本是戲劇性的場面，可以是十分煽情的。導演的處理卻撇除了傷感的懷舊、激情的認同，而以「疏離」的手法，顯示了一個今日香港的電影中，對三〇年代電影既有尊重亦有距離的態度。導演《新女性》病床上那一場，尤其令人感到導演蔡楚生滿腔憤慨，不知如何假一個女演員宣洩出來，如何說盡銀幕上下種種女性的委屈。但這一場緊接而來移拉開鏡頭後卻是導演關錦鵬現身說法，說梁家輝忘記拉開被看張曼玉。張曼玉投入而在被內哭泣是認同，但導演出現提醒我們是拍戲，是一種布萊希特式的「間離效果」，但重播蔡楚生原作片段令我們感到字幕的誇張又顯示了距離。導演正是既拍出了認同又拍出了距離。

所以電影的今與昔的連繫，不在阮玲玉一人身上，而在「電影」這個主角。如何連起今與昔？正是通過對二、三〇年代中國電影的熱愛，追溯映象的歷史、嚮往文化的中國，令此片有了一個獨特的角度。最後阮玲玉與衆導演的告別，割接上葬禮上各導演的反應，尤其寫出了對三〇年代中國優秀導演的敬意。

這也是一個香港的角度。相對於上述大中國和大香港的角度，五〇年代以來，香港一直也有不少人斷斷續續地在主流以外研究中國現代文學、研賞中國電影。馬朗五〇年代編的《文藝新潮》重刊三、四〇年代優秀小說、坊間重印詩集與小說集、張曼儀諸位編《現代中國詩選》、《四季》的〈穆時英專號〉、劉以鬯的《端木蕻良論》、不同團體主辦的三、四〇年代中國電影回顧展，林年同諸位對中國電影的研究，還有流露在創作中如《酒徒》對現代中國小說的反省、吳煦斌短篇〈木〉對中國三、四〇年代新詩傳統的緬懷[10]。一代人對五四主流以外的另一支傳統的欣賞、繼承與開展，雖屢屢在粗暴的評論中被抹煞，卻是存在的。

電影《阮玲玉》對二、三〇年代中國民族電影既有認同、亦有距離，這表現在導演的疏離處理手法上：比方把現在敎戲的場面插進三〇年代的舊戲中，故意顯示是搭景而非眞景、呈現聯華的片場的映象、透過錄影播出現在對過去那些演員的訪問。我們同時又看到今日香港的演員揣摩昔日角色的過程。這種疏離手法顯示了在感情上認同之餘又有某種現代思考的反省。

中國現代電影的傳統當然也不是單一的，前輩如柯靈諸位都認爲「現實主義」才是主流的傳統，但《阮玲玉》的香港角度，對中國民族電影的傳統致意的同時，似乎是比較疏離於口號式的呼喊與控訴（如《新女性》所代表的），反省了簡化的事實觀念，又特別嚮往於費穆與孫瑜所代表的細膩抒情、人文思考。電影裏面拍《香雪海》中女主角靜靜流淚的場面、以及試演《小玩意》最後明白不一定以激情表現最深的悲哀的體悟，都是從這些中國電影中，有所選擇的繼承，沒有選擇民族電影的激情與概括，而選擇其中的人文關懷；沒有選擇嚴肅的大話，也不避女明星的傳奇；在電影語言上抗拒了政治化煽情或商業化的好萊塢式戲劇處理（兩者結合的例子恐怕可以「謝晉模式」爲代表），而以布萊希特式的疏離，自我反省的電影語言，引發觀衆的思考。這也可以是一個香港的角度。

註釋

❶有關國家民族電影的討論，請參看 Andrew Higson, "The Concept of National Cinema," *Screen*. Vol. 30(4), pp.36-46，以及 Stephen Crofts, "Reconceptualizing Natioal Cinema/s," *Quarterly*

Review of Film and Video. Vol. 14(3), pp.49-67.

❷ Fredric Jameson, "Third-World Literature in the Era of Multinational Capitalism," *Social Text* 15 (Fall 86), pp. 65-88.

❸有關中國民族電影的介紹，可以參看 Chris Berry, "A Nation T(w/o)o: Chinese Cinema(s) and Nationhood(s)" in *East West Journal*, Vol. 7(1), pp. 24-51. 本文的討論則集中在九〇年代複雜的變化，以及從中探討香港文化身分的問題。

❹ Benedict Anderson, *Imagined Communities: Reflections on the Origin and Spread of Nationalism* (London: Verso, 1983).

❺參看 Homi Bhabha, "Dissemi Nation: time, narrative, and the margins of the modern nation" in Homi K. Bhabha ed. *Nation and Narration* (London and New York: Routledge, 1990) pp. 292-322.

❻程季華等編《中國電影發展史》，上卷（北京：中國電影出版社，一九六三），頁一四七。

❼張成珊《中國電影文化透視》（上海：學林出版社，一九八九），頁一二。

❽安克強《阮玲玉》（香港：皇冠，一九九一），封底說明。

❾同上，頁一七〇—一七一。

❿三、四〇年代小說選刊見《文藝新潮》第三期（一九五七）；張曼儀等編《現代中國詩選，一九一七—一九四九》（港大及中大出版社，一九七四）；劉以鬯《酒徒》（一九六三初版，一九九三香港金石重印）中

對五四小說的討論可見第五章（頁二〇—二八）；〈穆時英專號〉見《四季》第一期（一九七二）；吳煦斌小說〈木〉見《四季》第二期，收入《牛》（素葉，一九八〇年），頁一九—四三；林年同《鏡遊》（素葉，一九八五，台北：丹青，一九八七）；中國電影學會編《中國電影研究》第一輯（一九八三）。

引用影片及書目

《霸王別姬》（陳凱歌導演，湯臣（香港）電影有限公司，一九九三）

《棋王》（嚴浩導演，徐克製片，電影工作室，一九九二）

《阮玲玉》（關錦鵬導演，嘉禾公司，一九九二）

張系國《棋王》（台北：洪範，一九七八）

阿城《棋王》（北京：文學新星叢書，一九八六）

遭遇「他者」
——新中國電影與第三世界批評

戴錦華

一、前提

詹明信首倡的第三世界批評爲我們提供了一種有趣的洞見。一種激發想像力的源泉。他的「寓言」文本的讀解模式，爲我們在第三世界與第一世界間建立一種對話提供了可能。

詹明信指出：「第三世界的文本，甚至那些看起來好像是關於個人的和利比多的文本，總以民族寓言的形式來投射一種政治，關於個人命運的故事，包含著第三世界大衆文化受到衝擊的寓言。」而且，這種寓言亦非潛意識裏的「必須通過詮釋機制來解碼」的深層結構式的存在。因爲第三世界的民族寓言是有意識的與公開的[1]。

筆者認爲，詹明信的第三世界批評，建築在一個穩定的等邊三角形上，等邊的兩個端點分別是第三世界國家的「民族」與政治；而它們共用的頂點，則是一個相互意義上的「異己的讀者」，一個他者的視點。其核心概念是「民族」，或曰「民族主義」。這並非在強調一個人種學或地域意義的民族，它更多地是一個文化的、政治的劃分，是呈現在第一世界視域中，在與資本主義世界的政治、經濟、文化的並置、反抗、掙扎與輾轉中產生並存在的概念。用詹明信的話來說：「所有第三世界的文化都不能被看作人類學所稱的獨立的或自主的文化，相反，這些文化在許多顯著的地方處於同第一世界文化帝國主義進行的生死搏鬥之中——這種文化搏鬥的本身反映了這些地區的經濟受到資本主義不同階段或有時被委婉地稱為現代化的滲透。」❷

此外，詹明信第三世界批評中一個潛在時代界定為西方學者所謂的資本主義的第三階段：跨國資本主義時代，或是傅柯所稱的「跨國公司與技術專家時代」，對第三世界說來則是後殖民主義與現代化的時代。因此，第三世界批評作為一種意識形態話語，其基本的二項對立式：第一世界與第三世界，同時意味著第一世界的富有與第三世界的貧困，意味著美國的後工業社會、後現代文化與第三世界的前工業社會、古老的文化傳統與習俗，意味著第一世界全球性的經濟滲透、文化侵略與第三世界的民族政治策略與民族文化的反抗和反思。一切呈現在世界經濟一體化的格局中。也只有在這一特定的時代，第一世界的學者才可能提出第三世界批評，提出一種對話的可能；第三世界的知識份子才可能採取一種民族、本土的文化立場對始終居話語主體位置的第一世界文化發言。

「對話」發生在兩個層次上。其一是潛在於文本中的複調對話，即文本中的「生死搏鬥」的呈現；其二是作爲一種對「不同文本」的讀解方式，一種異己的、與本體的讀解方式間的差異與對話。那麼在前一種意義，經典的新中國電影（十七年電影，或曰第三代導演的創作）還不能構成第三世界批評視野中的寓言式文本；儘管作爲一個討論對象，我們可以對其進行寓言式的解讀。第三代導演的敍事行爲是一種充分自覺的、並爲主導意識形態話語所規範的政治及社會象徵。它是高度政治化的、亦爲主導意識形態話語規定爲「民族化」的。但是，這一民族化之民族並不是第三世界批評視域中的「民族」內涵。在特定的社會政治語境中，其內涵是具有「人民性」的傳統文化，具體到電影中是其戲曲—影戲傳統，同時它又是爲「喜聞樂見」——羣衆，即前工業社會中最大的社會羣體：農民的欣賞習慣與接受能力所規定的。「民族化」是「文藝爲無產階級政治服務」這一命題的補充要求。同時，十七年電影藝術產生的時代，中國社會首先由於社會主義陣營與資本主義陣營的嚴酷鬥爭，繼而由於中國與蘇聯及東歐的決裂而處於一種被封鎖、被隔絕的閉鎖狀態。資本主義世界、帝國主義勢力作爲敵對勢力（對舊中國，其作爲三座大山之一，是血跡斑斑的百年記憶的製造者；對新中國，其作爲政治上的敵人與侵略、顚覆的潛在威脅）是主導意識形態話語的主部。但拒敵於國門之外的社會現實，決定了十七年的社會文化文本中資本主義世界——第一世界只能是一個麥茨所謂的「想像的能指」，一種神話式的在場與缺席。因此十七年的電影文本中不可能內在地擁有一個他者，一種別樣視點的俯察，因此它不可能是一種複調的對話，而只能是民族的獨白。此外，與其「獨立自主、自力更生」的內向型的、自足的經濟體制相適應，此時中國文化是一種獨立的、自足的文化。而以政治爲圓心的同心圓式社會現實格局，也使此間的社會主義現實主義藝術呈現出一種連續性與整一性。這也使它與詹明信所謂「寓言精神」產生差異。在詹明信看來：「寓言精神具有極度的斷續性，充滿了分裂和異質，帶有幻夢一樣的多種解釋，而不是對符號的單一表述。」❸而十七年的社會主義藝術則擁有整一而經典的符碼系統與權威表述；它必須、也只能在其唯一的語境——當代中國的現實政治中得到詮釋。其兩套經典編碼：現實政治的與民族傳統文化的在相互編織與交替使用中，儘管不無微小的裂隙與矛盾，但卻可以在主導意識形態的關於黨與歷史的和人民與歷史的兩套權威話語中得到充分的彌合與消解。因此，十七年的社會主義藝術文本更接近羅蘭·巴特所謂的「政治神話」❹，而不是詹明信的「寓言文本」。

事實上，一種狹義的、第三世界批評視域中的寓言文本與文本中複調對話只可能出現在一九七九年之後的中國。一九七八年五月間的眞理標準的討論，十二月中國共產黨十一屆三中全會的召開及一九七九年四月十一日《人民日報》特約評論員文章，標題爲〈實現四個現代化是最大的政治〉，淸晰地表明八〇年代中國社會現實中的核心命題正由政治轉化爲經濟。

經濟建設成了中國社會現實中最大的、也是唯一的中心。改革開放成了不可逆轉的大趨勢。封鎖、自閉了數千年的中國以其空前的熱誠與規模加入到世界經濟一體化的格局中，並在全球性的政治、經濟、文化中占有日趨重要的位置。一九八二年，在農村體制改革完成並取得了空前的成功之後，中國社會來到了工業化與現代化進程的臨界點上。一九八七年，工業化與商品化成了衝擊著古老中國每個角落的狂浪。文明的颶風掠過，第一世界的物質文明與文化衝擊也以空前巨大的歷史閹割力與他者姿態橫亙在當代中國面前。當代中國的電影文本也正是在這一進程中起跳、蛻變、發展，漸次充滿了裂隙與異質；並在前工業社會的現實與後現代主義文化的衝擊與滲透之間掙扎於歷史潛意識的重軛與他者視點的俯察之中。

二、兩個烏托邦之間

七、八〇年代之交，當「現代化」的命題再度被提出的時候，在中國的大衆文化語境中，它除了意味著對夢魘時代的棺木加釘入土、意味著浩劫之後的一個明亮的血色清晨之外，它只是對一個富強的國家形象的嚮往。或許正因其如此，它才成了一個具有空前的凝聚力與感召力的旗幟。在同一語境中，它似乎更像是一種全能的歷史拯救力，一種整體性的古老夢想：「現代化」意味著富有、幸福的生活、健全合理的社會，意味著永遠擺脫政治迫害、偏見、愚昧和禁錮。於是現代化的未來，與一個在不遠處閃閃發光的年頭二〇〇〇年，如同打開阿里巴巴寶藏的理想王國、黃金時代大門的神祕魔語。即使在總體文化語境中，現代化也意味一個理性、科學、進步、工業化、都市化的未來，意味著結束歷史循環的死亡魔舞，意味著社會主義的優越性與如同西方般的高度繁榮的物質文明的結合。與此同時，甚或更早，在第一世界的話語中，現代化已成了一種夢魘、成了安東尼奧尼的「布遍人類屍骨的鮮血淋漓的沙漠」❺，現代都市成了「或許比人類生存得更長久的現代文明的豐碑」。然而，即使對於第三世界國家，現代化也如同古希臘神話傳說中的帕西伐爾，當他的長矛落下的時候，世界的傷口將爲之癒合；而當他再度揚起長矛的時候，那癒合的傷口又將再度迸裂，血流如注。而且，它還意味與第一世界政治、經濟、文化的全面遭遇。但在一九七九年，人們在激情、熱望與狂喜中，不可能、也不願意認識到這一點。

隨著現代化進程的加劇，現代文明漸次逼近了人們的生活，這個人類的弗蘭肯斯坦所攜帶巨大的歷史閹割力與解構力開始使現代化這個明媚的童話世界般的能指投下了縷縷的陰影；八〇年代中國社會生活、文化語境中的常規命題：變革與守舊、文明與愚昧直接呈現爲「文化熱」。文化反思、文學上的尋根派，第四代導演的第二高峯期創作和第五代出現。這是一把雙刃匕首，亦是一種第三世界式的困境：文化反思，或許它初衷在於清算中國傳統文化的「陳年古簿」、「膏丹丸散」，掙脫歷史之軛，爲現代化進程掃清道路；但也許是作爲一種潛意識，人們又不無痛苦地意識到一個古老的、熟悉的世界正在沉淪，一個陌生的、咄咄逼人的異己力量正在迫近。當他們感到自己將要赤裸地剝露在一個「美麗的新世界」面前的時候，人們似乎要在夕陽西下的世界中尋找到一片庇護的天頂。此間，第四代的傑作疊出，《逆光》、《都市裏的村莊》、《鄉音》、《人生》首開其先例，其後的《海灘》、《鄉民》、《良家婦女》、《野山》、《湘女瀟瀟》、《老井》、《鴛鴦樓》，及更後的《黃河謠》、《商界》共同構成了這一特定語境中的、長長的作品序列。

在這一作品序列中，變革與守舊、文明與愚昧的社會命題，構成了第四代的都市——鄉村的二項對立。在第四代大部分作品中，都市是文明、變革與未來的一極，它所意味著的開放、科學、教育、工業化是歷史拯救之所在；鄉村則是愚昧、守舊與過去的一極，它意味著閉鎖、傳統、毀滅、反人的生活，是歷史惰性之源。第四代導演們在他們的文本中呼喚著城市，他們的人物嚮往著城市，這並不是一條新鮮的公式或命題。第四代敍境中的城市，並不是現代社會中的魔盒與人的集裝箱，而只是古老夢想中的幸福美妙的地方。作爲一種第三世界的寓言式文本，其無可彌合的裂隙呈現爲銀幕上的反人而必毀的鄉村永遠顯現著一份溫馨、美好，如同一段古老的謠曲，充滿了魅人的質樸、醇厚與和諧；而作爲拯救力量的城市卻冰冷、乏味、孱弱而僞善。事實上，當第四代導演們試圖呈現一個互相「疊印著」的「古老的中國與現代的中國」時，他們已經在其文本中引入了雙重歷史觀與雙重觀點：一邊是決定論、階段論的歷史發展觀，其核心話語在於人類進步，以及對於科學與工業文明的信賴。現代化與工業化的進程，正是對古老農業社會的拯救。在這一觀點中，他們對老中國的生存方式、價值體系、陳規陋俗充滿厭惡與仇恨。而另一邊則是民族的古老的自然歷史觀，一種生生相息、代代相傳的生存，一種「日出而作、日落而息」的和諧，一份平實、質樸、醇厚的人情。如果歷史循環亦如日出日落、四季更迭，那麼它未始不是一種更爲合理的格局。而城市——工業文明則更像是一種非人的、至少是非自然的存在。如果說，在前一視野中，城市文明、現代化意味著社會的進步、歷史的救贖；那麼在後一視野中，鄉村——古樸的民族生存則意味著心靈的歸屬，生命的依託。事實上，第四代所提供的是一種分裂的文本，其中並置著的、又彼此對立、衝突的都市與鄉村，又分別呈現爲兩種視野中的殘損的烏托邦，它們分別指稱著拯救與歸屬。然而，有所歸屬就意味著拒絕拯救，而拯救的降臨，就意味著故園的沉淪。事實上，這正是兩套話語的衝突：一邊是關於人類的，關於進步與現代化的，另一邊則是民族的，自然的，傳統的。在第四代文本中，前者作爲一種「古舊的」第一世界的話語是想像的他者的存在；而後者則是一種充滿了懷舊情調與輓歌意味的民族主義的微弱抗議。有趣之處在於第四代導演的文本的歷史拯救分別來自科學／文明／進步與人道主義——借自於第一世界的話語；有趣的是它們同是十九世紀——西方工業時代的夢想。而如此渴望「告別十九世紀」的第四代藝術家，卻牢牢地被縛在一個無法告別的「十九世紀」之上。

或許這正是爲當代中國剛剛開始工業化進程的、前工業社會的現實所決定的。如果說，第四代的文本將老中國、古老的鄉村、民族的故園呈現爲一個注定要沉沒的世界，那麼它所提供的拯救：科學進步與人道主義亦是一個已經沉沒的世界，它是早已在奧許維茲集中營的化屍爐中燒成片片黑灰的西方之夢。於是，這是一個烏有的拯救。它向我們表明，在第四代的大部分文本中，第一世界的存在，無論是作爲一種政治、經濟滲透，還是作爲一種文化視點，都沒有成爲社會的現實界的存在，它仍然是一個想像的他者；一如第四代的鄉村也只是記憶、夢想與童話補綴成的殘片。這仍不是狹義的民族寓言；但它在兩個想像的能指間的徘徊，卻寓言式地向我們透露了工業化進程中民族文化的眞實的無所附著的境況。

滕文驥的《海灘》由於其創作年代，也由於它的過度符碼化特徵，成爲這類文本中至爲有趣的一例。在《海灘》中，文明與愚昧、都市與鄉村呈現爲敍事結構與視聽結構中眞正的並置，而不再是象徵意義上的「都市裏的村莊」，而是一個被都市——一個大型化工聯合企業的衞星城所包圍的古老的漁村。這並不是一種靜態的「圍城」，這是一種動態的侵呑與進犯。海灘被徵用，大海被污染，漁村在縮小，村裏的年輕人正在湧入工廠——都市。漁村的消失，已是無可逃脫的命運。而更有意味的是，這雖是海灘上的漁村，但漁民並不是些揚帆出海、在海洋漂泊的漁民，他們的捕魚方式——海灘上插網攔魚，使他們更像是依土而生、靠天吃飯的農民。漁村中的年輕人應召入廠，他們狂熱地嚮往著工廠——都市化的生活，敍境中無數姑娘爭相「賣身」給醜陋不堪的金根，以換取「進廠名額」。工業／都市／文明，那無疑是一種進步，一種歷史的贖救與現實的拯救，是鄉村／漁村中的年輕一代掙脫世世代代被禁錮的命運、獲得一種別樣的、儘管不一定是幸福的生活的唯一可能。然而在影片的視聽結構中，都市／工廠始終呈現在一種冰冷的銀灰調子之中，鋼筋水泥的建築、怪物般的油罐、高聳的煙囪、傾吐出的廢水。（導演言，遺憾未能一出現工廠便立即接上一個化工廠中到處可見的骷髏標誌。）❻那如果不是一個死亡的形象，至少是一種非人化的去所。而都市／工廠——現代世界中人與人則是那樣淡薄、虛僞、壓抑和猥瑣。與此相對的鄉村／漁村則是八次呈現出日出、日落溫暖的暉光中的海灘與走在海灘上的三個老人、木根——一個呆癡的年輕人和兩條狗。導演十分明確地將這溫暖的海灘——自然／人物構置爲一個「符號」，用以「寫海、寫人、寫千古不變的推理；寫時間，寫進程，寫人與自然世世代代的抗爭」❼，這是一種原始的生存，也是一種原初的生命。與自然抗爭嗎？亦是與自然的和諧。當拯救者／文明，只擁有非人與死亡；而被拯救者／愚昧卻擁有人／自然／生命的時候，《海灘》便以一種自我分裂式的倒置洩漏出了文本的寓言存在與民族的困境。不僅如此，這種極度的斷續性，同時呈現在鄉村自身。並立於暖調子的「古老質樸」的海灘之側的，是夜色中的「迷宮般的」草垛子，伴著犬吠聲，如同幢幢鬼影，古怪、猙獰。那鄉村的規定內涵——愚昧的指稱。那是鄉村中男人們行使其初夜權的地方，也是毀滅夢想的場景。當老人、愚癡的木根和狗呈現在夕照中的海灘上，它無疑是古老文明、古老生存方式的一段哀婉的末日告白。（導演註：當質樸的愚昧，帶著一種悲壯的氛圍退卻的時候，難道我們不該奉獻出一首輓歌嗎？）❽然而當海灘與化工廠並置的時候，海灘的末日似乎來自於工業文明的大舉進犯，「十哩海灘，只剩下一哩」了，是非自然化的進程毀滅了人／海（人／土地）間和諧的自然生存；而當海灘與草垛子並置的時候，海灘的末日又似乎內在注定於古老生存方式自身。陳規陋俗所強制的近親間的通婚與繁衍，預示了一個緩慢的、卻不可逃脫的毀滅進程。衛星城的興建——工業文明的入侵，無疑中斷了、或曰拯救了這悲劇進程。於是，抗拒毀滅的將注定毀滅，而拯救毀滅的卻是毀滅自身。當影片的「情節高潮」出現：鯔魚上岸（那只是沙灘上一個巨大的魚唇印——一個想像的能指），魚王老鰻鱺和其他兩位老人緩緩地跪倒沙灘，唱起一支悲愴的古謠，感謝「大海賜給我們的天意」；而許彥——文明世界的使者則瘋狂地拔去揷住魚網的木籬，他必須放走這鯔魚——自然的魚王，以消滅這不利的反證，以法律（文明）的形式爲老人們拿得「月月有」的「三十元養老金」（一種新的生存、被文明施捨、贍養的生存）；同時小妹——一個衝破愚昧、投奔文明的少女，帶著古老世界的眞純、愛心與質樸的姑娘——在高速跟搖鏡頭中呼喊著「不要拔」奔來；大全景中跪倒、悲吟著的老人：古老的對大自然的謝恩式，也是決絕的對文明的抗拒與謝絕；全景中許彥：文明的理性、破壞與僞善；小妹：一個女人、一份理解、一份苦衷，一份救贖。這一套敘事中無法解開的扣結：在這一時刻會際在這大海呼嘯退去、天幕夕陽如血、一片蒸騰與金紅的海灘上，在最後時刻，木根忽然在全景高速鏡頭中敏捷、優美如豹地奔下海灘，叫著跳著要攔截已脫逃而去的魚羣，終於被大海吞沒——文明得到了它向愚昧索要的祭品。木根，這一超載的能指是雙重歷史觀中的雙重犧牲：作爲一個古老的近親結婚的先天愚癡兒，他無疑是愚昧的犧牲品；而當他爲救下天賜的奇蹟：上岸的鯔魚，而投身大海時，無疑又是一個貢奉於文明時代的獻祭。這是對那死結的一個不甚完滿的敍事性／想像性解決。大海不曾還回他的屍體。這意指著古老的文明一去不返？抑或是大海／自然永遠回收了它的兒子，只留下許彥式的孱弱的文明之子？影片最後的一個組合段中，小妹撲在許彥的懷抱中。這是文明的男人從踐踏與毀滅的婚姻中拯救了女人？還是滿載著古老的愛心與生命的女人從文明的閹割力中拯救了男人？這是一個獲救的羣體？還只是兩個獲救的個人？抑或只是兩個互相慰藉的失敗者？然而，這個場景之後，第八次出現了朝陽輝光中的海灘、老人和狗。似乎是並置的延伸，在兩個烏托邦之間，敍事亦未能解決它渴望解決的。

三、寓言：失落的拯救與利比多化

現代化或曰工業化的進程在加快，文明的飇風在臨近。與《海灘》並置的《黃土地》、《獵場札撒》、《盜馬賊》如同颶風到來之前的最後一瞥中的返視與回瞻。第五代作品的未完成的敍事結構的開放性，直接投射著八〇年代中期開放的、生機勃勃、充滿希望的現實政治視野。那無疑是自覺的民族寓言、敍事語言與能指結構以外在視點將民族文化與民族生存置於全球性的開放視點之中。田壯壯的作品索性以一種他性文化——少數民族的故事構成其文本的能指鏈。這是一種默然的、但又驕傲的對話姿態。當他們拒絕給出敍事的「想像性解決」[9]的時候，同時拒絕給出一份拯救，在《黃土地》最後一著名組合段中：全景中低矮的地平線，匍匐在黃土地上的與土地同形同構人羣的赤裸的黃色背脊，古老的膜拜與民謠；仰拍中腳踏黃土、頭頂藍天、闊步而來的八路軍戰士顧青；在狂喜中歡呼奔突的人流；逆人羣奔向顧青的憨憨；將依土而生、靠天吃飯的古老的民族生存、單純的政治解決的無效、盲目的歷史潛意識的巨大潛能、年輕一代對新生活與拯救許諾的投奔，凝聚在空明的、未來的地平線上。

當蔚藍的海岸與蜿蜒而去的長城不再能阻隔民族的視野，同時也將民族生存裸露在一個眞實的、而不再是話語的或想像的他者面前的時候，世界經濟一體化格局中第一世界的主人姿態，已經將第三世界的民族文化呈現爲一種邊緣話語與邊緣經驗。於是當代中國電影的民族寓言呈現出一種自覺的反抗、一種掙扎，一份無奈與尷尬。第四代文本中文明的一極——話語的烏托邦跌落了，消失了，他們更願意退避於鄉村——民族文化與生存的陳述之中，只是不僅多了幾許苦澀、悲涼，少了幾分夢幻、溫馨，而且將拯救呈現爲文本的缺席。一如《鄉音》呈現在溫暖的爐邊的海的故事；一如《黃土地》結尾處對海龍王的膜拜與祈求。在一個潛在的「他者」的視點中，第四代的文本再度呈現給我們一片無水的乾渴的土地，以及頑強的尋找水的人們。在這片貧瘠、但畢竟生養了我們的土地上掙扎、輾轉的生存。然而，在《老井》中，文明（工業文明）已經成一個遙遠的夢語，成了死去的——一次木根式的獻祭——並不十分美好的亮公子（旺才）棺木中的一枚校徽、一支鋼筆、幾份電影雜誌。儘管文本給出的最後拯救仍來自文明，但這拯救：出水與一個可能的盛大的狂歡的慶典卻永遠成爲文本的缺席。我們不曾目擊這終獲拯救的民族的元社會，我們看到的只是一座古碑和新刻的古碑上的字句：「一九八三年元月九日，西汶坡第一口**機械**深井成，每小時出水五十噸。」而更深刻的第四代式的後傾在於：這一缺席現代化的拯救來自於不僅老人賣掉棺木——犧牲古老文明中的歸處，而且在於旺泉獻出了他對都市／文明世界的嚮往，巧英獻出了「山高」「看不清」的電視。他們必須以犧牲文明的夢想爲代價換取文明／進步。而影片的感人至深之處，失子（或曰奉獻了兒子）的母親——旺才娘無聲地爲井繩繫上避邪的紅布條，舒緩的鏡頭長長搖拍那繫滿紅布條的井繩，這是一次無限深情的注目禮，而最後的鏡頭定格在「**起新**的」古碑「千古流芳」四個大字上，成第四代後傾式的最後完成：他們再度認可了民族文化與民族生存。因爲他們必須在他者視點的俯察中給本民族的自我確認與生存依據。而出現在九〇年的《黃河謠》則在導演的自覺意識中成了面向第一世界的對話[10]。儘管黃河故道的形象使它《老井》般地成了「無水黃河的歌」，但一反寬銀幕、立體聲的形式要求，影片反覆將主人翁呈現在銀幕中心的近景與特寫鏡頭中。這是他者視點中民族的「邊緣經驗」的中心再置。這是一種反抗，也是一種臣屬。在《黃河謠》中，甚至一個缺席的、想像中的文明拯救亦不復存在。拯救來自於一個伊甸園式的樂土：黃河那一邊。

而一九八七年——中國現代化進程新的臨界點——前後的當代電影文本的共同特徵是敍事結構的利比多化：即民族的、社會的、政治問題的性解決（或非解決）。事實，它早已潛在於相對單純的《野山》之中。當禾禾、桂蘭歡笑在電燈、電磨（現代文明的指標）側旁，身懷六甲的桂蘭作爲一個能指不僅將現代文明、新型農民、新的生存方式與性解決並置在一起，而且以一種中國式的父子相續，有子有孫的價值判斷潛在地解構著影片的正面主題。而《老井》、《黃河謠》則以無法完滿的性解決延續著已放逐到表層結構之下的民族文化的再質疑。《黃河謠》結尾處嫁女過黃河的場景，不僅意味著永不再至的性完滿與世代相續，而且將未來託付給未知的彼岸。

正是他者視點中的民族文化的中心再置與敍事的利比多化，使八、九〇年代之交的中國電影具有了更鮮明的民族寓言的特徵。

四、都市裏的村莊與「文化革命」

有趣之處在於，當第四代以他們特有的文本構置：都市裏的村莊——在乏味、冰冷、拜金、僞善的大都市包圍中一小片古風猶存的村落式人羣——表現他們在兩個烏托邦之間的徬徨無著與潛意識中的後傾時，青年導演黃建新在他的處女作《黑炮事件》中承襲了這一敍事模式，並完成了這一模式之所指的側置。在《黑炮事件》中，構成敍事的戲劇化衝突的不是人物間的糾葛與情節的跌宕，而是文本中的空間與作爲一個和諧羣體的人物。仍然是「都市裏的村莊」：紅、黑、白、黃、藍，單純、簡潔的色調構成了現代大工業環境，包圍著一羣依照舊式的社會政治格局、人際關係與價值觀念組織起來的人羣。作爲中國社會現實問題的投射：「黑炮事件」所揭示的信任知識份子——信任人、藉此保證社會生產力的有速度發展問題，在影片的事件序列中得到了一種新的視點中的呈現。在「黑炮事件」的製造、執行者黨委書記周玉珍與其受害者工程師趙書信之間，存在著的不是衝突、對抗，而是一種別樣的和諧。一邊是猜忌、武斷、剛愎自用的家長式管理，一邊是忍讓、服從，將屈辱當考驗的孩童般的忠順。雙方似乎都恪守著一種遊戲規則，儘管這可能是一種殘忍或辛酸的遊戲，但畢竟充滿著遊戲的默契與和諧。當WD工程終於被毀成了一堆廢料、幾百萬的投資付諸一旦之後，這種荒誕喜劇多了幾分「黑色幽默」的意味，儘管它還不是「雙眼淌著熱淚，鼻子裏噴出兩注濃煙」[11]。都市裏的村莊——傳統的社會格局、人際關係成了現代化、工業化、社會進步的羈絆和禁錮。於是，黃建新在《黑炮事件》中觸及了葛蘭西—詹明信意義上的「文化革命」。即：「發動一場經濟、政治的革命必須有一場文化革命來完成這場社會革命。」「從理論上說，(一場文化革命) 伴隨的應該是以一種生產方式向另一種生產方式的過渡。」「文化革命是一個重新安置人的一過程，使人們適應新的情況、條件、要求。」[12]於是，不再是寧謐、古老的海灘的消失、木根的獻祭式死亡與老人們象徵的傳統、質樸的生存方式的自然終結；而是伴隨現代化進程所必須的文化革命。第四代的「結構性的自相衝突」也在另一個意義上印證著這場革命的必要。《黑炮事件》不僅觸及了「文化革命」這一命題，其自身也是這場革命的參與者。它自覺或不自覺地完成著一種意識形態理論所謂的合法化的實踐。

事實上，八〇年代後期的大部分作品都參與著、或抗拒著這一文化革命的進程。而王朔小說、「王朔」電影——王朔現象成了其中一個幸運的中彩者，在八、九〇年代之交頗得社會的青睞與白眼。或許王朔成了盛極一時的熱門話題本身就是一個有趣的第三世界批評與「文化革命」的命題。王朔的「名言」：「千萬別拿我當人」，當然大不同於阿Q，卻仍是在一種極度的自輕自賤中張揚著一種別樣的自尊自戀。後者才是其眞義。所謂「千萬別拿我當人」，當然不意味著自絕於人類、與禽獸爲伍，他之所謂「人」，乃是一特定的文化編碼系統中的人、一套關於「做人」的生存方式與價値信念系統。「千萬別拿我當人」，旨在標榜他是一種「新」人，一種爲傳統價値體系所不恥、不容的「新」人。其褻瀆所在是「人」，而非「我」。

正是在這樣一種視域中，王朔現象的意義之一是關於表達或曰反表達的：這是一個頗具達達意味的現代主義命題。但王朔之表達問題，並不是摒棄了一切成規與程式化的語言之後的沉默，亦不是對「不可表達之物的表達」；而是讓程式化的語詞在他的人物——頑主們口中語詞施虐般地傾瀉而下，使這些有特定所指與語境的語詞在與王朔的敍境及話語主體的反諷式衝突中，呈現爲一文不名的陳詞濫調。這也是王朔的滑稽模仿與達達意味之所在：他的市井味十足的狂歡來自於玷汚與褻瀆一切舊有的神聖（或許他的小說《一點正經沒有》是其中頗爲典型的一例）。作爲一個賣文爲生的小說作者，他直接面對的神聖系統是語言／語詞系統，以及其背後的社會語境。然而，王朔也難逃第三世界文化的通例。較之達達，他仍是一個前工業社會的遺腹子，他的反表達仍是對可表達之物的表達，而且仍包容在一種經典、閉鎖的敍事構型之中。他的反社會姿態仍具有太過明確的社會意味。正因其如此，王朔小說才在伴隨著現代化進程的文化革命中充當了一個邊緣化的丑角。

王朔現象的意義之二在於，他的頗爲經典的、完整的敍事結構中，格雷馬斯的動素模型呈現爲一種反傳統意義上的組合。在他的大部分作品中，行爲主體是一個「生著一張乾淨臉兒」的頑主，那是一個不屬任何家庭、社會網絡的遊盪兒。在王朔小說中，元社會的發送者

——權威指令者消失了，行爲主體本人便是他自己行爲的全部依據與動機；不僅如此，行爲主體同時還是受益人的扮演者——一切爲了他自己、一切屬於他自己。敍境中女性及相關的「愛情」故事，只能充當幫手或敵手陣營中的走卒，一個括入組合段，而並非欲望客體。王朔敍境中眞正的、唯一的欲望客體只是金錢——一筆橫財，一份介乎於非法與合法縫隙間的獲取。而他的敵手則是不可見的、社會幽暝處的惡勢力。與王朔的主體——頑主的不同，那是一夥眞正的可以殺人越貨的歹徒。正是這一特定的動素模型將王朔的頑主們界定爲一種反英雄、一種並不「新」的「新」人——伴隨著都市化、商業化進程出現的個人主義拜金者。王朔的小說是關於欲望的故事，但那是些物欲的故事，那是些將利比多投向商品與金錢的物神崇拜的孤獨者。也正是這一動素模型中的敵手——眞正的惡棍與非法之徒，將王朔的頑主們摒除在反秩序、非秩序的一羣之外。如果說作爲「文化革命」中的邊緣作品，王朔小說也帶有某種反秩序的特徵；那麼這只是有限定、有前提的反秩序。它是對前工業社會、或曰傳統中國的道德、價值秩序的惡作劇式褻瀆——「痲著爪兒玩回心跳」；而其眞義卻恰好是一種秩序化的行爲：將商品社會的行爲價值體系合法化。正因其如此，王朔的頑主們儘管是一羣個人主義的拜金者，但他們很少眞正擊敗敵手，成爲那筆想像中的橫財的占有者與保有者（《橡皮人》或許是恰當的一例）。但是，儘管王朔小說只是這場「文化革命」中的邊緣作品（事實上，只要商品經濟並非現實社會格局中的主導經濟的時候，王朔及其小說的商品意識形態就永遠成不了主流），但卻是其中至爲赤裸的一個。於是，它中彩般地、也是必然地爲陡然轉向城市電影的導演們相中，成了電影的第三世界寓言文本形成過程中的一個「現象」。其出現於一九八七年不足爲奇，它十分準確地對位於同年商業化大潮的奔湧而至。這一年，中國現代化進程開始臨近一個重要的隘口。現代化，已不復是一個童話般的夢想，而成了令人興奮、卻又略呈苦澀、辛酸的現實。文明不再是一個想像的能指，一種理想的、全能的拯救與一個想像中的他者。第一世界物質文明表象與經濟滲透的事實，使第一世界成了一種眞實的擠壓力量。而王朔的邊緣位置在於：他絕非這一擠壓力量的搏鬥者與抗議者（一如他所蔑稱的「鐵肩擔道義者」），相反，他的文本序列正是在一種鬧劇式的喧囂——起鬨中成了這擠壓力量的一部分。王朔小說除了給變革現實中的人們一份調侃式的宣洩與撫慰之外，同時還完成了敍事視點的再置：不再是鄉村／傳統視域中的都市，而是都市／街頭頑主們眼中的都市生活。

米家山執導的《頑主》正是在這種意義上成了王朔小說的對偶句。影片的第一組合段便是一連串充滿市井情趣與生機的、躍動著的大都市表象。它不爲敵意所隔膜，亦不爲溫情所軟化。它以一種戲謔的視點與敍事語調呈現著大都市的衆生相。三T公司的頑主們正是這份現代都市表象與百怪圖中的一個諧音。比原作更爲明確的是，影片在三T公司鬧劇式的存在背後完成著價值體系的轉換與作爲意識形態實踐的合法化過程。如果說取自原作的種種荒唐的三T公司的服務項目，只是一種消解的滑稽模仿；那麼補足了原作的是，當于觀、楊重、馬青繫起濕漉漉的油布裙，在醫院裏端屎端尿的時候；當死者的幾十口「家屬」坐在三T公司等吃等喝，而于觀毅然決定撞眞玻璃以維繫三T公司的存在的時候；影片文本便以反秩序：坑蒙拐騙、遊手好閒開始，以新的秩序化：「職業」道德感、個人奮鬥、「誠實」勞動終。影片敍境中元社會的負值呈現無疑要參照出三T公司在「新」的價值體系中的正值存在。筆者曾在一篇舊文指出：影片結尾處，在頑主們視點鏡頭中出現了停業的三T公司大門前排起的長長的隊伍，這無疑是一種元社會的認可式。它在敍境中完成了現實中或許永遠不會完成的價值體系轉換。

然而，黃建新的《輪迴》（改編自《浮出海面》）卻以一種別樣的姿態與視點完成了對王朔解碼符化的悖反，同時卻以犧牲文本的結構完整性爲代價。然而正是在影片精細的文本之裂隙處，在其批判的、而不是給出撫慰的敍事角度中，潛在地表露了一種第三世界文本的特徵：藝術家的政治立場、社會良知與他的抗議（如果還不是「生死搏鬥」）——他必須批判商品社會及其罪惡。如果說，在《黑炮事件》中，黃建新還在無保留地呼喚現代化的降臨，那麼，在《輪迴》中，他已遠沒有那麼單純和堅決了。當他直面一種現實中的、而不是想像中的現代都市生活的時候，他所矚目的是個人主義者的孤獨、疏離、無名無助，是拜金主義所必然伴隨的暴力和罪惡。他同時拒絕一種後傾。因爲敍境中呈現的是一個喪失故園的「種族」；但他又必須回到某一個（或許只能是民族的）點上；於是，這個冷酷的、沒有拯救的現代都市的故事便有了一個奇怪的名字：輪迴；於是在影片結尾處，漸隱的銀幕上傳來一響亮的嬰兒啼哭，是黑白符底上的字幕告訴我們：石岜身後留有一子，取名石小岜。這樣，石岜的故事似乎不再是線性歷史過程中的必然伴隨的喜劇（王朔）或悲劇（黃建新），而是古老的歷史循環中的一個插曲。同時，影片對原作的最大改變是：黃建新讓石岜在一個象喻性的段落之後，躍出陽臺，「撲向」一輪紅月亮——跌落在夜幕中燈光璀燦、卻充滿非人意味的、大都市的街道上。（同樣，葉大鷹、《大喘氣》也具有《橡皮人》不具的一個頗有象喻色彩的自殺結局）。在這敍境中給定的沙特式的個人抉擇背後，無疑是敍事人給出的判斷和文本的放逐。黃建新（葉大鷹）無疑要通過敍境中元社會對石岜的放逐，消解商業化及其意識形態的進犯，將他們從現實中移置出去。黃建新因之以他的方式補足了這一「文化革命」的正題。他拒絕認同這一「合法化」的過程。於是頑主們便不再是一羣如魚得水的「新人」，而只是些「需要重新安置」的無「家」可歸的放逐者。舊有的世界不再能提供庇護的天頂，而「美麗的新世界」卻別是一番冷酷與殘忍。大都市的街道畢竟不是人的歸所。死亡，亦是若干種經典結局中的一種，它以絕對的終結鎖閉了敍事，鎖閉了現實中一個無法鎖閉的進程。這種敍事的鎖閉正是第三世界徬徨無著、沒有現成解決的民族與文化困境的投射。一種潛在的滲透、反抗與對話已然呈現。現代化進程仍在進行式中。一部第三世界國家的民族寓言或許不是一部鎖閉的文本所能構成的。它或許是一個不同的、互有參差的、也許是充滿裂隙的文本序列所構成的開放性進程。

五、結語

或許當我們注重於第三世界批評與寓言文本的讀解方式的時候，一個首先必須正視的事實是：在第一世界，或者確切地說，在美國文化內部，第三世界批評——是一種邊緣理論。正是這樣一種永遠成不了中心的邊緣理論，構成了對白人中心文化的解構與顚覆。然而，傅柯曾指出：任何一種邊緣的設定，都無疑是一個中心再置的過程。因此，儘管它對我們不無啓迪、亦爲我們提供了對話的可能與途徑；但對於一個第三世界的知識份子說來，它仍是一種第一世界的他者的話語，它仍是一種他性文化的有機構成。其目的在於拯救第一世界的「人文的貧困」。

其次，當我們在第三世界批評的視域中探討文本文化命題時，一個必須被摒棄的假設是：存在著一個完整的、亙古不變的、未經觸動的「民族」、「民族文化」本體。任何一種類似假設都是一種歷史性的後傾。因爲第三世界的民族存在於與第一世界的經濟滲透和文化侵略的生死搏鬥之中。事實上，當鴉片戰爭使帝國主義者與資本主義勢力破門而入以來，作爲一個衰落與頹敗中「龐大的東方帝國」，我們的民族記憶與民族文化已不再是一種自閉的、中心化的本體，自此之後，它始終是被侵略、被踐踏的民族創傷，是反抗、搏鬥中的民族記憶，是獨立、自強與現代化進程中的再度確認。不存在一種確定的民族範式。一切關於我們民族生存中的經驗與震驚體驗的表述都將成爲民族寓言的有機組成。

再次，對於一個第三世界的知識份子來說，第三世界的民族寓言無疑不是一種邊緣話語，而剛好位於話語主體所居的中心位置上。其對第三世界批評的運用，便成了民族的內視與自省。因此，需要的不僅是一種充滿洞見的獨到理解，而且必須是一種再批判中的自新歷程。

註　釋

❶❷❸詹明信〈處於跨國資本主義時代的第三世界文學〉，張京媛譯，《當代電影》一九八九年第六期。

❹羅蘭．巴特《神話學》，英文版。

❺《安東尼奧尼電影劇本選．《紅色沙漠》題解》，英文版。

❻❼❽《探索電影集》。

❾阿爾杜塞〈意識形態與國家機器〉，李迅譯，《當代電影》一九八七年第三、四期。

❿參見〈第十一部〉，刊於《電影藝術》一九九〇年第三期。

⓫小庫特・馮尼格〈我的創作〉，收於《西方現代派文學》。

⓬詹明信《後現代主義與文化理論》，唐小兵譯。

全球性後殖民語境中的張藝謀

張頤武

一、張藝謀神話

九〇年代以來全球文化的發展呈現出一種撲朔迷離的狀態，「冷戰後」的新世界格局令人眼花撩亂，無法追索其蹤跡。一方面，第一世界的跨國資本主義已越過了原有的話語界限的制約，在全球文化中發揮著越來越巨大的作用。文化工業和大衆傳媒的國際化進程也以不可阻擋的速度進行著。原有世界性的話語的對立與衝突似乎已經被消弭於一片迷離恍惚之中。消費的世俗神話似乎已經變成了在一切意識形態之中的支配性的價值。但另一方面，卻是以「現代性」爲基礎的民族文化特性的話語以巨大的力量，帶著複雜的歷史／文化／政治／宗教的背景席捲而來，在那些處於發達社會之外的民族和社會中發揮著越來越重要的作用。全球文化的這種分裂也許正是「後現代性」的典型表徵。但在這種狀態之下，第三世界民族對經濟／文化高速成長的焦慮與渴望，第一世界文化以其經濟、文化上的支配性力量對第三世界的控制、占有和壓抑性的運作構成了在全球文化中極其明顯的「後殖民」語境。所謂「後殖民」語境，就是指在經典殖民主義及其價值全面終結之後，西方運用自身的知識／權力話語對第三世界所發揮的支配性作用，也就是依靠各種「軟」性的意識形態策略和溫和的對自身價值的無可懷疑性的表述，對在「現代性」基礎上構成的第三世界「民族國家」的影響與控制。當然，「後殖民」話語並不意味著暴力與公開的權力爭逐的消逝，但意味著這種暴力與權力爭逐卻有了「合法性」的基礎和前提。在九〇年代，這種「後殖民」話語已經成爲全球文化發展的現實狀況。這裏的第三世界的民族與社會好像在迅速地被第一世界話語所書寫，好像「同一個太陽」之下的差異與分裂正在迅速彌合，但另一方面，卻是第三世界的「特性和母語」受到壓抑和輕視，它自身的歷史被文化機器的刻意的覆蓋和書寫而變成了一種奇觀。而它的「人民記憶」已變成了一種無法表述、無所歸依、找不到能指的「潛歷史」，一種無代碼的意識，一種被壓抑在無意識底層的意識。而這一切都被淹沒在華美的廣告、鮮豔的圖象和微電子時代的超級技術的奇蹟之後，淹沒在目迷五色的商品的洪流之後，難覓其蹤跡。

而在這個時刻，「張藝謀」則已經成了二十世紀九〇年代大陸中國最引人注目的文化奇蹟。他不僅在大陸，也在香港臺灣等漢語文化區域中受到了狂熱的歡迎，而且也在西方獲得了巨大的榮譽。張藝謀如走馬燈般地獲得著各種各樣的獎，在東西方的大眾傳媒中扮演著一個凱旋者的角色。而他的由攝影師「玩」成了演員、導演的傳奇，他個人的私生活祕聞都已成爲中國大陸流行文化的重要組成部分。張藝謀本人似乎也被傳媒確認爲中國的「國際性」的大導演。由於張藝謀和鞏俐的巨大聲譽，他的電影在中國大陸也獲得了商業性的成功。張藝謀已完全超越了電影本身，而與汪國眞、解曉東、王朔等人一道，成了九〇年代中國的「文化英雄」，成了一個典型的世俗性的「醜小鴨」神話的新的主人翁。張藝謀的形象在九〇年代的「後新時期」話語中❶的位置是矛盾的。他是以嚴肅的導演和無可比擬的專業上的聲譽而取得自身的成就的，但卻又是話語的擦抹與「不見」和大衆傳媒的不斷的宣傳之下而變成了公衆的明星的。有諷刺意味的事實是，在一九九二年以前，張藝謀的《菊豆》和《大紅燈籠高高掛》都並未公映，絕大多數的中國「普通觀衆」尙沒有機會看到這些電影的時候，張藝謀依然是公衆關切的「熱點」。有關他的消息在不停地被文化機器所生產。在他的這兩部電影和《秋菊打官司》公映之後，張藝謀的聲望已達到了高峯。我們可以說，張藝謀是第一世界／第三世界的大衆傳媒共同塑造的形象。他在西方所獲得的聲譽鞏固了他在中國大陸的成功者的話語權力。而這種彷彿無往而不勝的成功又使得中國觀衆相信這些文本的魅力。

而中國大陸的電影批評界似乎也在這種無往不勝的面前目瞪口呆，無話可說。除了熱烈的肯定和讚美之外，批評似乎已喪失了自身的精細地觀看並思考的責任。如果說若干批評者對《菊豆》和《大紅燈籠高高掛》還稍有保留的話，但在《秋菊打官司》面前，他們似乎已經變成了一些除了驚嘆和讚美之外完全失語的人。一位曾相當活躍的批評家自稱自己在這部電影面前「不由自主地變成了普通觀衆」❷。這個說法是批評家對自身的能力和價値的蔑視，也是對批評者在話語中位置的蔑視。這意味著一個批評家對自己的工作失掉了信念，他已失掉了認眞思索和觀看的能力，也說明他在張藝謀所形成的話語權力面前的敬畏和皈依。「普通觀衆」絕不是一個透明的概念，絕不意味著一羣天眞無邪、眞誠地爲藝術而感動的無私的觀衆在聳俐說著方言的影像面前五體投地，而是一個被大衆傳媒所書寫的羣體，一個被話語所編碼和創造的羣體。這個關於「普通觀衆」的第三世界神話，最好地隱喻性地說明了第三世界的知識份子在大衆傳媒和商業價値面前的「失語症」式的無能爲力。他們在放棄了思考和分析，放棄了對話語的生成和編碼系統的解構性思考之後，最後終於加入了在幽暗的電影院裏讚嘆著大師的無窮無盡的新的奇蹟的「普通觀衆」的行列。這裏並沒有普通觀衆在發表意見和看法，而是我們的批評者在虛構和臆想中表述著對「普通觀衆」的能指的消費。批評家在放棄自身的身分之後，更加心安理得地皈依了商業性的成功的價値。我們對張藝謀的禮讚而非嚴肅的批評正是第三世界的知識份子尷尬處境的表徵。

這個面對張藝謀的文本所產生的尷尬恰恰是我們的「後殖民」語境的結果。我們的批評自八〇年代以來有了很大的變化。但無論是印象式、賞析式的電影批評（這似乎仍然是大陸影評的主流，它在各種報刊中非常流行），還是接受了西方以語言學爲基礎的新的理論背景的電影批評，在張藝謀的電影面前有著極爲驚人的一致，而這種一致是不容易見到的。但這一致的背後的狀況是，這兩種批評策略的背後都有一個來自西方話語的「始源」。其影響的脈絡都相當清晰。我們急切地「呑嚥」著理論術語和不同的觀影策略，將來自完全不同的空間的思想加以運用，將西方的話語視爲「無語言」而不加分析地加以使用。雖然我們已經注意到第一世界／第三世界的差異和區別，已經注意到邊緣話語／主流話語間的裂痕，已經注意到文化語境間的分歧。但問題在於，對張藝謀電影的來自西方的熱烈頌揚似乎使我們這些處於邊緣的知識份子感到驚異。我們突然發現我們的理論「故鄉」的表述使我們產生了深刻的無能爲力之感，我們驚異地認識到，西方對我們的本土文本的肯定只能使我們發現自己的理論的極端的脆弱性。因爲西方對張藝謀肯定的說法使我們不論是肯定或否定都失掉了依據，因爲我們自己的理論背景來自西方。因此，好像我們只能在西方的肯定面前緘默不言，只能被降格爲一個「普通觀衆」。這是來自我們理論的「故鄉」的一次無情的閹割式的壓抑，一次西方話語的主導性的權威性的文化雜耍。原來，西方是依賴中國批評家的評價和介紹來認識中國文化的，他們對中國文學和文化的理解往往是在接受了西方理論的中國評論家的工作之上作出的。但隨著中國文化本身的國際化的進程，張藝謀的電影被置於全球性的文化機器和觀影體制之中了。西方的評論者們用發獎的方式越過了中國批評家。這使得本土批評家的判斷和認識似乎都在國際性的語境中間受到了忽視。他們似乎只有追隨著他們運用的話語的「發出者」們的評判，亦步亦趨，失掉了自己的獨立的本土立場。這是第三世界文化的邊緣處境的帶經典性的表現。

值得注意的是，有一位寫過一些留學生文學的旅居美國的華人作家，在討論張藝謀電影的一篇隨筆中懷疑那些指出這些文本的局限的人過分拘泥於「民族」文化的狹隘立場。她認爲「來自第三世界的知識份子，一旦解不開心理情結，擺不平待在東西方之間小小自我位置，往往容易在主義的激流中皺起苦大仇深的眉頭，動輒就要出擊或捍衛。」❸好像偏激和莫名其妙的正是這些第三世界知識份子似的。這位作家接著就勸諭說：「除了獻媚和戰鬥之外，還有其他的路。我們所處的這個過渡時代變化萬千，眞實的生活和藝術，往往比理論框架和意識形態式的爭吵要複雜得多。」❹但問題的確是複雜的。我們無法不向這位作家發問，難道「眞實的生活和藝術」是在「理論框架和意識形態」之外的東西嗎？難道我們的「生活和藝術」中不是浸潤著「理論框架和意識形態」嗎？其實，在這篇不長的隨筆中充滿著「理論框架和意識形態」，她所認同的是西方的至高無上的話語權威。我們恰恰在這篇勸導所有的人忘卻理論框架和意識形態的文本中，看到了比她嘲笑的第三世界知識份子更爲明顯的意識形態，一種卑微的、屈從的和臣屬的意識形態，一種以絕對的「無語言」的幻覺君臨一切的意識形態，一種壓抑性的意識形態。在她嘲弄第三世界的知識份子的「苦大仇深的眉頭」時，她卻忘記了「苦大仇深」的不是「眉頭」而是第三世界人民的語言／生存處境。我絲毫無意懷疑這位熱心地爲張藝謀的《大紅燈籠高高掛》辯護的作家的眞誠和善意，但我也無法不指出這是一篇充滿著「後殖民」文化色彩的、片面和不公正的文章。在這裏，西方對第三世界的壓抑、控制和偏見變成了第三世界知識份子自己的神經質與敏感的結果。這位作家說得很坦率：「中國新電影的這種命運，早就被它同西方技術媒介、國際市場、主流觀衆趣味的種種關聯所決定，它從來不可能脫離這張大網而成爲『純粹的中國藝術』。」[5]並沒有誰想在這個「後現代性」的世界上尋找純粹的民族藝術，但這並不意味著在這大網中的人就必須放棄自己的母語文化和立場，也不意味著他無權提出自己的「焦慮和憤怒」。這位作家在對第三世界知識份子的嘲弄和對《大紅燈籠高高掛》的熱烈讚美中，不正是透露了自己的立場嗎？而她的立場正是第一世界文化的立場。

我們在這些零散的討論中可以發現，創造這個張藝謀的奇蹟般的神話的不僅僅是印製在膠片上的影像，而是在後現代主義時代裏的後殖民語境本身。張藝謀也並不僅僅作爲他的幾部電影的導演而存在，他已經成爲當代世界文化中的一個獨特的代碼。張藝謀好像一面多稜的鏡子，折射出不同的話語與意識形態作用的投影，折射出二十世紀九〇年代世界文化的特殊性。因此，對張藝謀電影進行再一次的思考不是沒有必要的，我們似乎有機會在重重的迷霧中重新探索，因爲我們從張藝謀的神話中正可以看出後殖民語境的巨大作用。他的神話來自這個語境，正像我們前面的簡單分析所揭示的。其實，他的電影也正是這一語境的典型表徵。

二、窺視：差異與對立中的認同

張藝謀的電影的一個基本的策略是對「窺視」的不間斷的關注。張藝謀永遠執著於表現隱祕的邊緣化的處境，一種不爲人知的「奇觀」性的世界，一個模糊迷離的世界。從《紅高粱》開始，張藝謀就專注於中國社會中的隱祕的故事。在這裏，張藝謀往往取消了「時間性」的代碼，他的電影中的「中國」是超越時間的、永恆的，因之也是神話式的和寓言化的。《紅高粱》中的「我爺爺」、「我奶奶」的浪漫的傳奇式的經歷，可以發生在中國傳統社會的任何時間之中；而《菊豆》中關於壓抑的欲望和亂倫的故事也是農耕社會的任何時間中都可能發生的情況，電影中的染坊的氣氛和處境也是完全超出時間性的；《大紅燈籠高高掛》中的大宅院中爭寵的故事更是一個時間之外的傳奇。這些故事所表述的不是具體時間中的具體的空間，而是一個徹底寓言化的東方故事，是對「民族特性」的強調和展示，是被排斥在「現代性」話語之外的徹底閉鎖的空間。因此，《紅高粱》中的「打日本」的現代「民族國家」意識和《大紅燈籠高高掛》中頌蓮的現代的大學教育背景都只是轉瞬即逝的、在影片的文本中毫無作用的東西。張藝謀本人說得非常透徹：「我想，拍哪個時代的故事並不是什麼大問題，因爲可以把它看作一個容器和一件衣服。穿三〇年代的衣服和穿現代的衣服，自身都不會有什麼改變。」❻張藝謀無意探究我們自己的文化的連續性，而是把「中國」作爲一個特性的代碼加以表述的。他不關心中國的具體的時間的變化和更替，而是這個社會和民族的總體的隱喩。張藝謀是一個追尋「空間化」的導演，他把中國的文化作爲表徵來加以處理的。從這個角度上說，張藝謀確實是一個「國際化」的導演，他是從空間出發來進行表現的，他讓他的觀衆看到的不是具體的「中國」的一段歷史的敍述，而是「中國」本身。這與「五四」以來中國文化的整個表意策略是完全不同的。張藝謀是展示空間的「奇觀」的巨人。他的攝影機是在後殖民主義時代中對「特性」的書寫的機器，它提供著「他性」的消費，讓第一世界奇蹟般地看著一個令人眼花撩亂、目瞪口呆的世界，一個與他們自己完全不同的空間。張藝謀電影的「隱含讀者」不是中國大陸處於漢語文化之中的觀衆，因爲他們世世代代就生活在張藝謀用自己的驚心動魄的虛構所要講述的「中國」，他們對這個文化和民族的把握是具體的，他們並不需要張藝謀的神祕的「空間」所提供的消費，相反，如王朔式的從具體的當代中國語境中引出的文本反而更受歡迎和理解，儘管它們也是消費文化的產品，但它們是本土性的。而張藝謀的文本無論他本人是怎樣強調他自己與當代中國文化情勢的聯繫，卻是如橫空出世般地書寫著一個「抽象」的、隱喩性的「中國」。因此，接受和歡迎張藝謀的首先是西方的批評者是毫不奇怪的。正是張藝謀爲他們提供了「他性」的消費，一個陌生的、蠻野的東方，一個夢想中的奇異的社會和民族。

這裏的一切都是讓人震驚的，張藝謀的故事中的「窺視」，無情地伸向了我們的第三世界的處境。張藝謀電影與幾乎所有第五代的導演一樣，熱中於虛構和臆想東方的神祕的「民俗」。有人指出張藝謀電影是進行「僞民俗」的消費❼，認爲張藝謀用攝影機所精心編碼的民俗代碼，如「顚轎」、「紅燈籠」之類在文化史上缺少依據，因之判定張藝謀是依靠對「東方主義」的這種迎合而謀取名譽的。我以爲這裏的思考似有偏失。在文本中進行虛構是任何「作者」的天然權利，無論是「故事」或是「民俗」，對之進行編碼都不是作者的錯誤。但有趣的是這種「民俗」代碼的展示不再有如第五代導演如陳凱歌等的電影中的那種「現代性」的焦慮，在陳凱歌等的電影中，「民俗」是一種壓抑性的力量，一種民族的集體的匱乏性的「主體」缺席的無奈與焦慮。因此，在他們的電影中，「民俗」是完全脫離「故事」發展的，是影片中的異己的力量。這構成了他們電影的全部緊張性。而在張藝謀的電影中，「民俗」已成爲故事的一部分，成爲故事中的必要的消費性的功能，成爲能指運作的不可或缺的部分。「顚轎」是《紅高粱》中最具遊戲性的段落，它是故事的進展中饒有興味的、生趣盎然的段落；而《菊豆》中的葬禮，在倫理／欲望的壓抑下有某種緊張的因素，但依然是現代攝影技術的奇蹟，是觀賞性的美的代碼；《大紅燈籠高高掛》中的「燈籠」更是神祕東方的「性」的直接性的代碼。張藝謀將第五代導演所慣用的「民俗」代碼，轉向了消費性的方面。「民俗」是故事中呈現差異性的策略，是構成張藝謀電影的前提和基礎。張藝謀是把「民俗」作為「他性」的基礎而存在的。在其他第五代導演那裏，「民俗」是與「個人」相對立的突然的、無可奈何的因素，他們是從「現代性」的話語中觀看「民俗」的。那些對「民俗」的長鏡頭的展示卻表達著焦慮和無奈。但在張藝謀這裏，「民俗」不再是消極的和被動的，而是「東方」本身的代碼，是他自己的電影的「區別性特徵」。民俗在這裏是異國情調，是奇觀的前提和基礎，是以儀式的方式出現的沒有時間的空間的代碼。

在「民俗」中，張藝謀在窺視著這裏的「性」、「暴力」所構成的隱祕的世界。在這裏，張藝謀的電影呈現出某種矛盾的策略或取向。一方面，張藝謀的「中國」是靜止的，無時間性的，也是詩意的。無論是《紅高粱》中的「我爺爺」和「我奶奶」的超倫理的愛情發生的高粱地，還是《菊豆》的染坊和無窮盡的布，還是《大紅燈籠高高掛》的大院落，與這幾部電影對罕俐的東方女性美的展示，都是以於西方電影中無法見到的視覺上的「奇觀」為基礎的。其中充滿了美和浪漫的神祕色彩。這是一個前現代的美的空間。在這裏攝影機的「窺視」也是展示性的。張藝謀的窺視是以對空間的美的發現為前提的。但另一方面，張藝謀卻在這個靜止的、美的空間中精妙地調用了好萊塢「情節劇」的表意策略。他所「窺視」的空間中發生的總是「情節劇」式的悲歡離合故事，所謂「情節劇」指的是用傳奇式的故事進行表意的特定策略，它追求故事本身的感傷性和曲折性。而張藝謀每一部電影的敍事基礎都是「情節劇」化的。他窺視的是公衆生活之外的「中國」，一個我們無法看到的用「情節劇」方式編碼的文化。因此，《紅高粱》、《大紅燈籠高高掛》和《菊豆》都是家庭中的隱祕被人們所窺視的故事。其中都有多個場景涉及直接由劇中人所進行的偷窺。這樣，張藝謀用「情節劇」構築了「似眞」的幻覺，也就是以此爲便捷的橋樑，使他的文本縫合於抽象的、西方式的「人性」話語，也就是「後佛洛伊德」式的有關欲望和無意識的話語。張藝謀在提供差異的區別的同時，通過對普遍欲望的窺視提供了對超文化的「後設語言」模子的認同。張藝謀式的「窺視」既把「中國」用「民俗」和「美的空間」劃在了世界歷史之外，又用「情節劇」式的對被壓抑的欲望和無意識的精心調用（如幾乎每部電影中都出現的女性的性焦慮）將「中國」召喚到世界歷史之中。但卻是歷史中的破碎的、無可歸納的怪異力量。張藝謀以這種既差異又認同的方式提供了一個有關中國的夢幻和狂想：它也就是在「現代性」之外的，不被西方的現代性話語所書寫的，既是歷史之外的另一個空間，又是歷史之中的落後與反「現代性」的世界。

這裏，有必要對《秋菊打官司》稍加討論。這部電影的紀實風格和鞏俐說方言的有趣場面受到了若干批評者的好評，他們認爲張藝謀從隱喩和象徵走向了紀實。這裏其實存在著當代中國批評的一個根本的幻覺：將精心編碼的「似眞性」的話語視爲不可動搖的眞實本身。其實，這部電影充滿著對中國人的當代處境的驚心動魄的臆想和編造。其中鞏俐的方言及與非職業演員一起進行的所謂「自然」表演，其實不過是「國際影星」的無窮無盡的「才華」的又一次展示，是公衆和大衆傳媒對奇蹟的永恆期待的又一次滿足，是文化雜耍的新的消費。其實這個有關憨直的「秋菊」與權力話語間關係的故事充滿了「寓言性」。而無論從機位的調度、服裝的穿著、故作憨態的表情，我們都可以發現這裏一個「國際影星」與無名的人羣之間不可彌合的裂痕。這是一次精心策畫的虛構，一次張藝謀的新的卡通式的「奇觀」的消費。其實影片結尾處，穿紅衣的「秋菊」目送警車離去的面部的特寫，最好地昭示了這部電影縫合於大衆觀影機器的良苦用心。這不是一個名叫「秋菊」的無名的農村婦女看著具體的「村長」或警車離去，而是一個已變成「國際化」的面孔面對著銀幕外的無數充滿崇敬的觀衆。而整個故事，也是將中國文化語境的辯證關係漫畫化的圖景。村長的暴力與仁愛之心共有的狀態，秋菊對「說法」的執著和最後的對話語機器行動的不理解都又一次將「中國」置於歷史之外，變成了無法理解的「他性」的代碼。而這個文本的感傷的調子又將歷史與超驗的人性做了精妙的「縫合」。這不是中國現狀的認眞的探究，而依然是張藝謀式的「奇觀」的展示。這位所謂中國農村婦女「秋菊」的傳奇經歷，不過是張藝謀調用本土符號將自己置於全球性後殖民語境中的又一次成功而已。

無論如何，張藝謀通過他對「中國」的「他性」的提供，將我們這些處於漢語文化中的人們置於一種片面的位置上。他以一種空間化的方式提供平面性的、無深度的一個又一個場景的消費。他的豔麗的色彩和傳奇式的故事無非是西方中心主義的話語權威的又一次證明。他面對著他的「隱含觀衆」敍述的故事，只是滿足了他們對於東方的窺視的目光，這一切終於經過了一個天才的導演之手，借助他指揮下的攝影機、演員和膠片而放置在了他們的面前。在這裏，我願意提及一位阿爾及利亞的女製片人兼作家阿西雅・杰巴的文章，這篇文章討論了一種「明信片文化」。在西方旅遊者到第三世界旅行的時候，他們總喜歡用一些印著異國情調的風光和人物的明信片塗寫他們的即興的閒話和通信。這些異國情調乃是「他性」的提供。阿西雅・杰巴指出：

> 人們在既有阿拉伯人又有黑人的明信片上互相交流通信。而阿拉伯人和黑人卻被排除在這個交流的過程之外。他們認眞地看過印在明信片上的這些人嗎？絲毫没有。人們只不過借助於印有這些人的形象以及和自己明顯不同的模樣的明信片來交流思想、語言和陳詞濫調，而同這些人的存在，甚至象徵性的存在完全無關。至於這些人的內心世界就更是完全不加理會了。就好像表現這些人明顯不同的模樣只不過是一種時髦、一種異國風情、一種裝飾而已。❽

阿西雅・杰巴的說法確有她的銳利之處。目前我所思考的是，張藝謀的電影是不是這種

「明信片」文化的又一表徵呢？他的艱苦而卓越的工作（關於這種工作的傳說已是中國主要的渲染成功的神話的一部分）是不是再一次重複了這一狀況呢？無論是從柏林凱旋或是在坎城受挫，張藝謀在全球性後殖民語境中的位置似乎都已被確定了，他屬於這一語境，他既被這一語境所創造又參與創造了這一語境本身。

三、重寫：被壓抑的「潛歷史」

張藝謀電影是與大陸中國的其他電影完全不同的特異「形式」。但它又與當代中國的文化語境間有著極其密切的聯繫。正像愛德華·薩伊德所明確指出的：「所有的表述，正因爲是表述，首先就得嵌陷於表述者的語言之中，然後又嵌陷在表述者所處的文化、制度與政治環境之中。」❾張藝謀的電影顯然是與九〇年代以來中國大陸的市場化和國際化的進程相關聯的。他往往依靠跨國的國際資本製作影片，而這一製作又不可避免地面對著國際市場的消費走向。而這種狀況正是將張藝謀嵌陷在全球性的後殖民文化語境之中。無論他是否不懂一句外語，但他已是被後現代文化徹底地國際化了。這當然導致張藝謀與從二〇年代開始的中國電影的整個傳統間的巨大的區別。我們應該承認中國電影由於其語言和表意方式及二〇到八〇年代中國文化的特殊的第三世界處境導致了中國電影一直缺少一個明確的海外市場。它的觀衆主要是本民族的。中國電影既不像美國、法國、義大利等國電影一樣占有廣大的國際市場，也不像印度這樣的第三世界電影有自己穩定的海外市場。中國電影的這種機器性的運作方式導致了它完全受制於國內市場的處境。因此，中國大陸電影的主導方面一直是面對本土觀衆的。二〇到四〇年代的電影主要依靠市民觀衆的支持來運作，而五〇年代以後，則依靠社會主義國家機器的支持和管理。電影作爲文化工業的票房和投資都建立在國內的自我循環的基礎上。而張藝謀則是一個新的象徵，他象徵著中國電影的可能的海外市場已經開始形成。電影資本的國際性循環中的電影製作已經開始形成。張藝謀的國際聲譽正是建立在第一世界的資金與文化對第三世界的投入的基礎上的。他可以說是自中國電影出現以來第一位進入國際電影市場循環中的中國導演。這當然導致了中國電影自身格局的轉變。這當然投射於張藝謀的影片之中，他表述的「中國」正是他講述故事時的語境而非他所述時代的語境。張藝謀電影的空間化的「中國」，正是後現代性在第三世界呈露自身的形象。正像詹明信所指出的：「後現代主義現象的最終的、最一般的特徵，那就是，彷彿把一切都徹底空間化了，把思維、存在的經驗和文化產品都空間化了。」[10]無論張藝謀說了些什麼，他最好地表現了當代中國文化處境的或一層面。

　　這裏有一個很有趣的現象，在張藝謀電影中，「中國」自身的歷史被非時間化之後，變成了一種與以往的一切講述不同的東西。它們是面對著國際性的解讀和觀看的「重寫」。這樣，張藝謀本人也是中國電影傳統之外的新的「奇觀」。他突然被另一個空間視爲中國歷史的最權威的闡釋者。張藝謀的電影被視爲「中國」本身的表意，這是與中國電影本身的歷史相衝突的。對中國歷史的電影書寫存在於中國電影本身的全部表述之中，但張藝謀這一處於中國電影歷史之外的現象被視爲這一歷史的最佳代表本身，就是後殖民語境自身張力的一部分。我們當然無法判斷張藝謀是否比鄭正秋、鄭君里或謝晉更好地闡釋了中國歷史，但我們知道他在二十世紀九〇年代裏變成了這一歷史的最權威的「代碼」。

但這一代碼本身就包含著對這一歷史的壓抑性的運作。「中國」在這裏被簡化爲無意識的想像的源泉。在張藝謀對中國歷史的重寫中，他再次對一個民族的潛歷史進行了壓抑。所謂「潛歷史」是指一個民族的未能得到表述的「記憶」，對於一個第三世界的民族來說，它尚未能超越西方話語對其控制與擦抹的狀態，它自身歷史的能量不能不借用西方話語來加以釋放。因爲在全球性的文化不平衡狀態中，第三世界文化並沒有依靠自身的話語得到表述，它不得不借「他人的話說出自己的話」。在這種窘境之中，第三世界的歷史的最後活力和最有生命的部分往往變成了與西方話語相互矛盾和無法加以表述的部分，它們往往被變成「潛歷史」，被壓抑在無意識的深處，找不到自己的能指和表意。在張藝謀的電影文本中，他替換了中國電影的傳統母題和表意，把原有歷史敘述中未被釋放的一面加以釋放。如《紅高粱》中，「欲望」與「生命」的彌散超越了中國電影史的舊話語，而《菊豆》、《大紅燈籠高高掛》也都是對人的「欲望」的無所不在的力量的表述。《秋菊打官司》中執著的秋菊對「說法」的追求也是一種非理性的、狂熱的欲望的代碼。這似乎是對被壓抑的「潛歷史」的一種釋放和表達，張藝謀似乎找到了一種表述「潛歷史」的新形式。張藝謀以旺盛的生命力爲「中國」作了新的表述，他的那些狂野的、反規範的、超伊底帕斯的人物符碼似乎指向了「中國」原有的「不見」和壓抑，提供了電影主流之外的新的可能性。

但問題在於，張藝謀在後殖民語境中對「潛歷史」的精心表達，並沒有能夠拯救這一歷史本身。這裏既沒有救贖也沒有超越，相反卻使他在越出小範圍的主流話語（中國電影的傳統）之後，卻在一個更大範圍的主流話語中（全球性後殖民話語）享有了某種特權的地位。他的邊緣化不但沒有被拒絕，反而變成了這一權威性主流話語所需要的側面。它把「潛歷史」化作了後殖民語境中文化消費的產品。這一過程的嚴重性在於它一方面導致對潛歷史的全面改寫和歪曲，另一方面則爲後殖民文化提供了廉價的消費資料。這似乎是張藝謀電影在書寫中國文化中的欲望時的巨大的困境，「潛歷史」在這裏又一次變成了卡通式的奇觀，變成了消費文化的「奇蹟」的展現。從這個角度上說，張藝謀電影僅在重複著阿西雅・杰巴的「明信片」文化的處境。

四、結語

我在這篇零散的論文中，對張藝謀及其電影的神話作了一些分析。這些分析當然是非常粗略的、綱要性的。這只是我對張藝謀的研究的一個開端。但我以爲，張藝謀及其現象是後新時期漢語文化，也是全球性後殖民語境中的重要的表徵。它說明第三世界電影在九〇年代所面對的挑戰，所承擔的痛苦與焦慮。張藝謀的神話正說明了我們所經歷的巨大轉變所帶來的複雜的處境。但我們畢竟有信心，只要我們的母語還存在，只要我們的文化特性還存在，眞正發掘我們自身潛歷史的一切潛能，表達我們的「人民記憶」的新的電影，一種有生命的電影一定會給我們以新的欣悅和思考。這電影將會像阿爾杜塞所言：

> 如果戲劇的目的是要觸犯自我承認這一不可觸犯的形象，是要動搖這靜止不動的、神祕的幻覺世界，那麼，劇本就必定在觀衆中產生和發展一種新意識。這種新意識是尚未完成的意識，它在這種未完成狀態，這種由此產生的間離狀態以及源源不斷的批判的推動下，通過演出而創造出新的觀衆。這些觀衆是在劇終後開始演出的演員，是在生活中把已經開始的演出最後演完的演員。[11]

註釋

❶「後新時期」是我提出的有關九〇年代中國大陸文化的新描述。它既是一個時間上分期的概念，又是對文化的新的現象的歸納和概括。可參閱拙作〈後新時期文學：新的文化空間〉，《文藝爭鳴》（一九九二年第六期）；〈後現代性與後新時期〉，《文藝研究》（一九九三年第一期）。

❷《當代電影》一九九二年第六期，頁一八。

❸❹❺《讀書》一九九二年第八期，頁一三三、一三六、一三七。

❻《文藝爭鳴》增刊，頁一四。

❼參閱《文匯報》一九九二年十月十六日王干文。

❽《信使》漢語版，一九九〇年第一期，頁三六。

❾Said, *Orientalism* (New York, 1979), p.272.

❿《比較文學講演錄》，西安，一九八七年版，頁四四。

⓫《保衛馬克思》，北京，一九八四年版，頁一二七。

國家圖書館出版品預行編目資料

後殖民理論與文化認同＝Postcolonial criticism and cultural identity／張京媛編．－－二版．－－臺北市：麥田，城邦文化出版：家庭傳媒城邦分公司發行，2007.10

面；　公分．－－（麥田人文；7）

ISBN 978-986-173-307-4（平裝）

1. 後殖民主義　2. 文化認同

570.11　　96018982

麥田出版
城邦文化事業股份有限公司
100台北市中正區信義路二段213號11樓
電話：(886)2-23560933 傳真：(886)2-23516320；23519179
發行／英屬蓋曼群島商家庭傳媒股份有限公司城邦分公司
104台北市中山區民生東路二段141號2樓
客服服務專線：(886)2-25007718；25007719
24小時傳真專線：(886)2-25001990；25001991
服務時間：週一至週五上午09:00~12:00；下午13:00~17:00
劃撥帳號：19863813；戶名：書虫股份有限公司
讀者服務信箱：service@readingclub.com.tw
網站：城邦讀書花園
網址：www.cite.com.tw
麥田部落格：http://ryefield.pixnet.net
香港發行所：城邦（香港）出版集團有限公司
香港灣仔軒尼詩道235號3樓
電話：(852)25086231 傳真：(852)25789337
E-mail：hkcite@biznetvigator.com
馬新發行所：城邦（馬新）出版集團【Cite (M) Sdn. Bhd. (458372U)】
11, Jalan 30D / 146, Desa Tasik, Sungai Besi, 57000 Kuala Lumpur, Malaysia.
電話：（60）3-90563833 傳真：（60）3-90562833

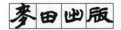

RH1010	哈佛心影錄	張鳳／著	NT$260
RH1011	重審風月鑑：性與中國古典文學	康正果／著	NT$320
RH1012	現代性的追求：李歐梵文化評論精選集	李歐梵／著	NT$460
RH1013	美國詩與中國夢： 美國現代詩裡的中國文化模式	鍾玲／著	NT$280
RH1014	書寫文學的過去：文學史的思考	陳國球等／編	NT$360
RH1015	見證的危機：文學・歷史與心理分析	劉裘蒂／譯	NT$390
RH1016	戲曲人類學初探：儀式、劇場與社群	容世誠／著	NT$260
RH1017	否想香港：歷史、文化、未來	陳清僑等／編	NT$280
RH1018	女哲學家與她的情人： 漢娜・鄂蘭和馬丁・海德格	蘇友貞／譯	NT$190
RH1020	偶然・反諷與團結： 一個實用主義者的政治想像	徐文瑞／譯	NT$330
RH1021	性／別研究讀本	張小虹／編	NT$320
RH1022	德・才・色・權：論中國古代女性	劉詠聰／著	NT$360
RH1025X	如何現代，怎樣文學？： 十九、二十世紀中文小說新論	王德威／著	NT$420
RH1026	告別革命：二十世紀中國對談錄	李澤厚、 劉再復／著	NT$360
RH1027	書寫台灣：文學史、後殖民、後現代	周英雄、 劉紀蕙／編	NT$400
RH1028	閱讀張愛玲：張愛玲國際研討會論文集	楊澤／編	NT$450
RH1029	史元：十九世紀歐洲的歷史意象（上）	劉世安／譯	NT$300
RH1030	史元：十九世紀歐洲的歷史意象（下）	劉世安／譯	NT$300
RH1031	兩種聲音的回憶	胡洪慶／譯	NT$240
RH1032	德勒茲論傅柯	楊凱麟／譯	NT$300
RH1033	戲戀人生：侯孝賢電影研究	林文淇等／編	NT$350
RH1035	從酷兒空間到教育空間	何春蕤／編	NT$350
RH1036	性／別政治與主題形構	何春蕤／編	NT$300
RH1037	中國現代學術之建立： 以章太炎、胡適之為中心	陳平原／著	NT$420

RH1039	歷史、女性與性別政治：重讀張愛玲	林幸謙／著	NT$380
RH1040	當代小說與集體記憶：敘述文革	許子東／著	NT$320
RH1041	銘刻與再現：華裔美國文學與文化論集	單德興／著	NT$380
RH1042	性別論述與台灣小說	梅家玲／編	NT$380
RH1043	走過關鍵十年（上）	杜正勝／著	NT$220
RH1044	走過關鍵十年（下）	杜正勝／著	NT$220
RH1045	文學香港與李碧華	陳國球／編	NT$240
RH1046	神話與意義	楊德睿／譯	NT$140
RH1047	他者之域：文化身分與再現策略	劉紀蕙／編	NT$420
RH1048	對話與交流： 當代中外作家、批評家訪談錄	單德興／著	NT$360
RH1049	沉默之子：論當代小說	嚴韻／譯	NT$380
RH1050	書寫與拼圖：台灣文學傳播現象研究	林淇瀁／著	NT$250
RH1052	布赫迪厄論電視	林志明／譯	NT$200
RH1053	眾聲喧嘩以後：點評當代中文小說	王德威／著	NT$380
RH1054	行動者的歸來：後工業社會中的社會理論	舒詩偉等／譯	NT$320
RH1055	布赫迪厄社會學的第一課	孫智綺／譯	NT$220
RH1056	眾裡尋她：台灣女性小說縱論	范銘如／著	NT$220
RH1057	防火牆：抵擋新自由主義的入侵	孫智綺／譯	NT$200
RH1058	南洋論述：馬華文學與文化屬性	張錦忠／著	NT$280
RH1059	謊言或真理的技藝：當代中文小說論集	黃錦樹／著	NT$460
RH1060	被壓抑的現代性：晚清小說新論	王德威／著	NT$480
RH1061	伊斯蘭	王建平／譯	NT$240
RH1062	基督宗教	孫尚揚／譯	NT$200
RH1063	猶太教	周偉馳／譯	NT$200
RH1064	佛教	張志強／譯	NT$200
RH1065	印度教	張志強／譯	NT$200
RH1066	道教	劉笑敢／著	NT$160
RH1067	儒教	杜維明／著	NT$220
RH1068	跨世紀風華：當代小說20家	王德威／著	NT$380

RH1069	認識薩依德：一個批判的導論	邱彥彬／譯	NT$360
RH1070	地方知識：詮釋人類學論文集	楊德睿／譯	NT$380
RH1071	文化全球化	吳錫德／譯	NT$240
RH1072	波灣戰爭不曾發生	黃建宏、 邱德亮／譯	NT$180
RH1073	西洋情色文學史	賴守正／譯	NT$680
RH1074	重讀石頭記：《紅樓夢》裡的情欲與虛構	余國藩／著	NT$480
RH1075	以火攻火：催生一個歐洲社會運動	孫智綺／譯	NT$220
RH1077	通識人文十一講	馮品佳／主編	NT$320
RH1078	媒體操控	江麗美／譯	NT$200
RH1079	書寫與差異	張寧／譯	NT$580
RH1080	知識分子論	單德興／譯	NT$280
RH1081	才女徹夜未眠： 近代中國女性敘事文學的興起	胡曉真／著	NT$380
RH1082	關鍵詞200： 文學與批評研究的通用辭彙編	廖炳惠／著	NT$320
RH1083	欺矇的戰略	陳惠敏、 蕭旭智／譯	NT$200
RH1084	與死者協商：瑪格莉特・愛特伍談寫作	嚴韻／譯	NT$320
RH1085	歷史與怪獸：歷史，暴力，敘事	王德威／著	NT$300
RH1086	表演中國： 女明星，表演文化，視覺政治，1910-1945	周慧玲／著	NT$360
RH1087	在藝術終結之後：當代藝術與歷史藩籬	林雅琪、 鄭惠雯／譯	NT$360
RH1088	臺灣文學這一百年	張季琳／譯	NT$300
RH1089	心的變異：現代性的精神形式	劉紀蕙／著	NT$380
RH1090	旁觀他人之痛苦	陳耀成／譯	NT$220
RH1091	性別，還是家國？： 五〇與八、九〇年代台灣小說論	梅家玲／著	NT$300
RH1092	作家談寫作	戴琬真／譯	NT$340
RH1093	重層現代性鏡像： 日治時代臺灣傳統文人的文化視域與文學想像	黃美娥／著	NT$420

RH1094X	蘇珊・桑塔格文選	陳耀成／編	NT$260
RH1095	權力，政治與文化：薩依德訪談集	單德興／譯	NT$699
RH1096	晚清文學教室：從北大到台大	陳平原／著	NT$250
RH1097	對話的喧聲：巴赫汀文化理論述評	劉　康／著	NT$360
RH1098	恐怖主義的精靈	邱德亮、 黃宏昭／譯	NT$200
RH1099	觀看的方式	吳莉君／譯	NT$220
RH1100	思考之危境：克莉斯蒂娃訪談錄	吳錫德／譯	NT$240
RH1101	另類的出口	何佩樺／譯	NT$280
RH1102	文本風景：自我與空間的相互定義	鄭毓瑜／著	NT$350
RH1103	成為「日本人」：殖民地臺灣與認同政治	鄭力軒／譯	NT$340
RH1104	中國文學的美感	柯慶明／著	NT$450
RH1105	傅柯考	何乏筆、 楊凱麟、 龔卓軍／譯	NT$250
RH1106	髒話文化史	嚴　韻／譯	NT$360
RH1107	文與魂與體：論現代中國性	黃錦樹／著	NT$420
RH1108	德勒茲論文學	李育霖／譯	NT$380
RH1109	並行與弔詭：薩依德與巴倫波因對談錄	吳家恆／譯	NT$280
RH1110	如何造就小說家如我	王志庚／譯	NT$240
RH1111	歡迎光臨真實荒漠	王文姿／譯	NT$320
RH1112	臺灣現代文學的視野	柯慶明／著	NT$420
RH1113	夏志清文學評論經典：愛情・社會・小說	夏志清／著	NT$300
RH1114	利瑪竇的記憶宮殿	陳恆、 梅義征／譯	NT$460
RH1115	性別中國	戴錦華／著	NT$240
RH1116	土星座下	廖思逸等／譯	NT$280
RH1117	後遺民寫作	王德威／著	NT$340
RH1118	「去日本化」「再中國化」： 戰後台灣文化重建（1945-1947）	黃英哲／著	NT$360

【文史台灣】

RH6001	後殖民及其外	邱貴芬／著	NT$300
RH6002	殖民地摩登：現代性與台灣史觀	陳芳明／著	NT$380
RH6003	展示臺灣： 權力、空間與殖民統治的形象表述	呂紹理／著	NT$420
RH6004	後現代與後殖民：解嚴以來台灣小說專論	劉亮雅／著	NT$350
RH6005	芳香的祕教：性別、愛欲、自傳書寫論述	周芬伶／著	NT$350
RH6006	臺灣當代女性散文史論	張瑞芬／著	NT$420
RH6007	「同化」的同床異夢： 日治時期臺灣的語言政策、近代化與認同	陳培豐／著	NT$520

【麥田講堂】

RH8001	想像的本邦：現代文學十五論	王德威、 黃錦樹／編	NT$380
RH8002	文化的視覺系統Ⅰ：帝國—亞洲—主體性	劉紀蕙／主編	NT$420
RH8003	文化的視覺系統Ⅱ：日常生活與大眾文化	劉紀蕙／主編	NT$350
RH8004	文化啟蒙與知識生產：跨領域的視野	梅家玲／主編	NT$360
RH8005	重寫臺灣文學史	張錦忠、 黃錦樹／編	NT$340

【陳芳明作品集】

RL9801	孤夜獨書	陳芳明／著	NT$280
RL9802	殖民地台灣：左翼政治運動史論	陳芳明／著	NT$300
RL9803	左翼台灣：殖民地文學運動史論	陳芳明／著	NT$300
RL9804	後殖民台灣：文學史論及其周邊	陳芳明／著	NT$320

【People】

RM6001	沒有國家的人	劉洪濤等／譯	NT$200

【馮內果作品集】

RN1101X	第五號屠宰場	洛夫／譯	NT$260
RN1102X	藍鬍子	陳佩君／譯	NT$320
RN1109X	貓的搖籃	謝瑤玲、曾志傑／譯	NT$320

【當代小說家】

RN3001	花憶前身	朱天文／著	NT$240
RN3001C	花憶前身（精裝）	朱天文／著	NT$340
RN3002	紀實與虛構：上海的故事	王安憶／著	NT$240
RN3002C	紀實與虛構：上海的故事（精裝）	王安憶／著	NT$340
RN3003	遺恨傳奇	鍾曉陽／著	NT$240
RN3003C	遺恨傳奇（精裝）	鍾曉陽／著	NT$340
RN3004	封閉的島嶼：得獎小說選	蘇偉貞／著	NT$240
RN3004C	封閉的島嶼：得獎小說選（精裝）	蘇偉貞／著	NT$340
RN3005	禁書啟示錄	平路／著	NT$220
RN3005C	禁書啟示錄（精裝）	平路／著	NT$340
RN3006	古都	朱天心／著	NT$220
RN3006E	古都（精裝）	朱天心／著	NT$340
RN3007	天使的糧食	蘇童／著	NT$220
RN3007C	天使的糧食（精裝）	蘇童／著	NT$340
RN3008	許三觀賣血記	余華／著	NT$220
RN3008C	許三觀賣血記（精裝）	余華／著	NT$340
RN3009	北港香爐人人插：戴貞操帶的魔鬼系列	李昂／著	NT$250
RN3009C	北港香爐人人插：戴貞操帶的魔鬼系列（精裝）	李昂／著	NT$340
RN3010	無風之樹	李銳／著	NT$180
RN3010C	無風之樹（精裝）	李銳／著	NT$340
RN3011	花煞	葉兆言／著	NT$260

RN3011C	花煞（精裝）	葉兆言／著	NT$340
RN3012	紅耳朵	莫言／著	NT$260
RN3012C	紅耳朵（精裝）	莫言／著	NT$340
RN3013	微醺彩妝	施叔青／著	NT$260
RN3013C	微醺彩妝（精裝）	施叔青／著	NT$340
RN3014	餘生	舞鶴／著	NT$240
RN3014E	餘生（精裝）	舞鶴／著	NT$340
RN3015	十二女色	黃碧雲／著	NT$240
RN3015C	十二女色（精裝）	黃碧雲／著	NT$340
RN3016	遍地風流	鍾阿城／著	NT$220
RN3016C	遍地風流（精裝）	鍾阿城／著	NT$340
RN3017	我思念的長眠中的南國公主	張貴興／著	NT$240
RN3017C	我思念的長眠中的南國公主（精裝）	張貴興／著	NT$340
RN3018	夏日踟躇	李渝／著	NT$260
RN3018C	夏日踟躇（精裝）	李渝／著	NT$340
RN3019	由島至島：刻背	黃錦樹／著	NT$300
RN3019C	由島至島：刻背（精裝）	黃錦樹／著	NT$340
RN3020	遣悲懷	駱以軍／著	NT$300
RN3020C	遣悲懷（精裝）	駱以軍／著	NT$340